华东交通大学教材（专著）出版基金资助项目

U0964695

朱梦云◎著

论人工智能

生成物的著作权保护

知识产权出版社
全国百佳图书出版单位
—北京—

图书在版编目（CIP）数据

论人工智能生成物的著作权保护/朱梦云著. —北京：知识产权出版社，2021.7（2022.8 重印）

ISBN 978-7-5130-7557-2

Ⅰ.①论… Ⅱ.①朱… Ⅲ.①人工智能—著作权法—研究—中国 Ⅳ.①D923.414

中国版本图书馆 CIP 数据核字（2021）第 111684 号

内容提要

人工智能生成物作为人工智能综合语言、视觉和逻辑关系等多个学科领域的技术产物，是人工智能得以将人类从简单或者常规的脑力劳动中解放出来的典型应用。为了对人工智能生成物的合法权益进行保护，需要在伦理道德和法律监管等领域对其进行充分的研究和讨论，厘清人工智能生成物本身的概念、属性、法律性质等问题。本书意在得出对人工智能和人工智能生成物相关争议问题的合理论证解释，最终构建出一个科学合理并具备现实可行性的人工智能生成物著作权保护机制。

责任编辑：可　为　　**责任校对**：潘凤越
执行编辑：章鹿野　　**责任印制**：孙婷婷

论人工智能生成物的著作权保护
朱梦云　著

出版发行：知识产权出版社有限责任公司　　**网　　址**：http：//www.ipph.cn
社　　址：北京市海淀区气象路 50 号院　　**邮　　编**：100081
责编电话：010-82000860 转 8338　　**责编邮箱**：zhluye@163.com
发行电话：010-82000860 转 8101/8102　　**发行传真**：010-82000893/82005070/82000270
印　　刷：北京九州迅驰传媒文化有限公司　　**经　　销**：新华书店、各大网上书店及相关专业书店
开　　本：880mm×1230mm　1/32　　**印　　张**：8.5
版　　次：2021 年 7 月第 1 版　　**印　　次**：2022 年 8 月第 2 次印刷
字　　数：230 千字　　**定　　价**：42.00 元
ISBN 978-7-5130-7557-2

序　言

随着第四次工业革命的快速推进，基于人工神经网络和深度学习的人工智能技术取得了突破性进展。海量的互联网数据和强大的计算能力，使得人工智能应用在许多领域呈现出蓬勃生机，包括智能教育、智能金融、智能家居以及智能交通等。但是，在我们享受人工智能技术带来的便利同时，人工智能技术也对我们的法律规范和社会秩序形成了现实挑战。特别是，当 2017 年 5 月谷歌公司研发的人工智能围棋机器人阿尔法狗（Alpha Go），以 3 比 0 的总比分战胜排名世界第一的世界围棋冠军柯洁时，人工智能可能超越人类认知极限并对人类社会形成冲击的事实，促使人们深入思考如何实现人工智能技术发展与社会秩序稳定的平衡。

人工智能生成物是以海量的数据信息为创作基础，人工智能编程设计者预先设定的程序为创作媒介，通过对数据进行自主分析、选取和组合而最终产生的具有独创性的成果。这些人工智能生成物蕴藏着巨大的经济利益和深刻的文化价值，与人们的经济、社会和文化活动形成了紧密联系，如人工智能小冰创作的现代诗集《阳光失了玻璃窗》已经公开出版和发行、人工智能作曲家 AIVA 获得了“法国及卢森堡作曲家协会”的首名非人类会员资格，以及可以进行自主绘画创作的人工智能程序 Obvious 的画作被拍出了 300 万人民币的高价，等等。

朱梦云博士撰写的专著《论人工智能生成物的著作权保护》，以人工智能生成物为研究对象，聚焦于人工智能生成物特别是人工智能“创作”的诗歌、小说、音乐、画作和计算机程序等特定类型的生成物在著作权法上的问题，如身份确定、属性界定、法律适用和制度建设等，提出了人工智能生成物应当被认定为著作权法范畴内的作品且可适用现有的“特殊职务作品”制度予以保护，未来从立法上可进一步提高人工智能生成物的著作权保护门槛、缩短法定的著作权保护期限等观点和建议。这些观点和建议有新意、可操作，将为进一步提升我国人工智能生成物法律保护的理论研究和完善人工智能生成物保护的制度设计提供重要参考。

武汉大学法学院教授、国际法研究所副所长

聂建强

2021年4月21日

目 录

绪　论

一、选题的理由和背景

如果对21世纪的时代发展标注关键词，大数据和人工智能肯定会被作为重点标识。以1980年美国知名学者托夫勒在其著作《第三次浪潮》中首先提出“大数据”这一概念为起点，伴随着网络技术的不断发展和进步，尤其是环球信息网对不同地域和时间内人们展开实时交流的实现，作为人类交流媒介和结果的数据信息持续地产生并传输。截止到当前，人类业已创造产生的数据数量，超过了人类产生和发展以来的历史总和。但相比于大数据的产生与应用时间节点，人工智能较其更早地进入人类历史发展舞台。在1956年美国举行的达特茅斯研究会议上，计算机专家约翰·麦卡锡首次正式提出了我们现在所称的“人工智能”这一概念。在此之后，因为受到计算机技术本身的局限和人工智能主体认定不清，以及可供研究的数据信息数量不足等问题的影响，人工智能的发展历程并没有呈现直线上升的趋势，而是不断地以高低起伏式路线向前延伸。直到20世纪人工神经网络和深度学习等理论的引入，才使得人工智能的研发和应用呈现出了井喷式的发展与繁荣。尤其是在21世纪的今天，人工智能不断改善着零售、农业、物流、教育和金融等多个领域的发展模式，重构了生产、分配、交换和消费等各个活动环节，使得行业运转效率和社会生产力水平得到了显著提升。

有鉴于此，世界各国和地区为了实现人工智能对本国经济发展和社会进步等方面的积极作用，纷纷出台了相应的国家人工智能发展战略和政策。比如，美国就发布了《国家人工智能研究和发展战略计划》《人工智能，自动化和经济》《为人工智能的未来做好准备》以及人工智能白皮书等人工智能发展国家规划；欧盟也陆续制定了《地平线2020战略——机器人多年度发展战略图》《衡量欧洲研究与创新的未来》《欧盟机器人民事法律规则》等人工智能发展战略；德国、法国和日本等国家也都在积极地进行单独或联合的人工智能发展讨论。那么，我国作为人工智能发展起步较晚但发展迅猛的后起之秀，自2013年制定颁行了《国务院关于印发〈中国制造2025〉的通知》《国民经济和社会发展第十三个五年规划纲要》等发展规划开始，还陆续制定了专门的《国务院关于印发新一代人工智能发展规划的通知》等政策文件，力图对我国人工智能产业的发展方向和重点领域等进行具体指导和规划，从而实现我国对人工智能发展的主动性和预见性，保持我国当前在人工智能发展领域的世界优势和领先地位。

在此背景之下，人工智能生成物作为人工智能综合语言、视觉和逻辑关系等多个学科领域的技术产物，是人工智能得以将人类从简单或者常规的脑力劳动中解放出来的典型应用。虽然当前学界对其并没有统一的定义，但是我们可以依据人工智能生成物被产生和创作的过程，将其界定为人工智能以大数据为基础经创造产生的创造性成果。其具体包括但不限于小说、散文、诗歌甚至中国传统的五言律诗等文字成果，歌曲、赞美诗等音乐成果，电影预告片和视频等电影成果或以类似摄制电影方法所创作的成果，以及计算机程序等多种类型。事实上，当人工智能生成物作为伴随技术发展而来的新事物，既无法在伦理道德上确定其创作主体的身份和属性，也无法在法律制度上找到可以直接适用的保护依据时，对其合法权益进行侵害的行为就会不断发生。比如，在2018年9月，菲林律师事务所以百度公司侵犯其著作权为由将对方起诉至北京市互联网法院。起因是百度公司旗下的百家号平台未经其同意，将该律所在自己公众号上发表的一篇名为《影视娱乐行业司法大数据分析报告》的文章，未经许可进行了修改和转载，导致其保护作品完整权和信息网络传播权受到非法侵害。但百度公司以该文章属于人工智能软件创作的生成物而非原告律所创作成果为由进行了抗辩，最终法院认定该案涉及人工智能生成物的作者认定和著作权归属划分等具有争议的问题，并未进行当庭宣判。[1] 由此可知，为了对人工智能生成物的合法权益进行保护，我们需要在伦理道德和法律监管等领域对其进行充分的研究和讨论，从而厘清人工智能生成物本身的概念、属性、法律性质等，为其后续的开发利用和发展进阶奠定坚实的制度保障基础。尤其是本书以著作权法作为研究场域，主要针对文学艺术和科学领域范畴内的人工智能生成物获得著作权法保护的可能性予以研究。

二、研究的意义与目的

（一）研究意义

本书把人工智能生成物作为研究对象，并将其限定在著作权（版权）法律制度范畴内进行讨论，在理论分析和实践应用两方面都具有积极的现实意义。

一方面，从理论研究的角度而言。首先，无论是人工智能还是人工智能生成物，都属于概念和法律属性等均存在争议的客观存在；而概念作为法律研究的基础，在不同学科分类以及研究范式之下，又会呈现出不同的客观外在表现形式。因此，对人工智能和人工智能生成物进行理论上的分析和探讨，有利于明确其客观属性和内容组成，进而为其后续的研发和利用等奠定坚实的理论基础。

其次，有利于通过法学理论研究，及时应对人工智能尤其是

[1] 李铁柱．人工智能创作文章遭擅用惹纠纷 AI 文章著作权归谁［N/OL］．北京青年报，2018－12－05［2018－12－06］．http：//news. sina. com. cn/s/2018－12－05/doc－ihmutuec6268830. shtml.

人工智能生成物对当前法律制度的理论基础所提出的挑战。以知识产权法律制度体系中的著作权法为例，当人工智能突破了人类智能创作作品的生物属性局限，实现了人类制造智能的智力创造时，其是否能够满足著作权法理论基础中对于创作主体的要求是现实中面临的理论挑战之一。又或者是，当人工智能不仅可以创造著作权法所保护的客体，还可以生成有关遗传编程、人工智能神经网络和机器人科学家等发明创造时，该发明创造是否可以成为专利法的保护对象，以及该发明创造的发明人及专利权人应如何进行认定也是现实中所面临的理论挑战。因此，对人工智能和人工智能生成物进行具有针对性的理论探讨，无疑能够为这些现实问题的解决提供具有说服力的理论分析结果。

再次，能够助益于著作权法律制度自身制度目标的实现。著作权法作为保护智力成果的知识产权法律体系组成部分，以劳动价值论和功利主义论等基础理论作为正当性依据，在我国具有促进社会主义精神文明建设，丰富社会成员物质文化生活的制度目标。因此，探讨人工智能生成物在著作权法律范畴内的保护和规制可能，既能够给人工智能生成物提供可以适用的现行法律规定，也有利于实现著作权法本身对社会文化发展的积极作用。

最后，有利于挖掘当前我国针对这一问题的法学理论研究深度。近 20 年来，我国在世界范围内发表的人工智能主题相关的论文数量不断增多，论文的质量和被引用率也在逐渐提升。但若具体到有关人工智能和人工智能生成物在法学领域的讨论，在数量上和质量上仍具备较大的可发展空间。比如，我国目前研究对人工智能生成物赋予著作权领域内的保护是否可行的文章并不在少数，但是大多只集中于人工智能生成物获得著作权保护的客体资格、主体资格等问题，而缺少对其赋予法律保护的法理基础、权利内容等的深入系统研究。因此，以人工智能的著作权法律主体论证为例，本书从法律主体本身的起源与发展，以及“权利能力”理论等角度对人工智能法律主体资格的正当性进行探讨，将能够从法理层面为这一问题提供坚实的理论基础。

另一方面，本书在实践应用方面也具有以下研究意义。首先，为实际发生的人工智能生成物侵权损害纠纷提供可以适用的法律依据。我国国家版权局于 2018 年 3 月公布了“2017 年中国版权十件大事”，其中第十件大事就是“人工智能创作带来版权新问题”。[1] 比如，人工智能微软小冰创作出版的散文诗集《阳光失了玻璃窗》被未经授权的转载和网络传播，但相关权利人却无法找到适合的法律依据对相应的行为人主张侵权或赔偿损失。又比如，美国法院所审理的“猕猴自拍版权纠纷案”，该案件最终虽然以双方当事人庭外和解的方式结案，但是由猕猴自拍所形成照片的著作权应归谁所有仍然是十分具有争议的现实问题。所以，本书对人工智能创作的作品能否受到著作权法的保护为研究对象，对如果著作权法保护切实可行，进而，其权利归属应如何认定等问题进行具体分析，能让此后的相关权利人对人工智能生成物合法权益进行保护时实现有理可循、有法可依。其次，解决在我国当前的法律制度体系之下，无法为人工智能生成物的适用提供合适的现行法律规定的难题。针对人工智能和人工智能生成物，无论是民法、专利法，又或者是反不正当竞争法等，其或者因为法律主体资格不符合，或者因为法律客体属性不明确等无法被直接适用。所以，当我们通过对人工智能和人工智能生成物的概念、属性、法律性质等问题得出理论层面的分析结果时，就能在我国的法律成文规定中，找到具有可操作性的参考思路和适用路径。最后，有利于为世界范围内的人工智能生成物制度保护构建，贡献具有中国特色的帮助。人工智能和人工智能生成物给当前伦理标准、法律规则、社会秩序以及公共管理体制带来的影响，是具有世界范围的普遍性的，而非仅发生在我国领土范围之

[1] 2017 年中国版权十件大事 [EB/OL].（2018-03-05）[2018-03-10]. http://www.ncac.gov.cn/chinacopyright/contents/483/361130.html.

内。因此，本书最终构建出人工智能生成物在我国社会经济发展背景下的著作权保护制度，既参与了世界范围内对人工智能生成物保护所展开的热烈讨论，发出了属于中国的声音；也能够为世界其他国家进行制度构建提供具有中国特色的借鉴，从而有利于人工智能生成物在不同国家的法律保护制度对接，奠定人工智能生成物在国际流通和国际保护方面的制度基础。

（二）研究目的

聚焦于人工智能和人工智能生成物的相关问题，比如人工智能是否可以成为法律关系的主体，人工智能生成物是否满足著作权客体的相关要求，以及人工智能生成物应该适用何种权利路径进行保护，等等，都是国内外相关学者一直在进行研究和讨论，却未能达成一致性结论的对象。与此同时，人工智能生成物对于包括我国在内的世界各个国家都产生了不容忽视的经济社会影响和文化冲击，并且人工智能生成物相关权益被侵犯的情形也在不断产生。那么，如何实现对人工智能生成物合法权益的科学分配与保护，以及对非法侵害人工智能生成物权益的行为展开法律应对，就成为本书想要完成的主要课题。有鉴于此，本书以充分了解和学习国内外学者对此问题进行研究所得到的成果为基础，以概括并比较不同观点所存在的长处与不足为途径，通过借鉴国外相关国家的立法实践和司法判例，并结合我国当前的经济发展现状和未来的发展规划，从而得出对人工智能和人工智能生成物相关争议问题的合理论证解释，最终构建出一个科学合理并具备现实可行性的人工智能生成物著作权保护机制。以期待人工智能生成物能够对我国社会主义精神文明建设发挥促进作用，并助力中华民族伟大复兴的中国梦的实现。此外，还希望通过本书对我国当前在此问题上的理论研究和学术讨论成果作出适当的补充，进而为以后与此主题相关的研究提供一种可供参考的思路。

三、国内外研究现状

（一）国外理论研究现状

国外对于人工智能生成物的理论研究与人工智能本身并不同步，且在很长的一段时间里，独立的人工智能生成物本身都未能得到足够的重视或考量。直到计算机科学技术得到了长足的创新和发展，人工智能生成物的种类逐渐增多，并且在社会成员日常学习、工作和生活中的参与程度也逐渐增强，人们才开始聚焦人工智能生成物本身的理论研究问题。下文将通过归纳不同时期人工智能与人工智能生成物在法学领域所引发的主要焦点问题，对国外相关学者以此为主题作出的相应理论研究和学术探讨成果进行梳理和总结。

1. 人工智能生成物是否需要在法律范畴内单独进行讨论?

以人工智能与法律之间关系为主题的理论研究，主要涉及在法律适用领域对人工智能的应用，比如，构建人工智能的法律推理和案件判决模型、人工智能的概念分析和法学界定、人工智能的法律主体属性研究以及人工智能规制的法律规则制定和可行性分析等问题，其中又以人工智能应用下的司法裁量模式和专家系统构建为重点。当在 EBSCO 主题型数据库[1]中以人工智能和法律作为关键词进行检索时，仅在 1997—2013 年就包含 240 篇期刊文献成果，其中人工智能与法律推理和司法裁量系统或专家系统的研究占比达 33.3%，成为该领域最为主要的研究热点。[2] 然而

---

[1] EBSCO 主题型数据库，指的是由当前世界上最大的提供学术文献服务的专业公司之一——EBSCO 公司所研发的数据集合库，其包括 16 个在线数据库产品资源和 Nursing Reference Center、Small Business Reference Center、Read it、Literary Reference Center 4 个单独的数据库平台，涉及自然科学、社会科学、生物医学、人文艺术等多个学科领域。

[2] 张妮，杨遂全，蒲亦非．国外人工智能与法律研究进展述评［J］．法律方法，2014，16（2）：458－480.

具体到人工智能生成物本身的理论研究，国外的大多数学者在最初都倾向于认为，计算机生成物只是人类借助计算机作为辅助创作工具所得到的结果，并不需要单独对其进行讨论。学者 Jonathan C. Jackson 作为支持这一观点的主要代表，在其 1993 年发表的“Legal Aspects of Computer Art”❶ 一文中主张：这种借由计算机所创造产生的计算机创作物是“computer art”而不是“computer work”，即它只是利用一定的技术在计算机上进行创作并能够在显示器上予以呈现的结果，也可以视为人类将计算机作为媒介进行复制或固定，进而以其他形式表现出来的创作结果，所以这种“computer art”的创作产生仍然是取决于“human mind”而不是计算机本身。此观点也是美国在 1974 年成立的新技术应用版权作品国家委员会（CONTU），也即国会图书馆所提出的结论。该委员会在其 1978 年最终发表的，关于应对计算机科学等新技术在著作权法领域所引起的适用争议调查报告中强调：认定电脑对于由其创作产生的作品具有贡献进而能够享有著作权是没有合理基础的，因为电脑与照相机等其他电子产品并没有本质上的区别，都是人们在进行创作时所利用的辅助性工具，其本身并不具有任何的创造能力。❷ 因此，所有利用电脑进行的创作行为都是基于人类指令而进行的行为，该行为所产生的作品也属于人类的直接贡献，不需要再对创作行为结果进行单独的研究和讨论，直接依据现有的法律制度对其进行保护和相应的规制即可。

2. 人工智能生成物是否可以适用著作权法进行保护？

然而，随着人工智能的智能性被不断提高，其所能创造产生的人工智能生成物种类不断增多，且所蕴含的物质经济价值和社

---

❶ JACKSON J C. Legal Aspects of Computer Art [J]. Rutgers Computer & Tech. L. J., 1993, 19: 495.

❷ U. S. National Commission on New Technological Uses of Copyrighted Works Final Report of the National Commission on New Technological Uses of Copyrighted Works [R]. Washington: Library of Congress, 1979.

会文化影响力也逐渐增大时，人们开始意识到对人工智能生成物单独进行保护具有一定程度的必要性。并且，基于很多类型的人工智能生成物都与著作权法所保护的客体具有外在相似性，或者可以说是客观上的不可直接区分性，导致适用著作权法来对其进行保护和规制，在此时就成了一种可供选择的参考路径。

但是，当具体到是否运用著作权法来对人工智能生成物进行保护时，事实上存在两种完全相反的观点。

第一种观点为反对适用著作权法对人工智能生成物进行保护，主要通过对人工智能本身主体资格的否定，以及对人工智能生成物客体属性的否定两方面来进行论证。一方面，就人工智能本身的法律主体属性而言，持此观点的学者主张其并不能构成适格的著作权法律关系主体。首先，以学者 Ramalho 在其 “Will Robots Rule the（Artistic）World? A Proposed Model for the Legal Status of Creations by Artificial Intelligence Systems”❶ 一文中的论述为例：其认为人工智能归根结底是一种由人类创作并为人类提供服务的智慧型工具，其工具属性决定了它不可能拥有与人类主体平等的法律地位。其次，就著作权本身所包含的作者类型而言，在国际著作权保护框架内虽未对其作出明确限定，但是可以推定作者应限定在人类进行创作的范畴，❷ 法人或非法人组织作为著作权人只是法律拟制的技术性规定，在此并不具备参考价值。再次，尽管人工智能生成物被创作时所需要的人类辅助很少，但在现实创作过程中却必不可少，因此其内容中或多或少的都包含了人类的想法和情感，所以将人类主体认定为作者更加具

❶ RAMALHO A. Will Robots Rule the（Artistic）World? A Proposed Model for the Legal Status of Creations by Artificial Intelligence Systems [J]. Journal of Internet Law, 2017.

❷ RICKETSON S. The 1992 Horace S. Manges Lecture – People or Machines: The Bern Convention and the Changing Concept of Authorship [J]. Colum. – VLA J. L. & Arts, 1991, 16: 1.

有合理性。最后，想要成为享有著作权的作者，具备创作智力成果的意图和想法是必要条件，但当前的人工智能创作显然无法满足这一要求。学者 Bridy A 在其“Coding Creativity：Copyright and the Artificially Intelligent Author”❶ 一文中认为：仅就人工智能本身而言，我们并无法对其所拥有的创作意图展开客观判断，从而对其是否满足著作权法对于主体创作意图的要求，在当前仍是没有唯一答案的待解决命题，所以我们无法将著作权赋予一个具备现实争议的主体，更多地需要从人类主体的视角进行考量。

另一方面，人工智能生成物本身也不满足著作权法律制度对其保护客体的作品属性要求。首先，任何创作成果想要成为著作权法的保护客体，其需要满足属于思想或情感的外在表达这一前提。而学者 Gompel 在其“Creativity，Autonomy and Personal Touch”❷ 一文中分析认为：人工智能生成物是由人工智能这一“机器”创作而得，我们无法说明人工智能的思想是什么，更无法分析其是如何具体呈现在生成物的内容之中的，所以无法将人工智能生成物称之为人工智能基于思想或情感而创作得到的作品。其次，虽然不同国家对于作品独创性的组成具有不同的规定，但是想要成为著作权的指向客体，作品需要具备基本的创造性都是必备的评价要素。但人工智能生成物属于人工智能利用人类事先设定程序所得到的产物，内容中所包含的创造性成分并无法被客观地进行界定，因此无法满足作品对于独创性的要求。最后，作品作为著作权客体需要属于智力创造的成果，但作为人工智能而言，其只是人类创造出来的类人化智能，与人类智能在实际上还是存在一定的区别。因此，鉴于我们无法对人工智能生成物是人

❶ BRIDY A. Coding Creativity：Copyright and the Artificially Intelligent Author［J］. Stan. Tech. L. Rev.，2012，5.

❷ GOMPEL S V. Creativity，Autonomy and Personal Touch：A Critical Appraisal of the CJEU's Originality Test for Copyright［M］//VAN EECHOUD M. The Work of Authorship. Amesterdam：Amsterdam University Press，2014：95－144.

工智能自主决定的产物，还是人类智能的间接体现这一问题作出肯定回答，对于其是否属于智力创造成果也就存在争议空间和现实的不确定性。

与上述第一种观点相对应的学术界另一种观点，则主张人工智能生成物可以成为著作权法的适用对象，人工智能的法律主体属性并不能对此产生影响，其主要的论证依据包括以下三点。首先，根据著作权法的正当性理论基础——劳动价值论和功利主义论可知，其理论本身都不包含限定著作权的主体必须是人类的规定。并且，鉴于人工智能生成物的产生是人工智能实施创造性劳动的结果，对其进行保护还能够促进人工智能生成物经济和文化价值的实现，将其纳入著作权的保护范畴，反而符合劳动价值论和功利主义论的价值取向，具有理论正当性与现实合理性。[1] 其次，著作权法本身对于作品创作性程度的要求是很低的，当人工智能生成物不属于对事物的客观描述和对已有作品的简单复制粘贴时，其就已经实际达到了作品的创造性要求，[2] 具有成为著作权客体的资格。最后，鉴于人工智能生成物本身具备巨大的物质经济价值和未来发展潜力，对其进行保护能够促进人工智能生成物相关权利人积极进行智力创新和技术改进，进而在客观上实现社会财富总量的增加，并助力于著作权法律制度目标的实现。因此对其进行保护是现实发展的需要，也是时代发展的要求。

3. 如果将人工智能生成物纳入著作权法的保护范畴，那么其著作权利归属应该如何进行划分？

著作权利的归属模式伴随着著作权本身的产生发展过程，具

[1] RAMALHO A. Will Robots Rule the (Artistic) World? A Proposed Model for the Legal Status of Creations by Artificial Intelligence Systems [J]. Journal of Internet Law, 2017.

[2] SAMUELSON P. Allocating Ownership Rights in Computer - Generated Works [J]. U. pitt. L. rev., 1985, 47: 1185.

有以下三种传统划分方式：第一种模式是著作权仅归属于作者，且部分国家对于作者本身的范围也有着具体的限定；第二种模式是基于投资者对于作品创作所付出的部分贡献，将著作权利归属于作者，然后在充分考虑创作者意愿的前提下，可以参考将部分著作权利归属于投资者；第三种模式是将著作权利归属于作者，但是当投资者对作品创作具有贡献时，必须同时兼顾考虑投资者利益，即将部分著作权利归属于投资者所有。有鉴于此，当具体到人工智能生成物的著作权利归属问题时，综合考虑其被产生创作以及后续利用等过程中所涉及的相关主体，国外相关学者从公平合理原则等视角展开分析，认为人工智能生成物的著作权利归属至少应当包括以下五种不同的可能结果。❶

（1）第一种可能是人工智能生成物的著作权利应当全部归属于人工智能本身，无须考虑归属为其他主体所有的可能。比如，学者 Andrew 就在其 1997 年所发表的 “From Video Games to Artificial Intelligence：Assigning Copyright Ownership to Works Generated by Increasingly Sophisticated Computer Programs”❷ 一文中明确主张这一观点：其认为鉴于人工智能本身决定了人工智能生成物的创作内容和创作方向，且从现实贡献的角度而言，人工智能生成物是其付出与人类无差别的“劳动”——对相关的数据信息进行利用进而所得到的创造性成果，所以将著作权利归属于人工智能本身，将鼓励其在以后创作出更多的创造性成果。此外，为了让人工智能可以享有著作权利更具制度依据，赋予其“虚拟法律人格”成为一种可供选择的路径。学者 Timothy L. Butler 作为主张这一观点的先行者，在 “Can a Computer Be an Author?

❶ SAMUELSON P. Allocating Ownership Rights in Computer – Generated Works [J]. U. pitt. L. rev., 1985, 47: 1185.

❷ WU A J. From Video Games to Artificial Intelligence: Assigning Copyright Ownership to Works Generated by Increasingly Sophisticated Computer Programs [J]. AIPLA Q J, 1997, 25: 131.

Copyright Aspects of Artificial Intelligence”[1] 中提出了著名的“FHA”理论：在确定全部或部分由电脑软件所自主形成作品的著作权归属时，可以先在法律上拟制一个虚拟的著作权人（Fictional Human Author），当由电脑软件所形成的作品符合法律对于作品的独创性要求时，就可以将该作品所具有的著作权赋予该虚拟著作权人。至于后续的著作权具体行使方式和经济利益分配，则由法官依据自由裁量权进行确定，可供考虑的主体包括合适的软件开发者、问题解决者或者是计算机的所有人等。

（2）第二种可能是与人工智能生成物相关的著作权利，应当归属于人工智能编程设计者所有。其主要论据包括以下两个方面：一方面，因为人工智能编程设计者身为创造了人工智能这一机器或程序的主体，构成了人工智能生成物的产生前提，对其具有前置性的决定作用，因此其可以通过主张人工智能生成物属于人工智能的衍生作品而享有著作权[2]。另一方面，人工智能编程设计者属于人类主体，不仅能够对人工智能生成物的创作进行预先程序的设定，还可以对后续的创作程序进行相应的改进，使得人工智能生成物的产生和发展与其密不可分，因此将人工智能生成物的著作权赋予人工智能编程设计者，显然更有利于激发其创作人工智能生成物的动力和热情。

（3）人工智能使用者应当成为人工智能生成物的著作权享有者。学者 Mark Perry 和 Thomas Margoni 是这一观点的主要支持者，两者在合著的“From Music Tracks to a Google Maps：Who Owns Computer Generated Works?”[3] 一文中对该著作权利归属模

[1] BUTLER T L. Can a Computer be an Author – Copyright Aspects of Artificial Intelligence［J］. Comm. & Ent. L. J.，1982，4：707.

[2] 17 U. S. C. §101.

[3] PERRY M，MARGONI T. From Music Tracks to Google Maps：Who Owns Computer – Generated Works?［J］. Computer Law & Security Review the International Journal of Technology & Practice，2010，26（6）：621 – 629.

式的合理性与合法性，进行了充分的论证。具体包括：人工智能使用者对于人工智能生成物的产生总是付出了很大的贡献，比如，人工智能生成物的内容取决于人工智能程序本身尤其是该程序被使用方式等方面的不同，而人工智能作为创作主体也许能够对其进行一定程度上的修改，但却无法脱离使用者对其表达所具有的决定性影响，因此人工智能使用者对该生成物享有著作权具有合理性。而且，当人类在人工智能进行生成物创作过程中的参与比重不断缩小，甚至发展为仅仅是按下人工智能行为实施“开始键”的主体时，人工智能生成物的内容就属于人工智能自身的创造所得。在此情形之下，由于使用者按下“开始键”正是生成物作品得以产生的前提，即赋予了人工智能生成作品的基础性可能，以及在事实上促使作品具有得以固定的媒介。所以，人工智能使用者可以通过主张自身对人工智能生成物的“创作”作出了必要的安排，或对某个机器人或计算机程序的运行进行了选择，而具有享有著作权的合理性与合法性。[1]

（4）人工智能编程设计者和使用者应当为享有著作权的共同作者。这种著作权归属模式因为不需要在人工智能编程设计者和使用者中作出二选一的选择，而具有一定程度上的合理性。毕竟从现实分析的角度而言，人工智能生成物离开前述两者任何一方的努力都无法产生。但是，学术界的大部分学者都并不认可这一模式具有现实可行性。一方面，由于这一归属模式并未能从根本上解决人工智能生成物的经济利益分配问题，也就是说，将人工智能编程设计者和使用者认定为共同作者，具体到作品的经济利益划分时还是需要对两者的贡献进行现实判断；但从目前的技术发展水平而言，想要实现这一判断仍然十分具有难度，所以这

[1] MCCUTCHEON J. Curing the Authorless Void: Protecting Computer - Generated Works Following IceTV and Phone Directories [J]. Social Science Electronic Publishing, 2012, 37 (1): 46 - 102.

一权利分配模式并不利于著作权制度激励创作功能的实现,[1] 不具备现实的可行性。另一方面，合作作者的认定基础是不同主体对同一作品具有共同创作的合意,[2] 而人工智能编程设计者和使用者两者是处于人工智能生成创造性成果不同环节中的主体，对于人工智能生成物的产生和创造在事实上并不具有合作的意图，因此无法满足合作作者的认定基础，也无法将人工智能生成物纳入合作作者的创作成果范畴。

（5）人工智能生成物应当归属于社会公众共同所有，即将其纳入社会公有领域。就像自著作权法律制度产生发展以来，人们默认作品的创作主体就是生物人而非其他主体一样。当我们无法明确人工智能生成物是否可以成为著作权的指向对象，以及该著作权利应该归谁所有时，为什么不直接将其纳入社会公有领域的范畴，进而使得全体社会成员都可以对其进行直接的使用呢？学者 Shoyama 在其 "Intelligent Agents: Authors, Makers, and Owners of Computer – Generated Works in Canadian Copyright Law"[3] 一文中就秉持了这一观点，认为在当前法律体系将作者仅限于人类主体的情况下，鉴于人工智能本身无法主动主张著作权，最好的解决方法就是将其纳入社会公有领域的范畴。

4. 对人工智能生成物适用邻接权进行保护的可行性？

邻接权作为著作权法律制度所创设的另一具体权利，与狭义著作权共同组成完整的著作权理论体系。但由于邻接权在权利设定、制度基础、理论完整性和逻辑自洽性等方面均逊色于狭义著

[1] GINSBURG J C. The Author's Place in the Future of Copyright ［J］. Social Science Electronic Publishing, 2009, 153 (2): 147 – 159.

[2] BECKER L C. Deserving to Own Intellectual Property ［J］. Chi. – Kent L. Rev., 1992, 68: 609.

[3] SHOYAMA R. Intelligent Agents: Authors, Makers, and Owners of Computer – Generated Works in Canadian Copyright Law ［J］. Canadian Journal of Law and Technology, 2005, 4 (2): 129 – 140.

作权，因此其虽然在著作权法律制度中被进行了具体规定，却基于人们对其价值功能的认识不足而发展缓慢。当具体到人工智能生成物的著作权法保护时，由于人工智能不符合当前著作权法对于狭义著作权法律主体要求的规定，人工智能生成物的狭义著作权客体属性也存在争议，所以对人工智能生成物适用狭义著作权直接进行保护就显得充分性不足。然而，邻接权却与之不同，其自设立之初就是作为狭义著作权的补充而存在。相比于狭义著作权对于作品作者的创造属性要求，邻接权的产生基础由于来源于作品传播过程中所产生的利益，因此其权利主体并不需要具备创作属性或创造性付出，而是在事实上对产品的传播和流通具有投资或贡献的录音制品制作者和广播组织等法人或非法人组织。

由此可知，利用邻接权来保护人工智能生成物，一方面能够规避适用狭义著作权保护人工智能生成物的正当性不足，使得人工智能编程设计者和使用者等主体的成本投资可以得到回报，❶进而实现人工智能生成物的商业价值和法律保护可能；另一方面人工智能生成物自身也能够满足邻接权的相关构成要件，比如，内容本身属于文学艺术领域之内且具有可传播性，权利主体也不要求必须是自然人等，所以运用邻接权对其进行保护在一定程度上也是合理可行的。事实上，除了上述的狭义著作权和邻接权保护方式，还有的学者主张可以适用著作权法中的“合理使用”原则来对人工智能生成物进行保护。比如，学者 Amanda Levendowski 在其“How Copyright Law Can Fix Artificial Intelligence’s Implicit Bias Problem”❷ 一文中认为，人工智能进行的生成物创作以包括具有著作权作品在内的所有已存在作品为事实基础，而其

---

❶ RAMALHO A. Will Robots Rule the (Artistic) World? A Proposed Model for the Legal Status of Creations by Artificial Intelligence Systems [J]. Journal of Internet Law, 2017.

❷ LEVENDOWSKI A. How Copyright Law Can Fix Artificial Intelligence’s Implicit Bias Problem [J]. Wash. L. Rev., 2018, 93: 579.

运用前述的作品资源去进行人工智能系统的创作时，也并未损害具有著作权作品本身的商业市场价值，反而还在实际上给新作品的创造提供了变革的可能路径，因此运用“合理使用”原则来对人工智能创作生成物的行为进行规制，能够促进人工智能系统的构建更加具有公平性，也更为符合著作权法律制度的传统规范价值。

（二）国外主要国家立法及司法现状

鉴于《保护文学和艺术作品伯尔尼公约》（以下简称《伯尔尼公约》）并未对作者范畴和作品著作权利归属作出明确的限制性规定，因此对于著作权的作者是否可以包括非人类主体存在不同的学界观点，作品的著作权利归属模式也存在多样的可能。在此背景之下，世界各国依据本国的社会经济发展状况以及法律文化传统等，对上述问题展开了不同的国内立法规定，并在现实的司法实践中予以适用。

1. 权利归属形态以法条形式予以明确

世界上最早将有关人工智能生成物的相关内容，明确写入法律条文的国家是英国。在英国颁行的《1988 年版权、外观设计和专利法案》中，其虽未直接明确规定人工智能和人工智能生成物等相关内容，但首先在该法案的第 178 条规定了计算机生成作品的含义，即计算机生成作品指的是作品由计算机所创作，并且此情形下的作品产生不涉及任何人类存在的产物。[1] 此外，在该法案的第 9 条第 3 款规定了计算机生成作品的作者认定，即对计算机所生成的作品运行了必要程序的人，视为该作品的作者。[2] 并且，该法案还在第 12 条的第 3 款规定了计算机生成作品的著作权保护期限，是指自该作品创作完成之日起计算 50 年。[3] 除此

[1] The Copyright, Designs and Patent Act 1988, Section 178.

[2] The Copyright, Designs and Patent Act 1988, Section 9 (3).

[3] The Copyright, Designs and Patent Act 1988, Section 12 (3).

之外，对于计算机生成作品的著作权利归属，该法案也进行了简单的规定，体现在第79条第2款C项和第81条第2款：对于计算机程序和计算机生成作品不适用本法关于著作人格权的相关规定❶。

事实上，上述关于计算机程序和计算机生成作品的相关规定，现今被直接适用在了人工智能和人工智能生成物的范畴之中，毕竟人工智能究其根本是指人类创造的某种机器或程序，可以将其认定为计算机的智能进阶产物，人工智能生成物与计算机生成作品在本质上也并不存在区别。那么，英国之所以能够将人工智能生成物较早地纳入著作权法的保护范畴，并对其作者和著作权归属等内容予以具体的限定，主要原因在于英国作为版权法系国家，其首要目标是追求作品经济价值的实现。毕竟自《安娜女王法令》颁行以来，英国版权法制度就是以“个人财产论”为哲学基础并着重关注作者的经济利益实现而不断发展的，因此其对于作者以及作品的认定标准也是相对较低的。以英国版权作品的认定为例，其只要是具备原创性的可复制性智力产品即可；原创性本身也只要求作品本身不是简单复制粘贴的结果，包含了作品所需要的创造性和劳动付出即可。❷ 由此可知，虽然英国这一针对人工智能生成物的认定标准和具体法律规则仍存在诸多争议，但因为其具备一定程度上的合理性与可行性，已被世界上的部分国家和地区所吸收和采用，如爱尔兰、新西兰、印度以及中国香港等。❸

---

❶ The Copyright, Designs and Patent Act 1988, Section 79 (2) C and Section 81 (2).

❷ DWORKIN G, TAYLOR R. Blackstones Guide to the Copyright Designs and Patents Act 1988 [M]. London: Blackstone Press, 1989.

❸ MCCUTCHEON J. The Vanishing Author in Computer - Generated Works: A Critical Analysis of Recent Australian Case Law [J]. Melbourne University Law Review, 2013, 36 (3): 915 - 969.

2. 主体限制下的权利否定

美国为应对计算机科学技术发展所产生的新型事物对版权法带来的影响和挑战，在20世纪70年代成立了专门的新技术应用版权作品国家委员会。根据该国家委员会的最终调查报告可知，其认为美国的成文法令中虽然并未明确规定只有人类才能被认定为作者，但是在很长的历史时期内，作品的版权仅仅授予给人类主体也是事实。因此，其实计算机与照相机等电子产品在版权法领域中的作用相似，都是基于作者的使用或主观意志而成为作者创作作品的辅助性工具，其本身并不具备任何的创造能力，不具有享有版权的合理基础。❶ 当前美国版权法对于作品的版权保护，要求其必须具备智力性创造或者美学劳动贡献。但针对计算机生成作品而言，其在大多数情况下仍是人类用户劳动付出或者大量数据输入的物理呈现，计算机本身并不具备版权所要求的劳动付出或创造性输入❷，所以也无法成为版权的保护客体。

上述观点也体现在了美国法院的司法实践之中。2011年发生的“猕猴自拍版权纠纷案”❸ 就是上述理念和规定的现实体现。英国摄影师大卫·斯莱特于2011年在印度尼西亚进行取材拍摄黑冠猕猴照片时，他刚刚架设好相机并设定了相关参数，一只黑冠猕猴就主动拿起了他的相机并进行了自拍，从而使得他拥有了生动形象且内容丰富的黑冠猕猴自拍照片。在大卫·斯莱特公开发表了该黑冠猕猴的部分自拍照片之后，维基百科将相关照

❶ See Commission on New Technological Uses of Copyrighted Works, Final Report of the National Commission on New Technological Uses of Copyrighted Works (July 31, 1978).

❷ YANISKYRAVID S, Velezhernandezla. Copyright - ability of Artworks Produced by Creative Robots and Originality: The formality - objective model [J]. Minnesota Journal of Law, 2018, 19 (1): 1 - 18.

❸ 葛雨帆. 黑冠猕猴自拍照网络走红，掀媒体摄影师版权大战 [N/OL]. 中国新闻网 (2014 - 08 - 08) [2018 - 09 - 20]. http://www.chinanews.com/gj/2014/08 - 08/6472482.shtml.

片收录到了旗下的共享资源网络中，供所有的社会成员予以自由使用和免费共享。大卫·斯莱特据此对维基百科主张侵权并要求其支付相应的版权使用费用，但维基百科以照片来源于猕猴自身且美国版权法并不承认动物可以成为享有版权的主体为由，主张大卫·斯莱特对这些照片并不享有版权，所以拒绝支付相关的版权费用。在该版权纠纷引发了美国学者关于版权主体的非人类可能性的思考与讨论之后，美国版权局公开发表了自身观点："美国版权局不会为自然界动植物创作的东西进行注册，因为只有人类主体创作的作品才能在法律上享有版权的保护；对于由机器产生的作品、没有任何创造性输入或者是没有人类作者干预而通过自动或随机运行的机械方法所产生的作品，版权局也不会对其进行登记"。[1] 进而，美国的"善待动物组织"（PETA）以诉讼代理人的身份在 2015 年对大卫·斯莱特提起诉讼，基于其公开出版的 Wildlife Personalities 中所收录的猕猴自拍照侵犯了该猕猴自身的版权。这一案件纠纷最终在 2017 年以庭外和解协议的方式结案，即法院认定照片的版权归大卫·斯莱特享有，但是其需要捐献照片版权收入的 25% 用于黑冠猕猴的保护。综上可知，以"猕猴自拍版权纠纷案"为典型，美国现有的版权制度体系仍将自然人为基础，并且在立法和司法实践中也均不打算突破版权主体的这一生物属性限制。

3. 有限保护的积极尝试

澳大利亚在保护人工智能生成物上的路径探索和司法实践，对于世界其他国家具有积极的参考价值。事实上，澳大利亚不仅没有像英国或者新西兰等国家，在法律条文中明确规定人工智能生成物可以享有版权并具有版权人身份和版权保护期限等内容。恰恰相反，其在法律条文中对版权主体范围进行了明确的限制，

[1] U. S. Copyright Office, Compendium of U. S. Copyright Office Practices [EB/OL]. (2021－01－28) [2019－01－03]. https://www.copyright.gov/comp3/.

明确规定原始的音乐、文学作品的作者需要是澳大利亚公民或居民，并且鉴于作品需要具备原创性以及与某一主体的密切联系性，只有人类主体才可以在事实上拥有这一资格，[1] 其他的电影或广播等类型作品则不受此限。但在此之后，澳大利亚的版权法审查委员会发现，针对版权法的这一严格要求将有可能导致计算机创作或者人工智能生成的作品无法受到法律保护情况的发生。[2] 因此，在具体到司法实践中时，针对与计算机程序或者数据处理相关的案件，澳大利亚法院基于不断发展和变化的原创性认定标准，作出了具有差别性的不同判决。

在初始发展阶段，相比于美国对于作品需要具备最低限度的创造性，仅仅是数据的简单排列组合并不能获得版权法保护的版权原创性认定标准，澳大利亚法院采用了与之相反的观点，即数据的排列组合只要能在现实中具有可利用性价值也可以被赋予版权进而被版权法所保护。以 Desktop Marketing Systems Pty Ltd v. Telstra Corporation Ltd [3]一案为例，案件中的 Desktop 公司因将 Telstra 公司享有版权的电话簿制作成了 CD 版本而被控侵权，而法院主张虽然该电话簿本身只属于对数据的简单汇编，但其因被仔细识别和数据排列而产生了现实有用性，因此可以享有版权法的保护。然而这一判决结果却在之后发生的 Ice TV v. Nine Network Australia[4] 一案中被撤销，基于高等法院认为制作包含电视节目时间的数据表格并不需要独立的智力，其内容中也并不具有足够的技能表达和劳动付出，所以其因为不具备原创性而无法获

[1] RICKETSON S. The Need for Human Authorship—Australian Developments: Telstra Corp Ltd v Phone Directories Co Pty Ltd [J]. European Intellectual Property Review, 2012, 34: 54.

[2] Parliament of Australia, Simplification of the Copyright Act 1968 - Part 2: Categorisation of Subject Matter and Exclusive Rights, and Other Issues (1999) 15 Research Note 1, at 2.

[3] Desktop Marketing Systems Pty Ltd v. Telstra Corporation Limited [2002] FCAFC 112.

[4] Ice TV Pty Limited v. Nine Network Australia Pty Limited [2009] HCA 14.

得现有版权的保护。进而，在 2010 年发生的 Acohs v. Ucorp[1] 案件中，法院关于软件自动生成作品是否具有原创性和侵犯版权可能进行了认定。案件争议双方都是研发自动填写产业安全和健康表格的软件开发公司，但所开发软件本身在表格信息填写方式和生成方式等方面存在区别。其中 Achos 公司的软件系统可以根据用户请求而自动创建新的文档；Ucorp 公司被诉从前述文档中提取初始代码和模仿结果输出布局等，最终生成在外观和内容上与 Achos 公司具有相似性的文档而侵权。从本质上而言，两个公司的软件生成结果就是广义上的人工智能生成物，只是其外在表现形式呈现为包括文字等数据信息在内的文档。那么，针对 Acohs 公司主张 Ucorp 公司对其所开发软件生成物的复制侵权，法官认为基于这一生成物是由软件自动生成而非人类作者的创作，从而其内容中的原创性无法被判定，所以这一生成物本身无法受到版权法的保护。

综上所述，由于澳大利亚的作品原创性认定标准在不断发生变化，从而导致在数据处理和使用领域的案件存在不同判决结果的可能。那么，针对业已存在的人工智能生成物版权侵权纠纷，其虽然承认人工智能生成物的客观存在，但鉴于对版权作品实行严格的原创性认定标准，因此其并不主张应当对人工智能生成物赋予版权法范畴内的保护。但是，澳大利亚在司法实践中所适用的这一观点，其实并未被其国内的专家学者所认可。比如，在学者 Guadamuz 看来，在当前的世界技术发展背景下，人工智能对于作品的创作参与程度会不断增强，并且人工智能生成物也会越来越多地影响人类的社会生产生活，一味地依据版权作品的原创性严格标准和作者的人类属性，拒绝对其赋予版权法意义上的保护，将对其未来发展产生巨大的消极影响，也不符合当前的世界

[1] Acohs Pty Ltd v. Ucorp Pty Ltd [2010] FCA 577.

发展趋势。[1]

4. 一般原则与例外补充的归属机制

欧盟作为欧洲国家的政治经济发展集合体，在法律规则制定尤其是具体事物的规范上，更多的是制定框架性的保护机制和理念方向的引导机制，具体到版权法范畴也不例外。欧盟对于版权作者范畴和作品认定等事项，都是直接参考《伯尔尼公约》等国际条约进行适用。仅针对功能价值和社会作用等影响较大的软件和数据库，进行了有关其版权作者范围的具体规定，以确保与其相关的侵权行为能够被及时制约，欧盟成员国间的交流合作不受影响。但同时以此为基础，欧盟成员国可以在欧盟指令等预留的空间范围内，依据本国发展状况和价值理念展开具体的适用标准和规则制度制定，实现其国内法律规范的自主化。以数据库保护的欧盟指令规定为例，其在第 4 条第 1 款规定："数据的作者是创作数据库的自然人或一组自然人集合，又或者是在成员国法律允许的条件下，由该国法律规定作为版权权利人的法人"。[2]该规定强调人类主体是享有作品版权的首要对象，但是国家可以自主决定是否纳入法人等其他主体作为版权的作者和拥有版权的主体，只要这一程序或相关作品是由自然人或者自然人群体所创作产生。[3]

当进一步具体到人工智能和人工智能生成物的规范和保护时，欧洲一些国家其实在 1982 年就成立了人工智能协作委员会（ECCAI），目的在于促进欧洲整体人工智能技术的学习、研究与应用。随着人工智能和人工智能生成物的社会参与程度和经济影

---

[1] GUADAMUZ A. Do Androids Dream of Electric Copyright? Comparative Analysis of Originality in Artificial Intelligence Generated Works [J]. Social Science Electronic Publishing, 2017.

[2] 参见欧洲议会与欧盟理事会《关于数据库法律保护的指令》第 4 条第 1 款。

[3] Explanatory Memorandum to the proposal for a Software Directive, COM (88) 816 final, 17 March 1989.

响不断增大，2015 年的欧盟议会法律事务委员会就成立了专门的工作小组，对与人工智能有关的法律问题进行针对性的研究，人工智能生成物也当然被包括其中。一方面，该委员会试图对人工智能的概念进行界定，实现对机器人管理监督以及伦理规范等制度的统一设定，主张人工智能属于可以通过传感器获取自主权或与环境交换和分析数据，学习已有经验并与人类进行交流互动，还拥有作出自主行为和适应环境等能力的智能产物。❶ 另一方面，该委员会还试图对人工智能生成物本身进行界定，认为满足独立的智力创造成果标准的人工智能生成物可以构成享有版权的作品。但除此之外，对于人工智能生成物的版权主体，欧盟并未予以明确，只是提出了拟制“电子人”作为新型法律主体的可能。由此可知，基于无论是软件还是数据库等事物的版权主体认定，欧盟都更倾向于直接适用《伯尔尼公约》中的相关规定，即版权主体归属于自然人属于一般性原则，归属于法人或者非法人组织等作为例外予以补充。那么在现行的法律制度体系下，自然人成为人工智能生成物的版权主体无疑仍是欧盟司法实践中的主要选择，但其他主体可以作为补充也属于其正在考量的选择之一。

综上所述，除了上述世界主要国家和地区之外，目前还有许多其他国家在积极地进行人工智能和人工智能生成物的保护政策和立法规范制定。比如，日本在 2016 年就开始对人工智能创作音乐作品和小说作品等纳入知识产权保护范围的可行性进行研究，并颁布了《2018 年知识财产推进计划》：强调对人工智能生成物在知识产权法律制度中应有保护和应用状态进行探讨，以及修正或改变现有知识产权法律制度对其进行适用的合理性等。❷

---

❶ European Civil Law Rules in Robotics [EB/OL]. (2017-02-16) [2018-12-10]. http://www.europarl.europa.eu/sides/getDoc.do?type=TA&reference=P8-TA-2017-0051&language=EN&ring=A8-2017-0005.

❷ 参见日本《2018 年知识财产推进计划》。

所以，对人工智能和人工智能生成物的保护和应用等问题展开系统研究，既是各国司法实践的现实要求，也是顺应时代发展潮流的必然选择。

（三）国内研究及立法现状

虽然我国在之前的工业革命中总是处于追赶世界其他国家的被动地位，但从第四次工业革命开始，我国已经与部分国家一起占据了发展的领先位置，尤其是在人工智能领域的发展，我国无论是在前沿技术的研发还是技术的具体落地上都属于处于引领潮流的国家。以我国在人工智能领域的资本投资和企业融资为例，2017 年的全球人工智能投资和融资总规模达到了 395 亿美元，我国人工智能融资总额达到 277.1 亿美元，占据了全球融资总额的 70%。[1] 除此之外，我国的人工智能领域专利申请数量已经超过美国和日本成为世界第一，人工智能主题的论文总量和高被引用数量也位居全球首位，尤其是在世界范围内的人工智能音箱市场占比中，我国的阿里巴巴公司和小米公司仅次于谷歌公司和亚马逊公司分列第三位和第四位。因此，虽然技术本身是中立的，但我们在鼓励技术创新的同时也要保证其应用结果不会偏离人类最终福祉，法律在此时就应当发挥其规范作用，对由技术发展所引起的人与人之间的各种权利义务关系进行设定或调整。[2] 将这一理念具体适用到人工智能生成物领域，就是如何在法律范畴内对其进行分析和研究，从而为其制定出合理且具有可行性的权利义务关系调整制度，使得其发展和应用可以促进社会发展和进步。

我国对于人工智能生成物的法学研究相比于世界其他国家而言，起步较晚但是发展迅速。比如，在 1982 年，我国就有学者

[1] 清华大学中国科技政策中心．中国人工智能发展报告 2018［R/OL］．（2018－07－17）［2018－07－17］．http：//www.cbdio.com/BigData/2018－07/17/content_5767419.htm.

[2] 管育鹰．人工智能带来的知识产权法律新问题［J］．贵州省党校学报，2018（5）：5－14.

对机器通过描述形式自动生成代码的可能进行了研究，即通过在计算机中输入程序语言和计算机描述，从而自动输出能够在计算机上运行的编译程序的科学原理及现实可行性❶。当然，对该编译程序产生以后的后续应用和保护等内容在当时并未在法学领域被深入展开探讨，但截至当前，我国法学领域对人工智能和人工智能生成物的研究已经取得了数量丰富的成果。比如，以中国知网为参考数据库，将人工智能与法律作为关键词进行检索时，我们可以得到包括新闻报道、期刊文献和学位论文在内的1400余篇结果❷。进一步将这些结果作为分析对象可知，其在研究层次上包括人工智能在整体上对我国法律制度本身所带来的影响和应对挑战，在研究领域上涉及人工智能在民法、刑法、知识产权法和竞争法等多个部门法内的性质分析和地位界定，在研究对象上包括人工智能在理论适用和司法实践中的可行性探讨，在研究内容上体现了人工智能和人工智能生成物等内容的概念辨析和规范制度构建等。进而，如果在此结果范围内，我们再将人工智能生成物作为检索关键词时，可以得到具体在知识产权法范畴内的400余篇结果❸。其中主要研究内容包括人工智能生成物对整个知识产权法律制度造成的制度影响和应对挑战，以及不同类型人工智能生成物在著作权法、专利法和反不正当竞争法等领域中的理论基础及规制可能等。综合上述内容，基于本书将人工智能生成物的研究类型限定在我国著作权法所明文规定的作品客体范畴之内，我们可以对我国专家学者就该问题所涉及的研究成果进行如下归纳整理和分析总结。

1. 对象明确——人工智能生成物的概念及主要内容

对于人工智能生成物这一概念本身，其实还存在很多类似的相关表述，比如，人工智能创作物、人工智能生成内容、人工智

❶ 郑茂松. 机器描述形式的代码生成方法［J］. 计算机科学，1982（3）：25-34.

❷❸ 最后检索日期为2019年3月1日。

能创造作品、人工智能生成物、人工智能创造物以及人工智能作品等。不同的概念表述背后都代表着对人工智能生成物产生技术原理以及内容界定方式的不同，并使得最终的适用保护法律判定和制度构建具有差别。

（1）使用“人工智能创作物”这一概念进行的研究，倾向于强调人工智能在传统技术和文艺创作上的实际表现，以及对其外在表现手段、创作格局和想象空间方面的重视，认为“人工智能创作物”是人工智能打破人类创作作品的规律从而得到的结果。[1] 这一学说以“人工智能创作物”的客观外在表现为判断对象，对于创作主体是自然人或是人工智能不予考虑。[2]

（2）使用“人工智能生成内容”这一概念进行的研究，倾向于认为人工智能利用技术手段和算法规则所能产生的内容具有复杂性，并非所有的内容都需要纳入法律的范畴进行讨论；并且，除了需要对“人工智能生成内容”进行性质分析以外，对于人工智能产生内容的过程是否属于创作，以及其本身是否构成作品也需要进行单独讨论，强调对于“人工智能生成内容”的作品属性判定。[3]

（3）使用“人工智能创造作品”这一概念进行的研究，则是承认人工智能产生的作品，已经与人类创作的作品具有事实上的不可区分性和独创性，主张对人工智能生成作品进行保护具有现实必要，论证聚焦在应该如何在著作权法领域内，对其进行法律制度适用和权利利益分配等问题上，如“人工智能创造作品”

[1] 易继明．人工智能创作物是作品吗？［J］．法律科学（西北政法大学学报），2017，35（5）：137－147.

[2] 张春艳，任霄．人工智能创作物的可版权性及权利归属［J］．时代法学，2018，16（4）：22－28.

[3] 王迁．论人工智能生成的内容在著作权法中的定性［J］．法律科学（西北政法大学学报），2017，35（5）：148－155；孙山．人工智能生成内容的著作权法规制——基于对核心概念分析的证成［J］．浙江学刊，2018（2）：113－120.

的作品属性分析，以及谁才是适合的著作权利归属主体等内容。[1]

（4）使用“人工智能生成物”这一概念进行的研究，一方面，旨在通过概念本身的字面词语组成，说明人工智能生成物的产生原理。相比于“人工智能创造物”[2] 前者更倾向于其是对人工智能生成物产生过程的客观描述，后者则更强调人工智能独立创造的技术可能。另一方面，“人工智能生成物”作为物而非作品的概念构成，也决定了其除了需要像“人工智能作品”[3] 一样对法律适用可能进行分析外，还需要进行“人工智能生成物”内容本身的属性界定。

综合上述不同的学说观点，本书认为人工智能的智能属性在不断提高，且其能够产生相应的内容是客观现实，但是对于其作为结果产生的技术运行原理，以及结果本身的属性和后续的法律规制可能等问题，都需要进行具体的对比分析后予以认定，而不能仅依据主观感受或客观感知直接得出结论。所以，笔者认为使用“人工智能生成物”这一概念对上述问题进行研究，更能够保证学术研究的科学性与客观性。

2. 性质明确——人工智能在我国著作权法律制度中的主体地位

对于人工智能的法律主体地位问题，我国学界目前主要存在两种研究方式：第一种是基于著作权法属于民法范畴下的法律构成，因此以人工智能本身的法律主体地位尤其是民事法律主体地位为研究对象，进而通过前述研究所得出的结论来分析人工智能

---

[1] 黄玉烨，司马航．孳息视角下人工智能生成作品的权利归属［J］．河南师范大学学报（哲学社会科学版），2018，45（4）：23－29.

[2] 梁志文．论人工智能创造物的法律保护［J］．法律科学（西北政法大学学报），2017，35（5）：156－165.

[3] 周贺强．人工智能作品著作权归属问题［J］．合作经济与科技，2018（22）：186－187.

是否具备成为著作权法律主体的前提条件；第二种则是直接以著作权法律制度规定以及适用理论为基础，分析人工智能作为我国著作权法律主体是否具有可行性。

我国学界以第一种方式进行的学术研究，得出了以下三种具有差别性的结论。

(1) 完全否定说。认为人工智能虽然在机器学习和人工神经网络系统等技术理论的支持下，已经逐渐具有一定程度的自我意识和自我表达能力，并可以与人类进行一定范围内的情感交流。但就其目前的发展程度而言，作为人类创造出来的智能机器仍然尚未具备自主思考的意识和能力，也无法独立享有权利和承担义务，所以尚未对传统民事法律主体理论作出颠覆性的挑战，不宜将其规定为民事主体，作为民事法律关系的客体而存在更为适合。❶

(2) 完全肯定说。这种观点强调民事法律主体的范围，本来就是随着科学技术的发展和社会进步而不断发生变化的，现阶段的人工智能与人类智能所存在的差别越来越小，将其纳入法律主体范畴也未尝不可；❷ 并且就人工智能本身进行分析可知，人工智能具有独立自主作出意思表示的行为能力，有资格享有法律权利并能够承担相应的法律责任，所以应当认可人工智能具有民事法律主体人格。❸

(3) 折中说。即承认人工智能在某种程度上具有一定的法律主体地位资格，但是鉴于其承担行为后果的能力有限，或者是由于其具有表达自主意思的行为能力但享有的法律权利相对有限，❹ 又或者是基于其与人类人格在事实上仍具有生物属性差

---

❶ 王利明．人工智能时代对民法学的新挑战［J］．东方法学，2018（3）：4－9.

❷ 金东寒．秩序的重构：人工智能与人类社会［M］．上海：上海大学出版社，2017：8.

❸ 袁曾．人工智能有限法律人格审视［J］．东方法学，2017（5）：50－57.

❹ 刘晓纯，达亚冲．智能机器人的法律人格审视［J］．前沿，2018（3）：83－89.

异，所以人工智能的法律人格具有客观上的有限性，❶ 本质上更接近于人类制造的人工类人格。❷ 此外，我国学者还对以折中说为理论基础，人工智能可以获得民事法律主体资格的可能方式进行了研究，具体包括：与赋予法人或非法人组织法律主体资格一样，为人工智能拟制一个新的法律主体身份；❸ 或者将人工智能作为“电子人”而存在，基于申请而对其赋予法律主体资格，从而既能够满足法律主体的本体、能力和道德伦理要素等要求，还能够充分发挥人工智能现有的和未来所具有的经济社会发展潜力。❹

而使用第二种研究方式，在著作权法律制度内对人工智能的主体地位进行探讨时，主要包括以下两个问题，一个是人工智能是否能够成为作者，另一个则是人工智能是否能够成为著作权人。对于上述问题的答案，一方面，部分学者对两者都持否定意见。即认为人工智能虽然在事实上能够进行创作，但是其并不能成为我国著作权法上的作者和著作权人，需要借助法律拟制或者其他方式对其进行保护。❺ 而且，从实践的角度而言，著作权法本身调整的是作品创作和传播中的人类社会关系，而非人与机器或机器与机器之间的关系，人工智能基于其自身机器属性的限制并无法行使该权利，所以不具备成为著作权主体的资格。❻ 另一方面，我国也有部分学者主张人工智能可以成为享有著作权的主体，既缘于人工智能对生成物的创作过程和生成结果，并不是来

---

❶ 彭诚信．人工智能的法律主体地位［J］．人民法治，2018（18）：98－100.

❷ 杨立新．人工类人格：智能机器人的民法地位：兼论智能机器人致人损害的民事责任［J］．求是学刊，2018，45（4）：84－96.

❸ 陈吉栋．论机器人的法律人格：基于法释义学的讨论［J］．上海大学学报（社会科学版），2018，35（3）：78－89.

❹ 郭少飞．“电子人”法律主体论［J］．东方法学，2018（3）：38－49.

❺ 罗祥，张国安．著作权法视角下人工智能创作物保护［J］．河南财经政法大学学报，2017，32（6）：144－150.

❻ 张平．关于“电子创作”的探析［J］．知识产权，1999（3）：11－14.

自于人类主体的帮助和意志，而是来源于人工智能自身的“劳动”付出，所以具有成为著作权主体的技术基础和理论支撑；也因为我国的著作权法中并未明确要求著作权人只能是自然人，法人或者非法人组织在法律规定的具体情形之下也具备成为著作权人的可能，所以人工智能作为著作权人也具有一定的可行性。

3. 属性界定——人工智能生成物内容构成作品的可能

关于人工智能生成物内容的属性界定，是目前我国学术界在人工智能与著作权主题研究范畴内，最受关注并且产出成果最多的命题。具体而言，就是对人工智能生成物是否可以成为著作权客体作出回答，主要包括以下两方面的结论。

（1）人工智能生成物满足作品的属性和要求，可以被赋予著作权。

首先，作品在我国著作权法律制度中是指，在文学艺术和科学领域内具有独创性和能以某种形式予以固定的智力成果，因此人工智能生成物若要被认定具有作品属性，就必须具备独创性。而当前人工智能对数据进行取样加工进而排列组合得到的作品，是其在没有预先算法或者规则设定的情况下通过主动学习所得，人工智能已经在事实上超越了机械延伸的概念，摆脱了内容创作辅助工具的价值定位，从创作过程到产生原理都满足了创作作品所必需的独创性要求。[1] 其次，承认人工智能生成物的作品属性是现实需要和时代要求。著作权法伴随着新技术成果的产生而不断发展，其作品中作者个性的强调也在不断减弱，[2] 因此只要人工智能生成物的内容中存在个性判断和选择，就可认定其在事实

[1] 易继明．人工智能创作物是作品吗？［J］．法律科学（西北政法大学学报），2017，35（5）：137－147.

[2] 梁志文．论人工智能创造物的法律保护［J］．法律科学（西北政法大学学报），2017，35（5）：156－165.

上构成智力成果，[1] 创作主体在此时不被纳入考虑范畴。这一点也在实践中被世界上部分国家和地区在立法中予以吸收和认可，比如英国、新西兰和中国香港等。再次，作品体现人格在我国并不是作品认定的隐藏要件。作品内容中所包含的个性化特征是由包括审美和知识储备等在内的多个外在因素所综合决定的，其本身并不能衡量创作成果本身是否构成作品，也就是说，人格对于作品认定并不具备规范意义。[2] 最后，著作权法的立法目的在于通过法定著作权的授予，激发作者创作作品的动力和热情，从而助益于社会公共利益的实现。因此，对人工智能生成物的作品属性予以承认并赋予其著作权的保护，将能够使其创作付出得到现实认可，也是著作权法的保护范围随着时代进步和科技发展而不断变化发展的体现[3]。

（2）人工智能生成物不属于著作权法规定的客体，不能被赋予著作权。

通过对人工智能生成物的产生过程进行分析可知，人工智能在当前进行的生成物创作主要包括两种形式。第一种是人类主体通过预设程序对人工智能进行控制，从而以人工智能的运作来得到自己想要得到的结果。由于此时的人工智能对于生成物的创作过程和生成结果都处于人类主体的干涉之下，并不具备自由的创作意志，所以该生成物不可以成为著作权的客体。第二种则是我们所强调的对人工智能仅预先设置结果方向或者类型，使得人工智能通过自主运行和自由选择，最终产生人类想要的或接近人类

---

[1] 张春艳，任霄．人工智能创作物的可版权性及权利归属［J］．时代法学，2018，16（4）：22－28.

[2] 孙山．人工智能生成内容的作品属性证成［J/OL］．上海政法学院学报（法治论丛），2018（5）：84－94［2019－03－02］．http：//kns. cnki. net/kcms/detail/31. 2011. D. 20181021. 2059. 014. html.

[3] 李成亮，王惠敏．机器人创作物的可作品性［J］．理论观察，2017（6）：87－89.

想要的结果。然而，由于此时的人工智能生成结果仍然来源于人类主体的事先命题和要求，人工智能生成物体现的仍是人类主体的意志，亦或者说人工智能仍是人类创作的辅助工具而不是创作主体本身，因此人工智能生成物就不具备作品属性，也就无法获得著作权的保护。❶ 此外，针对结果本身而言，人工智能现在所进行的创作仍是计算机算法和规则的计算结果，具有重现可能性和一定程度上的可预测性。而作品的创作则要求其必须是作者的个性化表达，能够体现出作者的思想以及个性化特征，在此视角下的人工智能生成物，也不符合作品创作中所包含的特殊个性化要求，因而不可以适用著作权来进行保护。❷

4. 制度尝试——人工智能生成物的可保护路径探索

自人工智能在技术发展上取得突破性进展，其作为人类创造的智能体现，已经突破了之前作为作品创作辅助工具的局限，具备了以一定数据信息为基础，自主分析和创作形成新作品的能力。在此背景之下，对于人工智能和人工智能生成物进行法律范畴内的规制和保护就变得必不可少，我国相关专家和学者经过分析和研究得出了以下几种可供参考的保护路径。

（1）狭义著作权范畴内的保护。由于我国著作权法对于著作权人的范畴并未进行自然人的限定，包括法人或非法人组织等法律拟制主体。而且对于著作权客体的认定更多地采用客观性标准，所以人工智能和人工智能生成物对于著作权主体和客体的要求能够在实践中得到满足，符合赋予狭义著作权保护的标准。并且，对人工智能生成物进行狭义著作权上的保护，也有利于激发人工智能开发者以及使用者等主体进行后续智力创造的热情，从而有利于实现我国著作权法的立法目标。

---

❶ 杨清望，张磊．论人工智能的拟制法律人格［J］．湖南科技大学学报（社会科学版），2018，21（6）：91－97.

❷ 王迁．论人工智能生成的内容在著作权法中的定性［J］．法律科学（西北政法大学学报），2017，35（5）：148－155.

(2) 邻接权范畴内的保护。邻接权作为我国著作权法律体系的组成部分，是与狭义著作权相对的独立权利。虽然运用著作权来保护智力创造成果是人们的惯性思维，但这里的著作权主要指的是狭义著作权而非广义上的著作权。那么，邻接权作为狭义著作权的补充，相比之下具有规范内容较为固定且保护要件构成较为宽松等特点。因此，在当前对人工智能生成物的保护具有紧迫性和必要性，但适用狭义著作权对人工智能生成物进行保护又存在制度困境时，通过邻接权来对其进行保护无疑具有一定程度上的可行性。❶

第一，人工智能生成物是一种能进行交易和复制，但独创性尚未达到作品高度的文化产品，所以其无法成为狭义著作权所规范的作品客体。❷ 但邻接权作为随着时代发展而适用范围不断扩展的权利，其适用并不需要以与作品之间存在必然的联系为前提，符合现阶段人工智能生成物的性质和特征。比如德国就将未达到独创性高度的数据库采用邻接权的方式进行保护，因此，适用邻接权模式来保护人工智能生成物是可供考虑的保护模式之一。第二，利用邻接权来保护人工智能生成物，符合对投资者利益进行保护的需求。人工智能生成物尽管与人类创作作品具有形式上的相似性，但其本质上属于信息产品而非民事法律关系中的客体。鉴于其作为现实存在需要持续性的生产投入作为产生基础，那么相关投资者在技术性、经济性和组织性等方面所付出的投入，无论人工智能生成物本身性质如何，都有在法理上获得利益回报的正当性。❸ 而邻接权作为保护有思想表达但却不构成作

---

❶ 罗凯中，刘强．邻接权视角下的人工智能创作物版权保护模式［J］．齐齐哈尔大学学报（哲学社会科学版），2018（5）：106－110.

❷ 陈艺芳．人工智能生成成果的法权化路径［J］．西华大学学报（哲学社会科学版），2018，37（2）：39－44.

❸ 许明月，谭玲．论人工智能创作物的邻接权保护：理论证成与制度安排［J］．比较法研究，2018（6）：42－54.

品的权利，在事实上成了保护伴随技术发展而出现新形式作品的兜底性条款，主要制度设定目标在于实现对投资人利益的保护。[1] 所以，利用邻接权制度来保护人工智能生成物，既可以充分发挥我国著作权法在理论体系上与生俱来的优势，还可以充分契合邻接权制度保护投资人利益的目标。[2] 第三，在邻接权中增设新的具体权利对其进行保护具有合理性。在当前数据收集、处理和开发利用等成为常态的大数据时代，人工智能生成物在本质上也是运用数据和技术所得到的一种数据成果。[3] 基于这一本质特征而赋予其知识产权法特别是著作权法框架下的保护，显然具有一定程度上的合理性。鉴于我国现行著作权立法对邻接权客体保留了充分的留白空间，通过在此空间范围内增设新的权利来规制人工智能生成物，既能充分保护其所具有的经济价值，还能依据著作权利本身的垄断受限性而在一定程度上对其进行限制。

（3）专利法范畴内的保护。专利客体范畴经历了从一般发明、实用新型等专利，到药品专利和化学专利的立法变革，微生物、动植物品种和基因技术等也随着技术发展，在之后补充成为专利客体的组成部分。[4] 那么，鉴于当前的人工智能已经可以通过预先程序设计生成以遗传编程为代表的发明结果，对于这些生成技术结果是否可以适用专利法来进行保护，就是我国专家学者讨论的关键。

通过对人工智能以数据数量巨大的数据库为基础的自主创作技术成果的性质进行具体分析，能够有效规避现有技术和在先技

---

[1] 刘洁．邻接权归宿论［M］．北京：知识产权出版社，2013：24.

[2] 李陶．媒体融合背景下报刊出版者权利保护：以德国报刊出版者邻接权立法为考察对象［J］．法学，2016（4）：99－110.

[3] 陶乾．论著作权法对人工智能生成成果的保护：作为邻接权的数据处理者权之证立［J］．法学，2018（4）：3－15.

[4] 朱雪忠，张广伟．人工智能产生的技术成果可专利性及其权利归属研究［J］．情报杂志，2018，37（2）：69－75.

术，满足专利客体的新颖性要求。并且，既然通过对人工智能创造程序的预先设定能够实现人工智能生成技术成果区别于在先技术，那么，虽然我国专利创造性的判断是以专利审查员的对比结果为依据，具有较强的主观判断性和不确定性，但其对于创造性要求的满足并不存在困难。此外，当具体到对于专利技术实用性的满足时，人工智能生成技术成果相比于人类主体创造成果具有显著优势，毕竟其本身就是多种先进科学技术发明的结合，实现在具体领域中生成的技术发明创造具有实用性并不困难。综上可知，人工智能生成技术发明成果能够满足作为专利客体的新颖性、创造性和实用性要求，只是目前针对专利权人的确定或者说是专利权利的具体归属，仍存在一定程度上的争议而已。毕竟从事实上而言，人工智能生成技术发明成果涉及多个可能的主体，包括但不限于人工智能算法程序的创造者、数据信息的收集与提供者、最终生成结果测试和反馈修正者、人工智能所有者以及人工智能使用者等。

（4）民法范畴内的保护。知识产权作为第一财产权利是民法学上的一个发现：知识产权是与物权属于同一逻辑层次、处于同一位阶、源自同一“血缘”的民事财产权。[1] 因此，当知识产权法无法在事实上对人工智能生成物提供适合的保护时，位于知识产权法上层位阶的民法就成为可供参考的路径。在传统民法范畴内，人工智能因为缺乏属于自己的独立意志而在本质上属于非人的“物”范畴；进而，人工智能生成物也就不是思想或情感的外在表达，而是由物所创造之物。在此背景下，针对人工智能与人工智能生成物作为物而存在的属性，可以利用物衍生新物，也就是孳息的理论对其进行论证和规制。[2] 具体而言，孳息是规

---

[1] 刘春田．知识产权作为第一财产权利是民法学上的一个发现［J］．知识产权，2015（10）：3－9.

[2] 黄玉烨，司马航．孳息视角下人工智能生成作品的权利归属［J］．河南师范大学学报（哲学社会科学版），2018，45（4）：23－29.

范因派生关系而得到之物归属的理论，可见于我国《民法典》的不同章节中，在适用范围跨越物权和债权两大领域，内容囊括物质性和非物质性的派生结果，知识财产也当然被包括在其中。因此，当人工智能生成物作为利用人工智能而产生的一种知识财产收益时，其属于人工智能在事实上所产生的孳息，我们可以直接依据孳息理论的相关权利归属原则——“原物主义”与“生产主义”，直接将人工智能生成物归属于人工智能所有者或者是使用者。具体而言，若“原物”权利不变，则适用“原物主义”归属于原物所有者；若“原物”发生权利变动，则按“生产主义”归属于占有、管理、使用人工智能的“用益物权人”。❶ 基于此，人工智能和人工智能生成物的客观属性就不再需要进行考量，所包含的权利归属也可以得到明确的分配，具有一定的合理性与可行性。

综上所述，对于人工智能及其生成物的保护，除了上述四种保护路径之外，其实还有反不正当竞争法范畴的保护途径可供参考。但无论选择我国法律制度体系中的哪一种途径对其进行保护，都是顺应现实发展需要和时代发展要求的结果。毕竟人工智能技术的发展并不会在此止步，人工智能生成物的物质经济价值和精神文化价值都将得到进一步发展，更多类型的人工智能生成物将被不断地商业化，进而成为具有经济价值且事实上可交易的财产权客体，如果其权属处于不确定的状态，只会带来时间和成本的浪费。❷ 所以，我们只有在法律范畴内对其确定明晰的规制标准，才能更好地为人工智能和人工智能生成物的发展提供指引，从而最终实现人工智能和人工智能生成物对于我国经济社会

❶ 林秀芹，游凯杰．版权制度应对人工智能创作物的路径选择：以民法孳息理论为视角［J］．电子知识产权，2018（6）：13－19.

❷ MCCUTCHEON J. The Vanishing Author in Computer－Generated Works：A Critical Analysis of Recent Australian Case Law［J］. Melbourne University Law Review，2013，36（3）：915－969.

和文化发展的积极作用。

四、研究的内容与方法

（一）研究内容

人工智能的出现，为世界科学技术和经济发展带来了划时代的变革。当我们欣喜地看到，人工智能全方位地参与到我们的日常学习、工作和生活中，并为我们带来不容忽视的便利之时，我们也必须关注到人工智能业已造成并可能导致的人身伤害后果和经济财产损失。比如，在人工智能被主要应用的自动驾驶汽车领域，美国优步（Uber）公司在公共道路上测试其自动驾驶汽车的相关性能和表现时，该车的人工智能驾驶控制软件在检测到道路行人的存在后，并未采取任何制动措施而是选择继续行驶，最终导致道路上的女性行人当场死亡。因此，为了更好地应对人工智能给社会伦理道德和现行法律框架带来的巨大冲击，我们需要及时在其所引起的社会结构剧烈变迁中，找准对于该技术的发展规划和监管安排。尤其是人工智能生成物作为人工智能技术落地的产物，其是以大数据为基础而产生的创造性成果，包括文字作品、美术作品、计算机软件和视听作品等多种类型。针对这些业已产生的创造性成果，本书试图通过理论研究和实践分析等途径，对与其相关的以下主要问题得出相应结论。包括但不限于：第一，我们应该如何对人工智能和人工智能生成物进行概念界定和性质分析？第二，我们针对其产生的相关权利和经济文化价值，应该如何进行归属主体确定和具体划分？第三，在我国现行法律体系下，应该将其纳入哪种法律范畴之内进行保护？第四，对于侵犯该创造性成果权利的行为，我们应该如何进行规制？

综上，本书的主要研究内容包括以下四个部分。第一，本书将对人工智能和人工智能生成物的相关概念进行界定和辨析，从而对作为本书主要研究对象的人工智能生成物，无论是性质特征还是内容特点等拥有一个相对直观和理性的客观认识。第二，具体到著作权法领域内的人工智能生成物保护研究时，本书一方面将对人工智能的著作权法律主体资格进行判断，为人工智能生成物的著作权法适用奠定前提基础；另一方面，本书将对人工智能生成物的内容进行具体分析，衡量其是否具备作为著作权客体的资格。第三，鉴于当前世界上的不同国家以及有关专家和学者通过对其进行立法规定和学理探讨等方式得出了有关人工智能生成物著作权利内容和归属的相关研究，本书将结合上述研究成果，对不同的人工智能生成物著作权利内容予以确定，并对具体的归属模式进行利弊分析，进而提出在我国社会经济背景下，有利于人工智能生成物保护和发展的著作权利归属新模式。第四，本书将以我国的人工智能发展规划为导向，结合我国当前的法律制度体系和社会经济发展现状，在著作权法律制度框架内，构建出科学合理且高效可行的人工智能生成物保护和利用机制。

（二）研究方法

世界上的任何事物都不可能独立存在，事物与事物之间存在或多或少的联系。事物的这一特性体现在学术研究之中，就是对某一具体事物的研究总是会涉及多个不同领域的交叉，人工智能生成物作为时代发展和技术创新的结果，更是如此。通过结合人工智能生成物的产生过程可知，其既涉及自然科学领域中的计算机科学、生物学等学科，还涉及社会科学中的认知心理学、哲学以及本书所要研究的法学等学科。因此，对于著作权法领域内的人工智能生成物保护研究，本书倾向于综合运用以下研究方法予以展开。

1. 文献资料分析法

作为任何学术研究展开的前提，文献资料是随着时间的流逝而积累下来的前人研究智慧的体现。人工智能生成物是本书的研究对象，收集、阅读和分析与其相关的大量文献资料也是本书研究得以进行的基础。为了实现对本书所涉及相关概念和理论内容的明确和使用，笔者通过利用文献资料分析法，对国内外已发表的专著、期刊论文、新闻报道以及法律规定和司法判决等内容进行整理归纳和总结理解，既可以为本书的研究和撰写构建扎实的信息数据基础，也能为研究的进行指明确切的方向，从而实现学术研究的科学性和合理性，以及理论说明和制度构建上的可信服力。

2. 规范分析法

规范分析作为法学专业理论的基本研究工具，其主要内容是指通过对已有事物的运行状态作出主观价值判断，从而描述出事物本身应该处于一种什么样的状态中。将规范分析法运用到法学领域内的问题研究，就是以一定的价值理念对现行法律条文的规定作出判断，从而对其进行具体的解释和完善。本书以在著作权法范畴内对人工智能生成物提供保护作为研究目的，通过对我国现行法律体系中的相关法律规范进行分析，对人工智能生成物适用专利法、反不正当竞争法等进行保护所存在的局限予以明确，进而依据著作权法律体系的相关规定，为人工智能生成物的保护找出可以适用的具体规定。

3. 实证研究法

实证研究着重于认识事物的本质和客观表现，从而对于事物的运行逻辑和内在规律作出一定的总结。对于人工智能生成物的研究，我们要以世界范围内已有的研究和讨论为基础，了解其被创造产出的内在科学机理，以及其现行的研发利用制度和未来的发展规划等内容，从而对当前人工智能生成物可能存在的问题和争议焦点作出相应分析，最终构建出在我国现实背景下的合理可用机制。

4. 比较研究法

比较研究法作为在现代社会科学研究中利用最为频繁广泛的研究方法，主要通过比较同一事物在不同领域或者不同地域范围内的不同，从而发现事物本身组成要素间的联系和变化趋势，进而得出事物本身变化规律的科学研究方法。我国在人工智能生成物领域内的研究，既不是起步最早的，也不是立法和司法判决最为丰富的。因此，想要为其进一步的研发和利用提供法律制度上的支持，世界其他国家以及国际组织等进行的相关研究和立法规定，肯定是我们必须要进行针对性了解和具体化研究的内容。有鉴于此，本书将充分利用比较研究的方法，从宏观法律体系和微观法律制度两个层面，了解和研究域外有关国家或国际组织对人工智能生成物赋予著作权保护的成果和经验，提炼出它们的可参考路径、可利用模式以及具体制度构建等内容，最终推动我国保护人工智能生成物的法治进程。

第一章　人工智能生成物著作权保护问题的提出

人工智能与人工智能生成物作为因时代发展而产生的新型事物，依托于现代科学技术的创新与进步，从以前的人类想象转变为了当前的社会现实。人工智能通过积极参与人类社会的生产经营活动，将人类主体从简单且枯燥的体力和脑力活动中解放出来，促进生产力的发展和生产关系的变革。但是，新型事物的产生与发展总是机遇与挑战并存。尤其是当人工智能与人工智能生成物作为经济价值载体而存在，但其价值属性的合法保护又欠缺直接可用的法律规定时，如何对其进行保护就是本书所想要探讨和研究的主题。

第一节　人工智能的界定

一、人工智能的定义

人工智能是一个庞大的集合领域。当我们试图去给这个领域进行一个范围上的探索时，不难发现其既包括逻辑、概率和连续性，囊括感知、推理、学习和行动，还涉及计算机科学、哲学、认知心理学、信息论等多个学科，以及从微电子设备到机器人探测器等多方面的运用。[1] 那么，针对人工智能本身的理解，我们可以将其拆分为人工和智能两方面进行。其中对于人工的理解并

---

[1] 罗素，诺维格．人工智能：种现代方法［M］．2版．姜哲，金奕江，张敏，等译．北京：人民邮电出版社，2010：43.

不困难，也没有争议，关键是对智能进行科学化的解释。智能的发生是自然界四大奥秘之一，人类到目前为止仍未能完全理解和认识它的产生机理抑或运作原理，所以只能更多地将对人脑的已有认识与智能的外在表现结合起来，❶ 即通过使用不同的方法对其从不同的研究角度进行探索，进而形成了以下三种主要理论——思维理论、知识阈值理论和进化理论。首先，思维理论作为认知科学的衍生品，其着重于研究人们认识客观世界的规律和方法，强调智能的核心是思维。人类将智慧的来源归结于思维活动的结果，因此渴望通过对思维规律和方法进行研究，从而揭示智能的本质。其次，知识阈值理论则更为强调知识的重要性，其将智能定义为在可运用知识数量足和一般化的基础上，能够在巨大的搜索空间中迅速找到问题答案的能力，一般在现实社会中体现为智能检索系统或者专家系统等。最后，进化理论则与上述两种理论都有所区别，其强调智能是人类本质能力的外在表现形式。即作为人类而言，其主要的能力包括动态环境中的行走能力、外界事物的感知能力以及维持生命和繁衍生息的能力等，智能则属于综合这些能力后的进一步发展和上升。综上所述，智能可以主要概括为知识和思维智力的结合。其中，知识作为智能的基础而存在，思维则是运用知识找寻问题最佳答案的智力过程。

鉴于上述不同的理论观点导致人工智能领域形成了三大不同的主流研究学派，因此我们在对人工智能的概念进行具体的界定时，需要分析总结不同流派在此问题上所具有的共性与差别，从而得出相对科学合理的最终结论。

一方面，当诸多理论都对人工智能所具有的思维属性予以强调时，其不同理论间的差别主要体现在类人思维系统和理性思维系统两者之间。类人思维系统下的人工智能被定义为是一种使计

❶ 丁世飞．人工智能［M］．2 版．北京：清华大学出版社，2015：24.

算机能够思维、使机器具有智力上的令人激动的新尝试,[1] 属于那些与人的思维、决策、问题求解和学习等有关活动的自动化。[2] 然而，理性思维系统更强调思维在已知范围内正确与否，即把人工智能定义为是用计算模型对智力行为进行的研究,[3] 也是研究那些使理解、推理和行为成为可能的计算。[4]

另一方面，当行为的重要性更被广泛看重时，人工智能的定义在类人行为系统和理性行为系统中同样存在争议。类人行为系统将人工智能直接定义为制造能够完成需要人的智能才能完成的任务的机器技术,[5] 主要研究如何让计算机做到现阶段只有人类才能做得更好的事情[6]，图灵测试就是该学说影响下最具代表性的机器智能测试方法。具体而言，图灵测试作为衡量机器人是否可以像人类一样思考的科学实验，由英国计算机科学家艾伦·麦席森·图灵在 1950 年提出。[7] 作为一种类人行为系统的体现，该实验试图通过人类的表现来衡量假设的智能机器的表现，为机器智能的评价提供可操作的可能。在图灵看来，与其提出一个冗长且可能产生争议的问题清单来衡量机器是否智能，还不如采用以

---

[1] HAUGELAND J. Artificial Intelligence [J]. A Logical Theory of Nonmonotonic Inference & Belief Change, 1985, 41 (1): 89 -95.

[2] BELLMAN R, LEE E S. Functional Equations in Dynamic Programming [J]. Aequationes Mathematicae, 1978, 17 (1): 1 -18.

[3] CHARNIAK E, MCDERMOTT D V. Introduction to Artificial Intelligence [M]. Upper Saddle River: Addison - Wesley, 1985.

[4] WINSTON, J N. Approaches to the Study of Early Human Embryo Development. [D]. Cambridge: University of Cambridge, 1992.

[5] KURZWEIL R. The Singularity is Near: When Humans Transcend Biology [J]. Cryonics, 2005, 85 (1): 160.

[6] ECKHARDT D E, CAGLAYAN A K, KNIGHT J C, et al. An Experimental Evaluation of Software Redundancy as a Strategy for Improving Reliability [J]. IEEE Transactions on Software Engineering, 1991, 17 (7): 692 -702.

[7] TURING A M. Computing Machinery and Intelligence [M]. Oxford: Oxford University Press, 1950.

人类这种无可置疑拥有智能的实体展开辨别能力测试，从而实现对于机器智能性的判断。虽然针对图灵测试本身目前也出现了很多质疑的声音，比如认为其更多的是偏向于纯粹的符号问题求解等，但是鉴于其能够为判断智能提供一个客观可见的标准，并且可以避免受到我们目前无法回答的问题的限制，毋庸置疑其仍为现代人工智能程序评价方案的基础，也被认为是评价智能行为的最好且唯一的标准。❶ 然而，理性行为系统则与类人行为系统不同，其更加强调行为的理性，也就是说将人工智能认为是可以研究和建造的理性主体。因此，此时的人工智能被定义为一门通过计算过程力图解释和模仿智能行为的学科，❷ 是计算机科学与智能行为自动化相关的一个分支。❸

对于人工智能虽然目前并没有统一的定义，但在其作为人类智能创造产物的背景下，综合上述不同学术流派的主要观点以及其中的合理成分，我们可以对其所拥有的“智能”从以下四个方面进行衡量。第一，人工智能是否能够像人类一样思考？第二，人工智能思考的过程是否具有合理性？第三，人工智能的行为是否与人类具有一致性？第四，人工智能的行为本身是否具有合理性？❹ 也就是说，人工智能虽然与思维密切相关，但其行为属性也不可或缺。因此，我们可以通过把思维和行为相结合的方式，将人工智能定义为是我们人类用人工的方法和技术，不断探索和研究人类的思维模式和路径，并通过对该思维过程不断地进行模仿与学习，从而使得机器或者软件能够在行为上实现的智能

---

❶ 丁世飞．人工智能［M］．2 版．北京：清华大学出版社，2015：32.

❷ SCHALKOFF R J. Artificial intelligence：an Engineering Approach［M］. New York：McGraw – Hill，1990.

❸ LUGER G F，STUBBLEFIELD W A. Artificial intelligence：structures and strategies for complex problem solving［M］. 2nd ed. New York：Benjamin – Cummings Pub. Co.，1993.

❹ RUSSELL S J，NORVIG P. Artificial intelligence：A Modern Approach［J］. Applied Mechanics & Materials，2010，263（5）：2829 – 2833.

化。即人工智能是由人类智能所创作出的，在思维模式与外在行为表现上均具有类人化特征的智能产物。

二、人工智能与机器人的概念辨析

捷克作家卡雷尔·卡佩克在其作品《罗萨姆的万能机器人》中，通过将捷克语“Robota”写成了“Robot”，从而使得“机器人”作为独立的词语得以产生。进而，美国作家艾萨克·阿西莫夫在其科幻小说《我，机器人》中，首次提出了“Robotics”（机器人学）这一概念，并发表了著名的“机器人三大定律”，该定律不仅为广大社会公众所接受，还被机器人的研发人员以及相关专家学者所认可。具体而言，该定律的主要内容包括：第一，机器人不得伤害人类个体，或者坐视人类个体将受到伤害而袖手旁观；第二，机器人必须服从人类个体给予的命令，除非这些命令违反了第一条原则；第三，机器人在不违反第一条与第二条原则的情况下，要尽可能地保护自己的生存。[1] 以此为起点，伴随着人们对于机器人的发展关注程度不断提高，以及机器人领域开发技术的不断完善，世界上第一台工业机器人由德沃尔与美国发明家约瑟夫·英格伯于 1959 年联合制造产生，使得机器人从人类想象变成了社会现实。

自第一台工业机器人产生以后，真正的商业化机器人也就不断地被生产和付诸实践运用，从而引发了世界各国对于机器人的研发热潮。然而，对于机器人的概念界定，不同国家抑或地区仍具有不同的观点。比如，美国的机器人协会（RIA）就将“机器人”定义为：一种用于移动各种材料、零件、工具或专用装置，或者通过程序动作来执行各种任务，并且具有编程能力的多功能

---

[1] 艾萨克·阿西莫夫．银河帝国 9：钢穴［M］．江苏：江苏文艺出版社，2013：1－2.

操作机抑或机械手。❶ 这里所称的“多功能操作机”或者“机械手”，显然是针对机器人所具有的功能属性而言的，并将其限定在了工业机器人的范畴，具有一定的局限性。又比如，国际标准化组织（ISO）将工业机器人定义为一种拥有自动控制操作和移动等功能，并且能够完成各种作业的可编程操作机。❷ 该概念仅针对工业机器人的相关属性进行了分析，并未囊括“机器人”的全部内涵。再比如，在机器人发展水平较为领先的日本，其工业机器人协会（JIRA）就将工业机器人定义为一种装备有记忆装置和末端执行器的，能够转动并通过自动完成各种移动来代替人类劳动的通用机器。❸ 上述这些概念在内容上的不同，既缘于“机器人”所具有的巨大发展潜力，使得其仍处于不断的发展和进步之中；还鉴于其本身就来源于人类自身的想象与创造，使得其定义具有模糊性和不确定性。

当然，目前国际上对于“机器人”的概念已经逐步趋向于一致，即强调机器人是依靠自身的动力以及相关控制能力，进而实现各种功能的一种机器或者是电脑可改变和可编程的专门系统。就我国的机器人发展现状而言，相比于在定义中强调机器人所具有的功能属性，我国更倾向于强调机器人所拥有的一些与人或者是生物相似的智能能力，如感知能力、规划能力、动作能力、协同能力以及高度的灵活性等。❹ 进而以此为依据，对机器人进行分类，具体包括一般机器人和智能机器人。其中，一般机器人并不具备智能，只拥有上述的一般编程能力和操作功能，比

---

❶ 蔡自兴，王勇．智能系统原理、算法与应用［M］．北京：机械工业出版社，2014：254－255.

❷ Robots and robotic devices—Safety requirements for industrial robots—Part 1：Robots［EB/OL］．［2018－08－14］．https：//www. iso. org/obp/ui/# iso：std：iso：9086：－1：ed－1：v1：en.

❸❹ 蔡自兴，王勇．智能系统原理、算法与应用［M］．北京：机械工业出版社，2014：260.

如以扫地机器人为代表的家务型机器人。然而，智能机器人则与之不同，其可以按照事先设定的程序进行自主学习和工作，并随着外界条件的变化进行自我调整，最终达到人类主体所想要得到的结果。

综上可知，机器人并不等同于人工智能，但在某种范畴内两者也可以实现同一。具体而言，人工智能作为一种程序，是在思维和行为上都具有类人属性的人类创造智能；而机器人由于自身所具备智能能力的不同，既存在拥有人工智能的机器人，也存在不拥有人工智能的机器人。因此，机器人在某种范围内，可以作为人工智能的行为执行载体而存在；与此同时，人工智能也成了机器人的组成部分，并体现在机械系统、驱动系统、控制系统和感知系统等多样化的系统组成之中。也就是说，此时具备了人工智能的机器人，不仅能够像人类一样去感受、识别和认识相应的人类社会事物，还能够积极适应外在环境的变化，针对不同情境作出属于自己的判断，从而实现外在行为表现上的智能。但若是不具备人工智能的机器人，则只能机械地执行人类预先设定的程序指令，完成某种特定的功能属性任务。

三、人工智能与大数据的概念辨析

随着信息科学技术的发展，互联网成为人们日常生活中不可或缺的组成部分，而我们使用互联网的每个瞬间，都是我们产生数据且为数据所影响的瞬间，上述瞬间所产生数据的集合就是我们所称的大数据。比如，每当你打开手机淘宝软件进行心仪物品的搜索与购买时，你所产生的数据信息就被淘宝平台所收集。因此当你下次再打开这个软件的时候，你就会发现其已经自动地给你进行了相关或者相似商品的推荐。大数据作为时代发展的产物，最早由美国学者托夫勒在其著作《第三次浪潮》中提出。该书将人类发展历史划分为不同的阶段，“农业文明”时期为第一次发展浪潮，“工业文明”时期为第二次发展浪潮，而以数据信息为基础的“信息社会”则为第三次发展浪潮。托夫勒通过对上述不同的历史阶段进行具体分析，最终在针对数据信息的研究专章中提出了大数据这一概念。但是，大数据的重要性在当时并未被大家所认识，直到麦肯锡全球研究所在 2012 年作出了一份有关大数据的分析报告，才让人们对大数据的价值和影响力有了最为直观的感受。通过该分析报告的具体内容可知，全世界在 2011 年产生和复制的数据总量就超过了 1.8Z 字节，这是过去 5 年所有数据增长之和的 9 倍，并且这个数字还将以每两年翻倍的速度继续增长。❶ 而通过这些海量的数据总量，人们就可以发现数据之间的关联性或者说因果关系，实现对于事物过去发展规律的总结及未来发展趋势的预测，最终实现经济社会的高效持续发展。

在此背景之下，大数据基于其海量的数据信息、多样化的数据类型、极快的产生和传播速度以及经济价值含量的不可估量等特征，引起了世界各国政府、行业组织以及专家学者等群体的高度关注。从而导致关于大数据到底是什么也引发了诸多争议，仅就概念的界定就存在许多不同的观点。目前，学界存在的主要观点包括以下三种：第一，依据大数据所具有的价值属性对其进行界定，认为大数据技术描述了一个技术和体系的新时代，被设计用于从大规模多样化的数据中通过高速捕获、发现和分析技术提取数据的价值。❷ 第二，通过比较大数据与其他数据之间的不同，主张以时间和跨领域为基准，将大数据定义为超过了典型数

---

❶ ECONOMIST T. Drowning in numbers - digital data will flood the planet and help us understand it better [EB/OL]. [2018 - 10 - 20]. http://www.economist.com/blogs/dailychart/2011/11/bigdata - 0/.

❷ GANTZ J, REINSEL D. Extracting Value from Chaos [J]. IDC iView, 2011, 1142 (2011): 1 - 12.

据库软件工具捕获、存储、管理和分析数据能力的数据集。❶ 第三，从体系化研究的角度而言，认为大数据是指在数据的容量、获取速度和表示等方面，都显示出使用传统关系方法对数据的分析处理能力不足时，需要使用水平扩展机制来提高数据梳理效率的对象。❷

综合分析大数据本身，其实我们可以将其产生与发展的过程，划分为四个相互联系但又有不同的阶段。第一，大数据的内容依托于每一个小数据的产生，而小数据则产生于人类主体进行日常生产和生活中的互联网使用。第二，当每一个小数据产生以后，通过对其进行数据采集、数据分析和数据预处理，实现对于小数据的集合，也就是大数据的数据获取。第三，当大数据获取完成以后，通过对其进行持久存储和管理，为下一步的大数据处理和使用奠定基础。第四，综合运用云计算等分析方法或者数据处理工具，实现对于大数据的检查、变换和建模，从而依赖于数据的分析实现大数据中的隐含价值。❸ 将大数据的上述产生和分析过程，结合人工智能的相关概念和运行机理可知，人工智能作为一种人类创造的智能化程序，属于大数据具体应用的领域之一。并且，人工智能中的智能属性实现，依赖于海量的数据信息也就是大数据作为前提。只有充分利用大数据作为依托，人工智能才可以通过运用不同的算法和运行程序，实现自身对于数据的挖掘和使用，从而在外在行为表现上实现智能化。

---

❶ ISSA N T, BYERS S W, DAKSHANAMURTHY S. Big data: the Next Frontier for Innovation in Therapeutics and Healthcare [J]. Expert Rev Clin Pharmacol, 2014, 7 (3): 293 -298.

❷ MELL P. Big Data Technology and Implications for Security Research [C] //Proceedings of the 2012 ACM Workshop on Building Analysis Datasets and Gathering Experience Returns for Security, 2012: 15 -16.

❸ 李学龙，龚海刚．大数据系统综述 [J]. 中国科学（信息科学），2015，45 (1): 1 -44.

第二节　人工智能生成物的界定

一、人工智能生成物的定义

鉴于人工智能是人类通过创造的方式，使得机器或者软件能够在思维上模仿人类的思维方式，并将该智能属性通过像人类一样的行为表现出来的智能产物。因此，人工智能的发展历程大概可以划分为以下三个阶段：第一阶段为人类在人工智能领域内开发技术改进产品；第二阶段为人工智能系统具有学习能力和神经网络等特点，并在特定技术领域有所发展；第三阶段为人工智能系统能够自主开发技术改进自己。❶ 依据人工智能在上述不同阶段中的智能程度，可以将其划分为弱人工智能、强人工智能和超人工智能。

首先，弱人工智能指的是能够遵循、复制人类智能简单规则的机器或者软件，❷ 主要专注于完成某个较为固定的任务，或是解决某些特定的具体问题，其智能性的来源依赖于人类给予的基础性数据信息。目前，比较典型的包括谷歌公司研发的人工智能程序阿尔法狗（Alpha Go）、IBM 研发的"危险边缘"大师人工智能机器人沃森（Watson）等。这既是当前世界上人工智能技术的主要发展阶段，也是本书的主要研究主体和对象。其次，强人工智能指的是可以与人类比肩的智能，其可以像人类一样思考、学习和行动，并且不需要人类的任何帮助和指令，就能够自发地从行为中吸取相应的经验和教训，从而使其具备独立的人格和行

❶ CHRISTIAN E. Artificial Intelligence（AI）and Patents in the European Union [EB/OL].（2017-11-09）[2018-10-20]. https://www.eu-japan.eu/events/intellectual-property-law-eu-and-japan.

❷ 约翰·弗兰克·韦弗．机器人是人吗？[M]．刘海安，徐铁英，向秦，译．上海：上海人民出版社，2018：2.

为模式。虽然就当前的人工智能发展水平而言，其距离强人工智能的出现还有很长的路要走，但是在相关的电影或者是科幻小说中，我们已经对其有了一些基本的想象和认识，如电影《机械姬》里面的智能机器人艾娃。最后，超人工智能是指人类都不可企及的超级智能，其无论是在思维速度还是内容，抑或行为的能力和维度都远远地超过了人类本身，这使得其一经产生就将打破当前的人类社会格局，突破人类主体才具有的生物性特征，使得社会结构和运行秩序都会发生革命性的变革。以漫威公司出品的《复仇者联盟》系列电影中的人物奥创为例，其拥有天才级的智慧、创造性智力和自我修复的能力，能够以连最快的超级计算机都望尘莫及的速度准确计算和处理信息，做到人类不可能做到的任何事情。[1] 依据著名哲学家、人工智能思想家尼克·波斯特罗姆对超级人工智能的界定可知：其属于在几乎所有领域都比最聪明的人类大脑还聪明很多的存在，包括科学创新、通识和社交技能等各个方面。[2]

鉴于本书的研究对象主要为弱人工智能及其作为创造主体所创作出来的人工智能生成物，因此，倘若我们想就人工智能的界定得出一个相对科学且准确的结论，我们就需要综合其产生的过程进行全面分析。以苹果公司研发的人工智能语音程序 Siri 为例，其作为苹果手机上预先安装的虚拟个人助理软件，能够通过语音输入和输出功能，与手机用户之间形成交流和互动。从其运行的科学原理进行分析，其是通过将人类的语言转化为计算机程序可以识别的字节，将这些字节作为电子信息通过附近的信号塔或其他线路传递给互联网服务提供者，从而使其与云端的服务器相联结，最终两者进行协同合作，使得人类能够获得其想要的信

---

[1] 奥创［EB/OL］.［2018-09-09］. https://baike.baidu.com/item/%E5%A5%A5%E5%88%9B/8061873?fr=aladdin.

[2] 人工智能的进化之路：从弱人工智能到超人工智能［EB/OL］.（2017-08-16）［2018-11-09］. https://www.sohu.com/a/164989639_323700.

息结果。那么，在Siri运行的过程中，其本身还在不断地通过互联网云端收集用户数据，使得手机用户在提出问题和请求之后，Siri能够发挥自身的智能性特点，满足人类主体的各种需求。[1]据此可知，与人类主体在成长的过程中需要依赖父母或者老师的教导，不断学习人类历史发展长河中积累下来的知识，从而最终形成自己的思维方式和行为模式一致；人工智能生成物也是人工智能以人类主体事先设定的程序为基础，通过人类主体提供的相关数据信息，学习和理解人类事物的运行规则，进而自主地对数据进行分析、抓取和组合，最终形成的人类主体想要得到的创造性成果。这一创造性成果既不是对社会事实的简单陈述，也不是对已有作品的复制粘贴，而是具备人工智能自身属性和特征的成果。

综上所述，我们可以对人工智能生成物进行一个概念上的明确界定：即人工智能生成物是弱人工智能以海量的数据信息为基础，通过机器学习和人工神经网络系统等方式或途径，对数据信息进行分析、整理和重构等行为，最终产生的人类想要获得的产物。

二、人工智能生成物的主要特征

通过上文对于人工智能生成物概念的界定，并结合其产生与发展的相关流程，我们就可以对人工智能生成物所具有的主要特征进行进一步的分析总结。

第一，在产生数量上，人工智能生成物具有巨大的不可估量性。人工智能生成物的产生基础在于数据信息，而数据信息的产生和传输则是处于持续且不间断的进行中。为了满足人类主体的日常活动需求，谷歌公司通过大规模集群和特定软件，每个月处

[1] 约翰·弗兰克·韦弗．机器人是人吗？［M］．刘海安，徐铁英，向秦，译．上海：上海人民出版社，2018：14.

理的数据总量超过 400PB;[1] 而我国的百度公司，其作为全球最大的中文搜索引擎和最大的中文网站，每天需要处理的数据总量就有几十 PB 左右；更遑论脸书（Facebook）和 YouTube 等这些实时的数据交流互动软件和平台。我们以脸书为例，其当前注册的全球用户总量超过了 10 亿，且每个月上传至其平台的照片超过了 10 亿张，每天生成的日志数据也在 300TB 以上。[2] 这些数据意味着，我们人类当前创建和复制的数据总量，已远远地超过了人类社会产生和发展以来的历史总和，而且在未来 10 年内的全球数据总量还将增加 50 倍，管理数据仓库的服务器需求数量也将增加 10 倍。[3] 而当这些不可估量的数据信息，作为人工智能生成物的创作基础时，人工智能所能创作产生的成果数量无疑也是超越人类想象极限的，由此可得，人工智能生成物的产生数量具有巨大的不可估量性。

第二，在成果种类的外在表现上，人工智能生成物具有广泛性和复杂性。对于人工智能生成物而言，其虽然依托于人工智能本身的智能性属于创造性的新型成果，但是人工智能受目前发展水平的局限，对作为创作基础的数据信息具有极大的依赖性，这就导致数据信息的内容和相关特征，会反映到人工智能生成物的组成内容或者是外在表现之中。对于数据信息而言，其作为人类社会运行的产物，囊括数量众多的类型种类广泛的内容。比如，按照数据的产生来源，其既包括通过直接调查获得的原始统计数据，也称为第一手数据，还包括通过对于这些原始数据进行加工和处理，进而所得到的第二手统计数据。又比如，通过数据计量

[1] 这里的 PB、TB 等均为计算机信息存储单位。

[2] 李国杰，程学旗．大数据研究：未来科技及经济社会发展的重大战略领域：大数据的研究现状与科学思考［J］．中国科学院院刊，2012，27（6）：647－657.

[3] ECONOMIST T. Drowning in numbers：digital data will flood the planet and help us understand it better［EB/OL］．［2018－10－20］．http：//www. economist. com/blogs/dailychart/2011/11/bigdata－0/.

层次的不同，就可以将其划分为定类数据、定序数据、定距数据和定比数据；以及按照数据产生时间或者是纵向截面的不同，针对数据内容进行的分类与总结等。上述不同的数据分类方式，无疑都说明了数据本身所具有的多样性和复杂性特点。那么，人工智能生成物作为充分利用数据而得到的产物，无疑也具备了广泛性和多样性的可能。

第三，在具体内容上，人工智能生成物具有不可预估性。人工智能之所以特别，主要的原因在于导致其产生的主体是人工智能而非人类主体。而人工智能作为人类创造出来的智能性产物，其智能性就体现在对于人类思维和外在行为表现的模仿上。由于人工智能的该智能属性并不是一个固定的概念，而是一个动态的发展过程，并且以充分利用机器学习和深度学习理论为实现途径。其中机器学习，顾名思义，是研究机器模拟人类所展开的学习活动，建立在以信息为其来源的基础之上。机器学习具有多种模式，根据推理策略的分类，我们可以将其划分为归纳学习、解释学习、神经学习和知识发现等。[1] 在不同的理论学习模式之下，其所产生的内容存在千差万别。由此可知，人工智能的智能属性虽然来源于人类主体的赋予，但是其在机器学习等理论的支撑之下，人类只能对其产生的生成物类型进行预先设定，对于内容本身却不具备干涉的可能，所以我们并无法预测人工智能生成物的具体内容。

第四，在产出速度上，人工智能生成物具有产出快速性。虽然人工智能的发展历史也只有短短几十年时间，但是其在 21 世纪初的突破性进展，使得其一跃成为国家经济社会发展的关键技术。而人工智能生成物也依赖于人工智能的发展，不仅从以前的想象成了具体的现实，甚至在部分领域相比于人类主体更具有优势，成果的产出速度就是其中重要的一项体现。无论是能够自动

[1] 丁世飞．人工智能［M］．2 版．北京：清华大学出版社，2015：162.

编写新闻报道的人工智能文章生成软件 Wordsmith，还是能够自主编写歌曲的人工智能作曲家 AIVA，抑或能够进行计算机程序自主编程的人工智能编程 AI Programmer 等，这些人工智能的存在都使得人工智能生成物的产生速度相比于人类智能创作有了质的提升及量的进步。以 Wordsmith 为例，其自主进行的文章撰写使得美国联合通讯社（以下简称“美联社”）的文章产量，相比于仅依靠人类主体进行新闻创作整整提高了 12 倍，并且在需要的情况下，Wordsmith 能够在每秒钟产出 2000 篇新闻报道。[1] 因此，相比于人类创作而言，人工智能在本质上作为一种机器或者是软件，其存在和创造并不需要进行休息和能量补给，也不需要在创作上投入较多的时间和精力消耗，从而使得其创造人工智能生成物的过程可以是持续的、长久的和不间断的，最终促使人工智能生成物以极快的速度产出。

第五，在经济价值上，人工智能生成物具有模糊性和不确定性。对于现阶段数据的运用，虽然我们已经借助数据库、数据集成等方式来对其进行深入的管理和讨论，但是由于数据信息本身的总量巨大以及人类技术发展水平的有限性，我们所能挖掘出来的数据经济价值也是相对有限的。而且，人工智能虽然作为能充分运用数据、挖掘其包含的深层次信息并进行具体应用的产物而存在，但由于其依赖于人类主体对其程序的预先设定，同样受到技术发展的局限。尤其是，信息本身具有隐藏性，在其未按照一定的种类或属性被充分利用时，其所具备的经济价值其实是十分有限。由此，作为人工智能创作的成果，人工智能生成物所蕴含的经济价值受到了数据信息本身和人工智能发展程度的双重限制，无疑具有相当程度上的不确定性和模糊性。但是，这一模糊性以及不确定性，并不能说明人工智能生成物不具有经济价值，

[1] 谭思．美联社机器人记者每季度撰写三千篇新闻报道［EB/OL］．(2015-01-21)［2018-09-02］．http://tech.qq.com/a/20150131/035367.htm.

而只能说明其需要在产出之后，依赖于人工智能使用者进行一定程度上的修改或者是润色，从而实现其经济价值的相对稳定实现和实际增长。

三、人工智能生成物的主要类型

正如前文所述，人工智能生成物依据其产生基础数据信息的不同，最终的生成类型或表现形式存在多样化可能。比如，人工智能在汽车自动驾驶领域的应用，导致自主驾驶汽车系统作为人工智能生成物而诞生；人工智能在社会公共服务领域的应用，使得智能交通规划系统成为人工智能生成物而存在；以及人工智能在医学或司法等领域的应用，促使医疗专家系统和智能司法系统成为人工智能生成物的外在表现，等等。然而，鉴于本书主要研究的是人工智能生成物在著作权法领域中的相关保护问题，因此结合我国在著作权法律体系中对于保护对象的相关规定，我们可以将人工智能生成物的主要类型，限定在文学艺术和科学领域之内进行具体划分。

（一）文字成果

文字作品，在著作权法上指的是小说、诗词、散文、论文等以文字形式表现出来的作品。[1] 自 1968 年第一个人工智能专家系统被成功研发，人工智能领域就在此后进入了专家系统的蓬勃发展阶段，医疗专家系统、R1 计算机结构设计专家系统以及 ELAS 钻井数据分析专家系统等著名的专家系统在不同的实践领域接连诞生，知识工程这一概念也被正式提出。与此同时，世界上第一本由人工智能自动创建的文字作品也在 1985 年应运而生。这本名为 The Policeman's Bread is Half Constructed[2] 的诗歌选集，其主

---

[1] 参见《中华人民共和国著作权法实施条例》第 4 条第 1 款。

[2] 黎桥．人工智能生成内容在著作权法之下的法律保护问题研究［D］．杭州：浙江大学，2018.

要内容是从手工制作的词汇中，通过随机选择相应词汇来填补基于模板的语法结构中的空白。❶ 此时的人工智能创作文字成果作为人工智能生成物，并未能突破以知识表示和知识利用为核心的人工智能领域阶段发展背景，属于对于人工智能在知识运用领域的尝试。但是，随着机器学习、人工神经网络以及行为主义等研究的不断深入，尤其是有别于传统符号运算的方法及以模仿人脑思维、自然特征和生物行为等为代表的计算智能的引入，这使得人工智能的理论发展框架不断得以丰富。人工智能虽然也通过机器学习的方式获得了一些创造性文字成果，但是人类需要参与和准备的前期工作仍然十分繁重。直到人工智能教父杰弗里·辛顿教授在 2006 年与其学生一起发表了关于深度学习框架的研究成果，极大地改变了整个人工智能的发展格局。深度学习框架通过将浅层的机器学习模型进行进一步的深化，借助使用多隐层的神经网络来描述相关的对象，使得在进一步对深度神经网络进行训练时，其所设计出来的网络能够快速找到全局最优点并及于后续的训练。❷ 正是这种最接近人类大脑运作原理的算法引发了人工智能在自动生成领域的高速发展浪潮。

以 2014 年 3 月美国洛杉矶时报发布由人工智能地震机器人 Quake bot 这一算法程序撰写的地震通报新闻为起点，美联社在同年开始使用由自动化洞察力（Automated Insights）公司所研发的 Wordsmith 进行文章撰写。该软件使得美联社的文章产量整整提高了 12 倍，并且文章词句和相关数据的准确程度也得到了大幅度的提升。❸ 而这些新闻作为人工智能生成物，本质上就是人

❶ HARTMAN C O. Virtual Muse：Experiments in Computer Poetry［M］. Middletown：Wesleyan University Press，1996.

❷ HINTON G E，SALAKHUTDINOV R R. Reducing the Dimensionality of Data with Neural Networks［J］. Science，2006，313（5786）：504－507.

❸ 谭思．别惊讶！机器人才是洛杉矶地震首篇新闻报道记者［EB/OL］.（2014－03－19）［2018－09－03］. https：//tech. qq. com/a/20140319/010344. htm.

工智能这一种自然语言生成引擎的产物。人工智能将各种形式或格式的数据和资料作为报道对象的基础，对各种数据的解析和内在关联等进行解读和分析，进而对各种数据所呈现的模式和趋势及针对目标客户的需要进行总结，最终提出具有可操作性的意见和建议。鉴于作为文字成果的人工智能创作成果，在具体格式抑或结构方面都可以由人工智能进行自由的选择和调控，就目前而言，这种人工智能生成物已经十分普遍。我国如新华社和腾讯公司等单位均已对其有所涉猎。

2016 年，诗人兼软件工程师卡梅尔·埃里森推出了专门用于公布创造人工智能生成物的机器学习算法网站——Curated AI，并在该网站上主动发布了关于自主作诗的机器学习算法——Deep Gimble I。[1] 该人工智能算法以 19 万个单词为基础，能够在一分钟的时间里写出一首诗。虽然在 1998 年就诞生了可以自主创作短篇故事的电脑软件“布鲁特斯”，但更具标志性的人工智能生成小说则是诞生于日本。日本相关的专家学者在利用人工智能创作出小说这一文字作品之后，将该科幻小说《计算机写小说的那一天》作为 4 篇参赛作品之一，参加了日本的“星新——微型小说文学奖”比赛，并最终通过了初选。具体到我国，除了人工智能生成新闻业已广泛出现之外，我国清华大学语音与语言实验中心（CSLT）研发的人工智能作诗机器人薇薇，已经能够自主创作我国传统的五言七律古诗达二十余首，且唐诗宋词专家无法直接区分其作品是否属于人工智能生成物的比率达到 31%，[2] 顺利通过了“图灵测试”的考验。此外，世界上第一本公开出版的人工智能原创诗集《阳光失了玻璃窗》，也在 2017 年 5 月由我国

---

[1] 陈桦．盘点 2016 年人工智能的十大创意项目［EB/OL］．（2016－12－30）［2018－08－10］．http：//tech. qq. com/a/20161230/030073. htm.

[2] 马晓晴，黄小妹．机器人“薇薇”可作诗 25 首，水平未能超越人类［N/OL］．法制晚报，2016－03－23［2018－09－05］．http：//cul. china. com. cn/2016－03/23/content_8658055. htm.

的湛庐文化和微软合作推出。❶ 由此可知，人工智能创作产出的文字成果业已包括诗歌、小说以及新闻报道等多种形式，逐步深入人类社会的日常生产与生活，成为社会成员不容忽视的重要组成部分。

（二）音乐、戏剧等成果

音乐作品，在著作权法上是指歌曲、交响乐等能够演唱或者演奏的带词或者不带词的作品；而戏剧作品，则是指话剧、歌剧、地方戏等供舞台演出的作品。❷ 人类社会最早对计算机程序自动作曲的尝试来源于1972年的机械装置Sim rock，该机械装置以骰子游戏作为内部的运行机制，可以随机产生具有45亿种可能的圆舞曲。❸ 但这种机制所生成的结果具备一个弊端，就是其与作为产生创作基础的圆舞曲本身具有高度的相似性。在此之后，美国加州大学圣克鲁兹分校的音乐理论教授大卫·库柏成功设计出了一个可以分解、过滤和提取已选音乐作品旋律特征的程序。当这一音乐智能实验程序（Experiments in Musical Intelligence，EMI）以伟大的作曲家莫扎特谱写的《第41交响曲》为学习基础时，生成了酷似莫扎特音乐风格的《第42交响曲》，以至于人们都无法直接对这一曲目与前者作出区分。该程序的特别之处还在于其快速的创作能力，如将巴赫风格的曲目作为其创作来源时，其可以在一天时间里谱写出5000首同样具有巴赫风格的赞美诗。❹

---

❶ 阳光失了玻璃窗［EB/OL］.［2018-08-20］. https://baike.baidu.com/item/%E9%98%B3%E5%85%89%E5%A4%B1%E4%BA%86%E7%8E%BB%E7%92%83%E7%AA%97/20811991?fr=Aladdin.

❷ 参见《中华人民共和国著作权法实施条例》第4条第3款和第4款。

❸ SEARLE J R. Minds, Brains, and Programs［J］. The Turing Test: Verbal Behaviour as the Hallmark of Intelligence, 1980: 201-224.

❹ 人工智能模仿巴赫作曲！你能听出来差别吗？［EB/OL］.（2017-07-28）［2018-09-10］. http://www.sohu.com/a/155516370_657499.

而人工智能程序安妮 Annie 作为 EMI 的进阶版本，摆脱了 EMI 需要预先设定规则和曲目风格的束缚。基于机器本身的自主学习能力，其可以不断变化发展生成不同的音乐风格作品。2016 年，一张全部由 AIVA 所创作的音乐专辑《创世纪》应运而生。❶ AIVA 通过学习由作曲家巴赫、莫扎特、贝多芬等所编写的音乐作品，建构出其自身对于前述音乐的认知数学模型并进行相应的音乐创作。为了对其所创作产生的音乐作品质量进行测试和评价，AIVA 的创造科研团队还邀请了该领域内的专业音乐家对其进行试听，然而现实是没有任何一个人能够发现该音乐的作者是人工智能而非人类智能。也因为此，AIVA 于 2017 年 3 月基于其专业的音乐作曲能力，成为“法国及卢森堡作曲家协会”的首名非人类会员❷。特别值得一提的是，沃森与歌手 Alex 共同创作的歌曲 Not Easy，在正版流媒体音乐服务平台 Spotify 榜单上，取得了全球榜第二名的好成绩。这既说明人们对于人工智能生成音乐的接受程度越来越高，也说明人工智能本身的歌曲创作能力得到了充分的认证。

除了上述以传统作曲为基础的人工智能生成音乐作品以外，人工智能还可以将视觉艺术与音乐创作相结合，实现音乐作品创作来源的多样化。我国的百度公司在 2016 年的“AI 科技与艺术之夜”❸ 活动中，通过让人工智能自主地对其所“看到”的相关图像或者画作进行学习，人工智能本身能够以此为基础对图像进行分析解读，并为其添加若干具体化的标签；进而，通过该标签

❶ 浅汐．AI Aiva：人工智能真能作曲？［EB/OL］．（2017－10－12）［2018－09－10］．http：//www. uplier. com/xqfs/7321. html.

❷ 知乎．人工智能可以作曲吗？［EB/OL］．［2018－09－15］．https：//www. zhihu. com/question/22213757.

❸ 殷雨婷．百度联手 UCCA 举办科技与艺术之夜，AI 变艺术家可看图作曲［N/OL］．2016－07－20［2018－09－10］．http：//m. cnr. cn/tech/20160720/t20160720_522735344. html.

搜索与之相关的音乐信息，其可以自发地对音乐信息进行相应的结构和重建，最终生成与图片内容相匹配的音乐作品。虽然该生成的音乐作品，在和弦部分还需要人工进行干预和支持，但是这一技术本身充分说明了人工智能在音乐作品创作上的多样化可能。此外，我国腾讯公司的人工智能实验室（AI Lab）也在2017年实现了人工智能识别图像和谱曲，制作出了“把照片唱给你听”的体验样本唱本（Demo）。

（三）美术成果

美术作品，在著作权法上是指绘画、书法、雕塑等以线条、色彩或者其他方式构成的有审美意义的平面或者立体的造型艺术作品。[1] 2018 年，在美国当地时间 10 月 25 日，世界上第一幅真正由人工智能作出的绘画作品，在纽约的佳士得拍卖行以 43.25 万美金的价格成交，约合人民币 300 万元。[2] 这幅名为《埃德蒙·贝拉米肖像》（Protrait of Edmond Belamy）的绘画作品，主要描绘的是一位名为埃德蒙·贝拉米（Edmond Belamy）的虚拟人物的自画像，其身穿白色 T 恤和黑色的西装礼服外套，并且身形显得较为丰满。该画作的作者——人工智能绘画程序 Obvious，由一个来自巴黎的艺术组合所研发设计。他们为 Obvious 提供了将近 15000 余张画作，让其进行自主的学习和创作，最终生成了包括该画作在内的一系列人物绘画作品。也正因为此，这幅画作的右下角印着 Obvious 的签名。但其实，这并不是人工智能生成的画作第一次参与拍卖，早在 2016 年，谷歌公司就与一家名为灰色地带艺术基金会（Gray Area Foundation for the Arts）的非盈

[1] 参见《中华人民共和国著作权法实施条例》第 4 条第 8 款。

[2] 人工智能画作被成果拍卖，售价 300 万元人民币［EB/OL］.（2018－10－26）［2018－11－05］. http：//d. youth. cn/shrgch/201810/t20181026_11765648. htm.

利机构联合举办了一场画作拍卖会。[1] 这场拍卖会的特别之处在于，其所拍卖的每一幅作品都是由艺术家和人工智能算法 Deep Blue 合作完成。其中，Deep Blue 对艺术家为其选定的绘画作品进行学习，艺术家进一步对 Deep Blue 所要展开的处理次数和变形程度进行控制，最终获得两者创作完成的画作。当然，这一合作在当时也属于创作需求，毕竟当时的人工智能对于图像等基础数据信息的学习仍缺乏百分百的准确性，因此需要人类对其提供相应的帮助，但是现在的人工智能绘画创作，已经不再需要人类主体的帮助，可以独立完成。

其实，对于人工智能生成美术成果的尝试最早开始于 1952 年的美国。经过 30 年的努力，美国加州大学圣地亚哥分校的哈罗恩·科恩教授才最终创造出了人工智能软件 Aaron。其作为世界公认且被称之为真正具有创造力的人工智能艺术创作软件，创作产生的具有自身风格的静物和人物画像等作品，已被世界各地的美术馆予以了收藏。[2] 进而，随着人工智能作画技术的不断发展，我国的美图公司在 2017 年正式上线了人工智能绘画机器人 Andy，其由美图影像实验室（MTLab）研发，是全世界第一款将人工智能与绘画相结合的商业化产品。人工智能 Andy 通过学习用户上传的自拍照，就可以进一步进行自主创作，根据用户的需要而生成不同风格和不同效果相组合的插画图像。[3] 由此可知，人工智能创作的绘画作品已经越来越多地产生于社会生活之中，所包含的创造水平和艺术价值也在不断地上升，并逐渐获得了人

---

[1] Google 的人工智能会画抽象画，还卖出 1 万美元［EB/OL］.（2016 - 03 - 21）［2018 - 09 - 10］. http：//www. cssn. cn/ysx/ysx _ yspm/201603/t20160321 _ 2931229. shtml.

[2] 杨守森. 人工智能：人类文艺创作终结者？［N］. 学习时报，2017 - 04 - 28（8）.

[3] 自拍秒变插画，全球首款人工智能绘画机器人正式登陆美图秀秀［EB/OL］.（2017 - 12 - 02）［2018 - 09 - 15］. http：//news. 163. com/17/1202/12/D4LARQMI0 0014AEE. html.

类主体的认可。

（四）电影成果和以类似摄制电影的方法创作的成果（视听作品）❶

我国于2020年11月11日第三次修改通过的《著作权法》第3条明确将电影作品、以类似摄制电影的方法创作的作品和录像制品修改为视听作品，主要是指摄制在一定的介质之上，由一系列有伴音或者无伴音的画面所组成，并且借助适当装置予以放映或者以其他方式进行传播的作品。❷ 其实包含人工智能相关的内容早在1968年的电影《2001：太空漫游》中就已出现，这部电影在当时就提出了人工智能应该如何应用以及未来将走向何方等问题，蕴藏着人类主体对于人工智能技术发展所拥有的深层次思考。之后，无论是《人工智能》《机械帝国》，还是《她》以及《机械姬》等，都体现了人类将人工智能视为技术的产物，针对其不断发展完善的过程中所涉及的伦理、道德和法律等问题，通过电影的方式表达出的思考和想象。但是，人工智能在上述电影之中都是作为演员本身，抑或情节推动的参与者而存在，并非是视听作品的制作者。直到2001年，美国哥伦比亚影业公司在制作被称为世界上首部“全数字”电影的《最终幻想》，通过电脑合成了绝大部分画面而不是用摄像机进行拍摄和录制，并且电影中的女主角也是一位由电脑设计出来的“虚拟演员”时，人工智能才逐步的由演员本身转变为电影的制作者以及制作参与者。

在此之后，随着人工智能自身智能化程度的不断提高，人工智能创作电影也由想象变成了现实。沃森为科幻惊悚片《摩根》制作了一段预告片。❸ 其通过学习超过1000段具体的电影预告

❶ 参见《中华人民共和国著作权法》第3条。

❷ 参见《中华人民共和国著作权法实施条例》第4条第11款。

❸ 陈桦．盘点2016年人工智能的十大创意项目［EB/OL］．（2016－12－30）［2018－08－10］．http：//tech. qq. com/a/20161230/030073. htm.

片，以及电影预告片本身所需要具备的一般风格和格式等内容，最终在《摩根》这部电影中选取了部分片段，并通过排列组合等方式生成了一个大约6分钟的预告片，该预告片也最终被电影制片者所采用。而微电影Sunsprint的诞生，也被证明毫无疑问是人工智能创作的结果。因为其属于电影制片人奥斯卡·沙普（Oscar Sharp）通过与人工智能研究人员合作，所创造出的可以进行文本识别的人工智能，该人工智能可以进行自发的学习、写作和电影剧本的创作。[1] 进而，该人工智能以大量的科幻电影剧本为基础创作信息，结合事先学习的剧本写作方式，制作出了微电影Sunsprint的剧本，最终实现了微电影Sunsprint的问世。以上述人工智能在电影等视听作品上的创作表现为基础，全球首部由人工智能合作编剧的长片电影，也已经于2017年初启动了拍摄。并且，由于该电影是由人工智能撰写剧本和制作预告片，因此其创作资金来源是通过向人类社会成员众筹。这就说明人们对于由人工智能创作的电影等视听作品，怀抱着积极的态度并充满期待。

（五）计算机软件

计算机软件，是指计算机程序及其有关文档。[2] 我们常说的计算机软件更多的是指计算机程序，即为了得到某种结果而可以由计算机等具有信息处理能力的装置执行的代码化指令序列，或者是可以被自动转换成代码化指令序列的符号化指令序列及符号化语句序列。[3] 鉴于人工智能本身就是由人类创造的具有类人思维和行为模式的智能化程序，因此让其生成计算机程序的想法也许显得有一些异想天开，但事实上这一尝试已经取得了初步的成

[1] 陈桦．盘点2016年人工智能的十大创意项目［EB/OL］．（2016－12－30）［2018－08－10］．http：//tech. qq. com/a/20161230/030073. htm.

[2] 参见《计算机软件保护条例》第2条。

[3] 参见《计算机软件保护条例》第3条第1款。

果。AI Programmer 作为世界上首个能够自动生成完整计算机软件程序的人工智能，其创造原理在于利用遗传算法和图灵完备语言实现对于计算机程序的编写，目前在理论上号称能够完成任何类型的程序开发任务。[1] 虽然从现实的评价角度来看，这一人工智能目前还只能达到初级程序员的水平。

由于人工智能作为智能化程序，本身就是由代码等数据组合而成。因此，当其能够理解和学习一个软件开发从无到有的过程，并且可以在不需要人类帮助和干预的情况下明白程序的组成代码结构时，对于它而言，立即发现或者是删除代码中的不合理或者错误因素，就显得水到渠成和轻而易举了。从 Deep Blue 团队开发“神经编程解释器”（NPI）[2] 到 Siri 的继承者 Viv 的出现，再到 Stack Overflow 这种大型编程数据库的诞生，都是人工智能从简单程序学习，进而进化到复杂程序编写的体现。然而，虽然实现人工智能自己学习程序，进而从已有源代码基础上编写新程序，最终运行其自主编写程序的未来可期，但相较于其他的人工智能生成物而言，我们对这个问题必须具备一个更加理性的认识，不能盲目乐观。以 AI Programmer 为例，其现在仅能编写面向人类的编程语言，这就意味着其必须先学会人类创造和使用的编程语言和程序，才可以进行后续程序的自主开发。因此，想要人工智能在自主程序开发上获得突破性的进展，对于 ML 编程这一非纯函数式编程语言的掌握就显得不可或缺。因而计算机软件作为人工智能生成物的路还有待进一步发展。

（六）地图等图形成果

图形作品在著作权法上是指为满足施工、生产的需要而绘制

[1] AI 系统首次实现真正自主编程，完爆初级程序员［EB/OL］.［2018 - 09 - 13］. https：//blog. csdn. net/uzv80px5v412ne/article/details/78157484.

[2] 让人工智能自己写代码实现自我编程的颠覆性变革［EB/OL］.（2018 - 07 - 11）［2018 - 09 - 15］. http：//www. elecfans. com/rengongzhineng/591899. html.

的工程设计图、产品设计图，以及反映地理现象、说明事物原理或者结构的地图、示意图等作品。❶ 在2017年，我国四川阿坝州九寨沟县发生了7.0级地震，中国地震台网发布的新闻与其他同时段媒体发布的新闻相比，除了新闻信息的内容更加丰富和详实以外，还配有地震参数图和4张地形图，更为特殊的是，上述新闻和地图均为人工智能所作。如前文所述，新闻报道作为文字成果构成人工智能生成物已经屡见不鲜，也已经被很多新闻单位、公司和机构所使用，但是地图等图形作品作为人工智能生成物还是第一次直观地展示在世人面前。

我国百度公司在人工智能创作地图方面的技术发展一直处于国内领先地位，在其已经展示出来的人工智能地图采集系统中，具备高精地图采集车、采集室内和狭窄路段的全景采集背包等智能化设备，而根据这些设备就可产生地形采集俯视图和路线图等成果。❷ 具体而言，其通过人为地使用数据采集设备，人工智能软件便可自动捕捉相应路线并录入地图，进而自动生成反映环境建筑的立体空间图，充分把智能识别、深度学习和图像自动分差融合等技术结合起来。此外，在该地图作品的创作过程中，需要人类使用设备的环节也在不断减少，也就是需要人类参与的部分越来越少，人工智能的自主化程度越来越高。比如，截止到当前，人工智能已经可以通过深度学习理论下的自动筛选功能，对数据信息进行自动融合和选择，快速自动识别道路特征等因素，进而提取相关的轮廓并绘制相应的形状，最终创作产生相应的地形图和示意图等成果。❸

综上所述，在我国著作权法律制度的范畴之内，人工智能可创作生成的成果类型在不断增多，内容也更为丰富。无论是从文

❶ 参见《中华人民共和国著作权法实施条例》第4条第12款。

❷❸ 数据为王，百度地图数据生产的更高智慧［EB/OL］.［2018-09-10］. http://www.xinhuanet.com/itown/2017-11/27/c_136781784.htm.

字成果、美术成果还是到计算机软件和图形成果等，其所蕴含的精神文化价值和物质经济价值也在逐渐提升。虽然目前仍有部分学者主张，“从人工智能在各个门类的创作活动及相关作品中，至今还看不到电脑能够完全代替人脑的任何可能性”，[1] 但是本书认为这并不影响我们积极应对人工智能生成物业已产生但现有法律保护对其仍具有局限性这一问题。

第三节　人工智能生成物著作权保护正当性问题

一、人工智能生成物著作权保护理论正当性

（一）人工智能生成物的著作权保护符合公平理念

作为价值评价理念和行为衡量标准，公平之所以能够产生，是基于人类社会实践的发展，尤其是劳动分工的产生和社会群体的分化。为了实现对于公平内涵的理性理解，通过对其发展进行历史溯源，我们不难发现，西方对于公平的认识最早可以追溯到古希腊时期，其作为调整不同社会主体间社会关系的理念，成为诸多伟大思想家和哲学家的研究对象。而亚里士多德作为当时对于公平理念最充分的论证者，从多个不同的视角对于公平的定义和内涵进行了阐释。亚里士多德认为公平本身包含两方面的内容，一方面是指绝对的公平，而另一方面则是指相对的公平。[2] 绝对的公平是指不受外在因素影响的纯粹公平，属于法学范畴的

[1] 杨守森．人工智能与文艺创作［J］．河南社会科学，2011，19（1）：188－193．

[2] 关淑芳．论公平原则［J］．杭州师范大学学报（社会科学版），2013，35（3）：112－117．

最高价值追求；而相对的公平则是指人为干涉下的公平，属于法律范畴内的公平，即“平等的应当平等地对待，而不平等的应当不平等地对待”。[1] 具体到我国对于公平理念的认识与提出，也具有十分悠久的历史，比如，管子在其《形势解》中就主张：“天公平而无私，故美恶莫不覆；地公平而无私，故小大莫不载”。[2] 随着经济社会的发展，尤其是生产力得到长足进步，生产关系也发生了重大变革之后，公平理念的内涵也被不断地予以丰富和具体化。特别是，当“人生而平等”的理念渗透到社会运行活动中的各个方面，人们对于自身平等地位的追求意愿不断增强。因此，西方国家在进行立法时，将“天赋人权”和人人平等理念纳入了明确的法律条文之中，比如法国民法典就宣示了个人主义的主体原则，明确了个人才是法律上的真正主体。[3] 随着市场经济发展到今天，公平理念也成为世界各国法律体系中的重要组成部分，尤其以调整平等主体间法律关系的民法为首。公平原则也在此时成了适用于一切社会资源和公共权利的价值评判理念，主要包括机会公平、过程公平与结果分配公平等内容。

人工智能生成物作为人工智能编程设计者、人工智能使用者、人工智能所有者以及人工智能本身等多个主体通过共同努力而创作产生的创造性成果，其积极地参与当前社会成员的生产和生活，能够产生巨大的经济价值，并可以与人类主体产生情感上的共鸣，与特定类型下的人类智能创作物在内容和外在表现形式上无直接区别。因此，一方面，我们需要赋予其著作权法范畴内的保护，才能保证其具备与其他人类智能创作物一样的机会公平。毕竟，人类智能创作物在其被创造产生以后，就可以获得著

[1] 郁建兴. 公平原则：一个历史考察 [J]. 浙江大学学报（社会科学版），1995（3）：1-11.

[2] 参见《管子·形势解》。

[3] 转引自龙卫球. 民法主体的观念演化、制度变迁与当下趋势 [J]. 国家检察官学院学报，2011，19（4）：140-153.

作权法的保护，进而实现自身的经济价值和文化价值。人工智能生成物既然与人类智能创作物具有外在的不可区分性以及内容上的相似性，那么其应当获得与人类智能创作物平等的机会。另一方面，公平原则强调对于结果公平的追求，我们只有赋予人工智能生成物著作权保护，才能保证相关主体的资源投入成本获得相应的回报，进而激发其进一步开发人工智能以及人工智能生成物的热情，最终推动整个社会的持续健康发展。

（二）人工智能生成物的著作权保护符合正义理念

作为人类思想史上最为重要的理念之一，正义虽然其现实存在却无法被直接感知，其一直被视为是一种超越经验的道德价值，是人类社会得以正常运行的必要条件是不存在疑问的。[1] 有鉴于此，对于正义的定义以及其所包含的内涵，一直是学术研究领域的重要论题。无论是将正义界定为一种道德评价标准，认为其是人们按照一定的道德标准所应当做的事情，[2] 还是对正义本身进行分类，主张正义可以划分为行为的正义、个人的正义、规则的正义和制度的正义；政治的正义、经济的正义、伦理的正义和法律的正义；实体的正义和程序的正义；分配的正义、交换的正义和惩罚的正义；绝对的正义和相对的正义等。[3] 基于正义作为抽象价值的模糊性，目前为止对其也没有一个明确的定义，人们只能通过侧面描述来研究其可能具备的真实面貌。正义涉及社会生活的多个不同方面，因此正义在不同领域中呈现出不同的具体内容，包括政治正义、社会正义、经济正义等。当正义理念适用到法律领域时，法律正义作为自然理性和人类理性的体现，是法律制度构建与实施的基础性保障。然而，正义本身总是会涉及

---

[1] 俞可平．重新思考平等、公平和正义［J］．学术月刊，2017，49（4）：5－14.

[2] 约翰·罗尔斯．正义论［M］．何怀宏，等译．北京：中国社会科学出版社，1988：5.

[3] 张恒山．论正义和法律正义［J］．法制与社会发展，2002（1）：23－53.

关于价值评判的问题，体现的是确定主体之间的公平衡量，属于一个相对而非绝对的概念。有鉴于此，对于正义的客观衡量标准，就是该观点或者行为是否能够有效地促进社会进步，是否符合社会历史的发展规律。

具体到人工智能生成物的著作权保护时，其作为人工智能充分学习和利用基础数据信息，并对该信息进行分析整理，进而最终得到的创造性产物，既不是对现有作品的直接重复，更不是对事实的简单描述。所以，其作为一种创造性成果，具备与人类智能创造物同样甚至在特定领域下更多的经济价值和文化价值。一方面，人工智能生成物作为知识载体而存在这一事实，就可以有效地丰富人类社会的知识文化财富，满足我国社会成员的物质文化需求，实现经济社会的有效发展，对其赋予著作权法的保护，有利于正义理念的现实实现。另一方面，人工智能生成物作为时代发展和科技进步的产物，其是伴随着人类社会历史的前进而产生的新型事物，是对人类想象的客观实现。其作为智力创作的成果，可以将部分社会成员从简单的脑力劳动中解放出来，从而促进生产力和生产关系发生进步与变革。因此，对人工智能生成物的合法权益赋予著作权法的保护，有利于发挥人工智能生成物对于社会发展的现实促进作用，符合人类历史发展规律，是正义理念的实际体现。综上所述，正义理念作为人类社会普遍认可的崇高价值追求，对于人工智能生成物赋予著作权的保护，既是符合正义理念的可行作法，更是满足顺应事物发展规律的制度升华。

二、人工智能生成物著作权保护制度正当性

（一）人工智能生成物与民法保护

人工智能作为技术发展的产物，为社会发展带来了极大地便利以及提供了新的经济增长视角，但同时也衍生出了许多复杂的问题和影响，法律便是其中最重要的一个方面。根据我国《光明日报》所总结的“2017 年度中国十大学术热点问题”，人工智能

对社会发展的影响与挑战就是其中之一。[1] 那么，针对人工智能而言，其在认识论上涉及对人类自身身份认同感的挑战问题，在伦理学上涉及人工智能与人类之间的关系问题，在法学上就是人工智能的法律主体地位认定问题。民法作为“万法之母”，规定着与人们日常生活密切相关的一切内容，《民法典》更是被称为“社会生活的百科全书”，具体包括基本原则、民事法律主体制度、民事法律行为制度、民事责任制度等，全方面地为我国民事主体的合法权利以及社会经济发展提供法律制度保障。[2] 因此，当人工智能作为技术发展的新型事物出现，并且人工智能生成物作为人工智能自主创作的创造性成果产生时，从民法中寻找可以适用的规制路径和方法，无疑成了人们的首选方案。

基于现行民法认为，市民社会的基本物质构成只有两种形式：人以及物，其中人是主体而物是客体，人支配着物且物被人所支配。[3] 因此，对于人工智能的法律主体地位认定就存在两种观点。第一种观点是人工智能民事法律主体地位否认说，主张人工智能不具备与人类主体相同的生物属性，无法进行独立的思考和独立承担民事法律责任，因此将其归入物而非人的范畴。从而，人工智能生成物也就不再是人工智能作为创作主体的创造性成果，也不再属于思想或者情感的智力表达，而是由物所创造之物。因此，我们可以在民法上为其提供的保护就适用“孳息”理论。从而将人工智能生成物直接依据“原物主义”归属于人工智能的所有者；或者基于人工智能产生的权利变动，依据“生产主义”而归属于占有、管理、使用人工智能的“用益

[1] 光明日报理论部 学术月刊编辑部 中国人民大学书报资料中心.2017年度中国十大学术热点［N］. 光明日报，2018-01-17（11）.

[2] 杨立新. 从民法通则到民法总则：中国当代民法的历史性跨越［J］. 中国社会科学，2018（2）：72-97，206.

[3] 杨立新. 用现行民法规则解决人工智能法律调整问题的尝试［J］. 中州学刊，2018（7）：40-49.

物权人”。[1]

第二种观点与第一种观点完全相反，其主张人工智能可以获得民事法律主体地位。具体内容为：就人工智能当前的技术发展水平而言，已经逐步具有一定程度的自我意识和自我表达能力，并可以与人类进行一定的情感交流；[2] 因此，我们不可以忽视人工智能所具有的智能属性，而直接将其认定为工具。恰恰相反，我们需要承认其具备一定程度上的法律主体地位。毕竟民事法律主体的内容本身就不是一成不变的，对于非生物属性的法人或非法人组织，我们也依赖于法律的技术性而将其纳入了民事法律主体的范畴，对于人工智能也未尝不可。根据我国现行《民法典》的相关规定，我们可以使用其总则编第128条中关于弱势群体民事权利的特别保护条款，[3] 将人工智能扩张解释为本条的“等”字，实现当民事权利的列举规定无法实现对于人工智能的保护时，还可以为其提供其他法律对于民事主体权利的特别规定。[4] 在此情形之下，鉴于人工智能具有独立的民事法律主体资格，人工智能生成物就因为属于人工智能思想或情感的表达，而成为可复制的智力表达成果，可以进一步参考适用我国著作权法的相关规定，对其赋予法律范围内的保护。

对于人工智能民事法律主体地位的上述两种观点，其实目前都存在诸多的争议。一方面，否定说虽然就人工智能及其生成物的保护找到了可以直接适用的民法理论依据，但是却无法解释人工智能现阶段具有的智能属性。并且，人工智能也已经具备了成为民事法律主体的某些要素，比如，拥有类人的智慧和行为方

---

[1] 黄玉烨，司马航．孳息视角下人工智能生成作品的权利归属［J］．河南师范大学学报（哲学社会科学版），2018，45（4）：23－29.

[2] 王利明．人工智能时代对民法学的新挑战［J］．东方法学，2018（3）：4－9.

[3] 参见《中华人民共和国民法典》第128条：“法律对未成年人、老年人、残疾人、妇女、消费者等的民事权利保护有特别规定的，依照其规定。”

[4] 彭诚信．人工智能的法律主体地位［J］．人民法治，2018（18）：98－100.

式、具有像人类主体一样的外形及能够自主的进行某些人类活动等，因此直接否定人工智能的民事法律主体地位，无疑还是十分牵强、不具有充分的说服力。另一方面，肯定说将人工智能所具有的智能属性予以了认证，承认了人工智能生成物内容中所具有的创造性，但是其却无法找到可以直接适用的民法依据。由于《民法典》第128条属于引致条款，因此并未规定人工智能享有的具体权利，需要运用其他的单行法律进行规定。此外，承认人工智能的民事法律主体地位，对于我国的民事法律主体现行体系无疑也是一个巨大的冲击，如何协调人工智能与公民、法人以及非法人组织的关系也是一个巨大的挑战。综上所述，无论是人工智能民事法律主体否定说还是肯定说，都各有一定的合理性与制度缺陷，所以，目前仍无法直接适用民法对人工智能和人工智能生成物进行保护。

（二）人工智能生成物与专利法保护

专利法作为鼓励发明创造、推动发明创造现实应用的法律，主要目的就在于促进科学技术进步和经济社会发展。[1] 而人工智能作为新兴技术的组成与应用，本身就是人类进行发明创造的产物；人工智能生成物的诞生，更是人工智能充分发挥自身智能属性的结果，两者都与技术的发展创新密不可分。根据我国国家知识产权局专利数据库的相关数据可知，我国的人工智能技术发展关键词为人工智能与模式识别、语音识别、图像识别、虹膜识别、机器学习、智能处理器、认知计算、智能机器人、专家系统、智能搜索、智能驾驶、神经网络和计算机视觉等[2]。无论是上述哪一项单独技术的发展，抑或两种和多种技术的综合应用，都属于我国专利法的保护和规制对象，人工智能生成物也不

[1] 参见《中华人民共和国专利法》第1条。

[2] 陈军，张韵君，王健．基于专利分析的中美人工智能产业发展比较研究[J]．情报杂志，2019，38（1）：41－47.

例外。

在我国，发明创造若想获得专利法的保护，其必须满足法律明确规定的适用要求。笔者将从专利权利主体、专利权利客体以及专利权利行使三个方面，对于人工智能及其生成物是否可以适用专利法进行详细论证。首先，就专利权利主体的规定而言，由于《专利法》的首要立法目的在于“保护专利权人的合法权益”，因此发明创造作为权利客体必须具有明确的权利享有人，即发明人、设计人以及单位组织。然而鉴于人工智能生成物是由人工智能这一具备智能属性的程序或机器所创造生成的，当其作为权利客体时，可以享有其专利权利的主体却无法直接确定。毕竟，人工智能不同于我们所熟知的自然人、法人和非法人组织，并不属于专利法中明确的权利主体范畴，因此无法满足该法的适用权利主体要件。

其次，我国《专利法》明确规定了发明和实用新型等发明创造，必须具备新颖性、创造性和实用性才可以获得专利权的授予，而外观设计也应当不属于现有设计，才可以获得专利权的保护。❶ 那么，对于人工智能生成物而言，其产生的基础在于广泛的数据信息，以及人工智能对于该数据信息进行的自主排列组合和深层筛选，因此其对于新颖性和实用性的满足并不存在技术上的困难，对于创造性的判断才是其中最主要的关卡。当前，我国为了实现创造性判断标准的客观化，主要依据的是发明创造是否具备突出的实质性特点以及显著的进步。进而，为“实质性特点”的判断设计了“三步骤”的判断模式：第一步是确定与其最接近的现有技术，第二步是确定发明的区别特征和发明实际解决的技术问题，第三步是判断要求保护的发明对本领域的技术人员来说是否显而易见。❷ 具体到人工智能生成物的“实质性特

❶ 参见《中华人民共和国专利法》第22条和第23条。

❷ 参见《专利审查指南2010》第二部分第四章第3.2.1.1条。

点”和显著进步性的判断，由于其拥有产生数量巨大且迅速、内容复杂且涉及范围广等特点，相关领域中的技术人员在审查能力和审查速度上都具有客观上的完成不能，对于现行的专利审查制度也是一个成本高且负担重的巨大挑战。

最后，专利权作为知识产权的组成部分，最本质的目的在于赋予专利人法定的垄断权，进而鼓励其积极地进行发明创造，从而实现社会技术的发展和进步。但是，由于人工智能的法律主体属性存在争议，从而人工智能生成物的专利权人无法得以明确，实现对其享有的专利权利进行具体行使并鼓励相应的专利权人继续进行发明创造，无疑更是现实的实现不能。特别是，当我们对人工智能生成物进行专利法上的保护时，由于其具有的产生数量巨大且迅速等特性，还将在客观上导致发明创造的门槛被无形提高，进而使得人类智能的发明创造主动性降低，最终构成社会科学技术发展的速度减弱和成果减少。那么，对于人工智能生成物赋予专利法上的保护，无疑就失去了根本上的合理性与可行性。

综上所述，从专利权利主体、专利权利客体、专利权利行使以及专利权立法目的等方面而言，在我国适用《专利法》对其进行保护存在诸多的限制和实现不能。既是因为我国《专利法》中并无相关的法律明文规定，使得人工智能生成物可获得专利权的保护；也因为即便在学理研究层面，其在主体资格、客体属性的满足上，均存在争议和不确定性。

（三）人工智能生成物与反不正当竞争法保护

知识产权法作为一种国家公权力赋予强制性保护的知识产权制度，主要特点在于法定主义原则的适用，即只有法律条文中明确规定的内容，知识产权法律制度才对其予以保护。但是，由于知识产权总是与技术发展密切挂钩，知识产品也总是与创新创造紧紧相连。而我国作为一个成文法体系下的国家，法律法规的更新总是滞后于技术的发展，从而导致新的知识产品并无法及时得到知识产权相关法律体系的回应，合法权益无法得到有效的保护。反不正当竞争法作为鼓励和保护公平竞争，维护市场经济健康发展的法律，主要用于制止不正当竞争行为，保护经营者和消费者的合法权益。因此，当新型的知识产品无法获得知识产权单行法有效且现实的保护，且在市场活动中的合法权益受到侵害时，就可以援引反不正当竞争法中的一般性条款，从而实现权利维护的有法可依。

1. 反不正当竞争法与知识产权法的关系

知识产权法与反不正当竞争法之间的关系，一直是学界研究的热点问题，也是这个领域内的基础性问题。当前，针对两者之间的关系，主要存在以下两种学术观点。其一，独立说。该学说认为知识产权法与反不正当竞争法之间虽然也存在联系，但是两者并不能混为一谈，并且是相互独立的。比如，两者所保护的权利属性就存在根本不同，知识产权法虽然具有部分公法的属性，但其在本质上还是保护知识产权这一私权利的私法；而反不正当竞争法则是国家进行宏观调控，维护市场正当竞争秩序的公法。再如，两者的保护对象也不同，知识产权法保护的是知识产品本身；而反不正当竞争法保护的是市场的正常经营秩序，以及市场主体间的公平竞争。其二，补充说。即反不正当竞争法是知识产权法律体系的重要组成部分，为知识产权法无法提供保护的内容给予兜底性保护。具体而言，两者相当于一般法与特别法的关系，知识产权法属于具体的特别法，而反不正当竞争法则属于一般性的适用规定。根据法律体系中特别法优先于一般法的原则，知识产权相关具体法律规定予以优先适用，只有超出了知识产权法律规定的保护范畴时，再适用反不正当竞争法的一般性规定。因此，有学者称商标法、专利法和著作权法好比浮在海面上的三座冰山，反不正当竞争法则是托着冰山的海水。[1] 本书认同第二

[1] 孔祥俊．反不正当竞争法原理［M］．北京：知识产权出版社，2005：9.

种观点，即主张反不正当竞争法是知识产权法的补充规定，但是对于反不正当竞争法的一般条款进行适用时，不得违反反不正当竞争法本身的立法目的和适用前提。即根据我国《反不正当竞争法》第2条的规定，其所规制的对象必须是不正当竞争行为，且这一行为必须是经营者在从事生产经营活动中发生的，所侵害的法益也必须是经营者或消费者的合法权益。[1]

2. 适用反不正当竞争法存在的问题

首先，主体属性论证。在人工智能生成物产生的过程中，其所涉及的主体主要包括人工智能本身、人工智能所有者、人工智能使用者以及人工智能编程设计者等。但是依据我国《反不正当竞争法》中的规定，其适用的法律主体主要为经营者，而经营者则指的是从事商品生产、经营或者提供服务（以下所称商品包括服务）的自然人、法人和非法人组织。[2] 所以，无论是人工智能或其所有者、使用者抑或是人工智能编程设计者等主体，我们都无法将其直接等同于提供商品生产、经营或者提供服务活动的经营者，毕竟其并没有进行与经营活动相关的行为。

其次，客体内容论证。我国的《反不正当竞争法》对于适用客体的规定，指的是经营者在生产经营活动中，扰乱市场竞争秩序和损害经营者与消费者合法权益的行为。[3] 人工智能生成物的知识产品属性决定了其只有成为经营活动的对象，才能使得相关主体获得资本投入的回报。但是，这并不等同于其参与市场经营活动就会扰乱市场竞争秩序，毕竟这与人工智能生成物的权利行使主体相关，而与人工智能生成物本身无关。因此，当人工智能生成物尚未进入市场，但其合法权益已经被非法侵害；或者是人工智能生成物进入了市场，但是非因权利主体的经营行为而是

---

[1] 参见《中华人民共和国反不正当竞争法》第2条。

[2] 参见《中华人民共和国反不正当竞争法》第2条第3款。

[3] 参见《中华人民共和国反不正当竞争法》第2条第2款。

内容本身被非法侵害时，此时的反不正当竞争法并无法为其提供可行的法律保护。

最后，保护范围论证。《反不正当竞争法》基于其法律条文的具体规定，可以对知识产品赋予的保护其实十分有限。在与专利相关的技术领域，其只能提供与商业秘密有关的保护；在与商标有关的品牌领域，其主要针对的是“反向假冒”行为的规制；而与著作权相关的作品领域，则只着重于对作品内容进行商业化使用的侵权行为。[1] 因此，人工智能生成物作为创造性成果，其既存在与专利密切相关的技术创造，也存在与作品紧密相连的智力表达，但商业秘密和商业化使用只是其被保护和利用众多方式中的一种而已，从而其他的侵权行为显然无法得到反不正当竞争法的有效保护。

综上所述，反不正当竞争法虽然是知识产权法律制度的有效补充，但鉴于其更多的是适用一般条款对知识产品进行保护，而一般条款本身又具备抽象性与灵活性，更应该适用于为构建一个公平自由的市场交易环境，使得社会经济活动得到充分有效的自由竞争而服务。[2] 因此，对其在知识产品的保护适用上，我们需要秉持谨慎的态度来实现对于该法公法属性的维护，以及知识产权法定主义原则的有效体现。鉴于我国反不正当竞争法在人工智能生成物的保护上，无论是主体属性、客体内容还是保护范围都存在局限和不足，直接适用反不正当竞争法就明显缺失现实的可行性了。

---

[1] 吴汉东．反不正当竞争与知识产权［N］．中国知识产权报，2013-06-07(008)．

[2] 卢纯昕．反不正当竞争法一般条款在知识产权保护中的适用定位［J］．知识产权，2017 (1)：54-62．

第四节　人工智能生成物著作权保护可行性问题

结合上文所述人工智能生成物的概念，以及对其进行研发和利用的科学原理，从直观上而言，适用著作权法来对其进行保护是相对合理的。因为无论其表现为文字成果、音乐成果、美术成果，还是计算机软件和图形成果等，所包含的内容都具备一定程度的创造性，既不是对现有作品的复制粘贴，也不是对客观事实的简单描述。但是，鉴于我国《著作权法》对于权利主体、权利客体以及权利归属等内容都有着明确的规定，而法定主义原则也是贯穿著作权法的基本原则，想要适用其来对人工智能生成物进行保护，在合理性方面主要存在以下三方面的问题。

一、人工智能生成物著作权保护主体问题

著作权作为独立的一项权利，是知识产权的组成部分，具有属于自身的专有性特点，比如著作权不仅包括财产权利，还针对作品享有人格权利。著作权的这一特殊属性，就源于作品与其他的知识产品不同，其内容中体现着作者的思想或者情感，总是与作者的个性保持着密切的联系。因此，虽然对于著作权的权利主体范畴，不同国家都有着各自不同的规定，但自然人是作品真正的创作者一般为默认共识。这一原则也体现在《伯尔尼公约》之中，无论是公约第 1 条关于“保护作者对其文学艺术作品所享有权利”[1] 的规定，还是公约第 7 条第 1 款对于“给予作品保护的期限为作者终生及其死后五十年”[2] 的财产权利保护期限的规

[1][2] 保护文学和艺术作品伯尔尼公约［EB/OL］．［2018－09－15］．http：//www.law－lib.com/law/law_view.asp？id＝98034.

定等，都是与作者以及作者的生命期限相挂钩的。❶ 当然，《伯尔尼公约》的这一原则，也被诸多国家纳入了本国的国内法规定之中。比如，德国就在其本国的著作权法中明确规定，作品的作者只能是自然人；美国虽然并未明确在成文法中规定只有自然人才能被认定为作者，但在现实的司法实践中仅赋予自然人以版权法上的保护；欧盟对于版权主体的相关内容，更是直接参考《伯尔尼公约》等国际条约中的规定。

具体到我国《著作权法》关于著作权主体的规定，认为著作权人主要包括作者，以及其他依照本法规定享有著作权的自然人、法人或者非法人组织。❷ 而其他依照本法规定享有著作权的法人或非法人组织，则主要分为以下两种情形：一是，在法人或者非法人组织的主持之下，代表法人或者非法人组织进行创作并由其承担责任的作品，法人或者非法人组织视为该作品的作者；二是，在无相反证明的情况下，在作品上署名的法人或者非法人组织为作者。❸ 虽然这里的作者范畴并没有被明示，但是无论在上述何种情形之下，作品的创作者是自然人显然是没有异议的，法人或者非法人组织只是在法律规定的具体情况下，被法律拟制为作者而已。那么，人工智能生成物既然是被人工智能所创作出来的创造性成果，人工智能作为创作主体并不属于自然人的范畴，而是属于人类所创造出来的类人软件或机器。进而，鉴于在我国法人或者非法人组织也可以被拟制为作者，但是需要同时满

❶ RICKETSON S. People or Machines [J]. Columbia VLA Journal of Law & the Arts, 1991－1992, 11 (16): 21－22.

❷ 参见《中华人民共和国著作权法》第9条：“著作权人包括：（一）作者；（二）其他依照本法享有著作权的自然人、法人或者非法人组织。”

❸ 参见《中华人民共和国著作权法》第11条：“著作权属于作者，本法另有规定的除外。创作作品的自然人是作者。由法人或者非法人组织主持，代表法人或者非法人组织意志创作，并由法人或者非法人组织承担责任的作品，法人或者非法人组织视为作者。”第12条第1款：“在作品上署名的自然人、法人或者非法人组织为作者，且该作品上存在相应权利，但有相反证明的除外。”

足作品是在法人或者非法人组织的主持下被创作，且代表着法人或者非法人组织的意志，并由法人或者非法人组织承担责任三个要件。人工智能在性质上显然不属于法人或者非法人组织的范畴，并且其是否具有独立意识和独立承担责任的能力都是有待商榷的内容，因此对于这一法律规定的适用也有待论证。

依据我国现行《著作权法》的相关规定，作品的创作者是作者且作者为自然人是默认事实，法人或者非法人组织只有在特定的情形之下，才能被法律拟制为作者。而人工智能作为人工智能生成物的创作主体，既不属于自然人的范畴，也不具备法人或者非法人组织的法律属性。因此，如果想要适用著作权法来对人工智能生成物进行保护，其首先需要解决的就是著作权主体的适格性问题。

二、人工智能生成物著作权保护客体问题

我国在法律上对作为著作权客体的作品的定义和内容进行了明确的界定。一方面，就作品的定义而言，其指的是在文学、艺术和科学领域内具有独创性并能以一定形式表现的智力成果；另一方面，对于作品的内容则通过具体列举的方式予以了规定，主要包括文字作品、口述作品、音乐作品、戏剧作品、计算机软件和符合作品特征的其他智力成果[1]。综合上述具体规定，我们不难得出著作权客体的构成要件主要包括以下内容：第一，作品的属性必须属于文学、艺术和科学领域，其他诸如技术创新领域等均不在此范围之内；第二，作品的内容必须固定在某种有形的载体之上，且该载体上的内容具有可复制性，而不是思想或者情感等肉眼不可见的主观事物；第三，作品中必须包含一定程度的创造性，也就是必须与已有的作品相区别；第四，作品必须是智力的外在表达，即内容本身必须是思想和情感的外在表现，而不是

[1] 参见《中华人民共和国著作权法》第3条。

对于客观事物的直接描述。

从人工智能生成物的产生机理可知，其是人工智能以基础的数据信息为创作来源，进而运用人类主体预先设定的规则程序，对相关数据信息进行自主地分析、选取和组合，从而产生的人类主体想要获得的产物。倘若其想要成为著作权的客体，就必须满足上述的作品构成要件。首先，对于作品所属领域的要求，可以基于数据信息对人工智能的决定性影响予以满足，即将选取文学艺术和科学领域内的作品作为创作数据来源即可。其次，对于将作品固定在某种有形且可复制载体之上的要求，根据现实生活中业已产生的人工智能生成物可知，也不存在具有争议的可能性。再次，对于作品内容中必须具备的创造性要件，我国法律中并没有明确的成文规定，但司法实践和学界研究中却有许多不同的观点，这些不同观点中所包含的共同点是新作品不属于对现有作品的复制粘贴。然而，对人工智能生成物而言，其创作主体人工智能是人类创造出来的技术产物，它依赖于人类主体为其事先相应设定的程序，其创造性应该如何进行衡量就存在争议，毕竟创造性的发生总是伴随着一定程度的随机性，而目前的人工智能显然还不具备这种类似于信仰的内在动机抑或自发的创作欲望。最后，对于作品中必须包含作者的思想或情感，使得作品内容能够反映作者主观意识的要求，人工智能生成物是否能够满足也需要进一步进行探讨。毕竟对于人工智能而言，其所具备的智能性反映在其对于数据信息的处理和应用上，但是其是否具备真正独立的自我意识仍然有待商榷，毕竟这是人工智能与人类智能目前存在的最主要差别。

鉴于人工智能的智能属性还有待发展，人工智能生成物作为作品而言，在内容的创造性认定和包含作者思想或情感的论证上，仍存在诸多的不确定，因此还需要对其作为著作权客体的可著作权性展开后续的具体论证。

三、人工智能生成物著作权归属模式问题

倘若人工智能可以拥有成为著作权主体的资格，人工智能生成物也可以满足作为著作权客体的要求，那么需要我们解决的就是人工智能生成物的著作权归属问题。就著作权本身而言，其本质上属于国家通过赋予著作权人一定期限内的法定垄断权，从而促使著作权客体在法定期限届满后回归公有领域，最终所有社会成员可以对该客体进行自由接触和自由使用的权利。当我们使用著作权这样一种具有排他属性的私有垄断权来对具体的知识产品进行保护时，可能会产生不利于对该知识产品进行利用的消极影响，比如“反公地悲剧”的发生。毕竟人工智能生成物以人工智能为创作主体，其具备创造快速性、产生数量巨大性、涉及范围广泛性等特点。在此背景之下，若赋予人工智能生成物以著作权法范围内的保护，将使得人们对其进行接触和使用的门槛，被无形中予以大幅度提升，不利于激发人们进行智力创作的热情。因此，确定人工智能生成物相关著作权的合理归属，才能使得赋予其著作权保护的消极影响得以规避，从而实现人工智能生成物丰富社会精神文明的积极作用。

著作权归属模式是伴随社会发展而不断发生变化的制度，世界现行的著作权归属模式主要包括两种，一种是著作权仅归属于作者的模式，另一种是著作权可以归属于作者和其他著作权主体的模式。依据上文对人工智能生成物主要特征的总结可知，人工智能生成物与人类智能创作物存在现实可知的区别，因此针对人类智能创作物的著作权归属模式，显然无法直接适用于人工智能生成物。综合考虑人工智能生成物在产生和利用等过程中所涉及的相关主体，不同学者对于其著作权归属，提出了以下5种具有区别的可能模式，具体有人工智能及“虚拟法律人格说”、人工智能编程设计者说、人工智能使用者说、人工智能编程设计者与使用者为共同作者说以及社会公有领域说。通过对这5种具体的

人工智能著作权归属模式进行比较分析，我们不难发现这些模式本身都有一定程度的合理性，也具备不同方面的缺陷。有鉴于此，针对我国的社会经济发展现状，以及对于人工智能和人工智能生成物的发展规划，哪种著作权归属模式更有利于人工智能生成物的保护，就是需要我们予以解决的问题。

本章小节

本章从厘清人工智能和人工智能生成物的相关概念出发，针对适用著作权法来对人工智能生成物进行保护的正当性与可行性进行了论证，力图为后续的深入研究指明具体方向。

首先，虽然当前存在许多有关人工智能概念的学说，但是本书通过综合比较不同学说中的共性与不同，倾向于从思维和行为两个范畴，将人工智能界定为人类经过摸索创造出来的，在思维方式和行为模式上具有类人化特征的智能软件或机器。鉴于人工智能与机器人和大数据都是当前技术发展所得的新型事物，在使用范围或者是内容中具有重合性，因此对其进行了具体的区分，即机器人可以作为人工智能的载体而存在，而大数据则是人工智能发挥创造功能的基础。

其次，对人工智能生成物而言，其属于人工智能以海量的数据信息为基础，通过机器学习和人工神经网络等方式进行数据信息的分析、解构和重组之后，最终创造生成的人类想要的产物。鉴于人工智能作为生成物的创作主体而存在，因此人工智能生成物具有产生数量上的不可估量性、产生种类上的广泛性和复杂性、具体内容的不可预估性、产生速度上的快速性以及经济价值上的模糊性和不确定性等主要特征。具体表现为当前业已出现的人工智能生成物种类，本书将其限定在著作权法的客体保护范围之后，主要包括但不限于文字成果、美术等绘画成果、音乐成果、计算机软件以及地图成果等多种类型。

再次，基于人工智能生成物已经深刻影响了当前的社会经济发展和人们的日常学习生活，我们对其合法权益进行有效的保护，并对其可能导致的消极影响进行预先规制，具有符合正义理念和公平理念的理论正当性。此外，鉴于我国属于成文法体系国家，适用著作权法而非其他的法律制度来对人工智能生成物进行保护，还具有制度上的正当性。第一，从民法的角度而言，其在民事法律主体地位的资格认定上，就存在完全相反的肯定说与否定说，两种学说各有利弊、各执一词，使得我们即使想要对其赋予民法上的保护，也因为可适用法律规定的缺失和理论上的争议不休而存在局限。第二，从专利法的角度而言，人工智能与人工智能生成物虽然都与技术创新密切相关，但无论是人工智能在主体属性上的不符合，还是人工智能生成物本身的创造性和新颖性判断不能，以及专利法制度的激励目标实现不能，都使得其适用专利法来进行保护存在争议。第三，反不正当竞争法作为知识产权法的补充规定，能对知识产权法无法提供保护的知识产品提供兜底性支撑。但是，由于反不正当竞争法在主体属性、客体内容和保护范围上都有明确规定，并无法直接适用于人工智能生成物，因此无法赋予人工智能生成物现实可行的保护。

最后，具体到著作权法的层面，基于人工智能生成物在创造过程、具体内容和外在表现形式等方面，与人类智能创作物具有同质性和不可直接区分性，所以适用著作权来对其进行保护具有一定程度的合理性。但是，基于著作权法以法定主义原则为适用基础，对人工智能生成物赋予著作权保护，在具体的适用方面还存在以下三个主要问题。第一，人工智能作为人工智能生成物的创作主体，其是否能够成为著作权法律主体尚需明确；第二，人工智能生成物本身是否具备成为作品所需的创造性和内容上的智力表达性仍存在疑问，还需要后续进行详细的论证；第三，即使人工智能具备著作权法律主体资格，人工智能生成物也可以成为著作权客体，如何在对其适用著作权法进行保护时，避免“反公地悲剧”和负外部性等社会影响的发生，即针对人工智能生成物的著作权归属设计出合理可行的科学模式，也是需要我们必须予以解决的问题。

综上所述，鉴于人工智能生成物创作主体的特殊性和与人类智能创作物存在的区别性，倘若想要对其赋予我国著作权法上的保护，仍需要从著作权主体资格、著作权客体属性以及著作权归属等方面展开进一步的论证。

第二章　人工智能的著作权主体资格问题

探讨人工智能生成物能否获得著作权法范畴上的保护，我们必须回答的基本问题包括两个：其一，人工智能能否成为著作权法意义上的作者；其二，人工智能生成物到底是不是作品。当我们对这两个问题作出了肯定的回答之后，我们才可以对其著作权利内容和利益分配展开后续研究。本章在此主要针对上述第一个问题进行讨论，即人工智能是否可以成为享有著作权的主体。鉴于著作权法本身属于知识产权法律体系的组成部分，知识产权法是当前我国民法体系中不可或缺的重要构成，而民法又是法律系统中调整平等主体间法律关系的总和，对于人工智能的著作权主体资格问题，本章将以法律主体本身的发展为主线，首先从抽象的法哲学视角出发，通过对于法律范畴的不断具体化，进而分析人工智能在民法视角下的主体资格问题，最终落脚到著作权法律制度本身，论证其作为著作权主体的资格问题。

第一节　法哲学视角下的法律主体资格论证

在作品的概念早已有之，出版业也不是新兴发展事物的背景下，直至作者身份在法律上予以确立，著作权法律制度才真正成为近代私法意义上的法律设计。足以想见，“作者”概念的明确与资格的取得是著作权法律制度的基础。因此，当我们想要讨论人工智能在著作权法范畴内的主体资格问题时，我们就必须从法哲学视角下，尤其是法律人格背景下法律主体的诞生说起。

一、认知意识下主体资格的产生

自然人作为大自然的产物，属于地球上众多物种的构成之一，与其他自然物之间存在可供对照的区分标准，因此我们或许可以将这些物种大致划分为自然物—人—人造物。❶ 进而通过对个物的区分化—实体化—本质化，使得个物与其他物乃至整个世界区分开来的独立性得以建立起来。❷ 其实，人类主体对于自身意识的存在和思考能力的发现，在历史上经历了一个漫长的认识过程。哲学家最初将人定义为能够自主记录并自觉重演精神物的生命体，并把自然物与人的与众不同归因为“记真、畅传、独思、成器”。❸ 这是缘自古希腊哲学家们开始对事物产生好奇心，并探寻该事物发生的根本原因后，开始利用神话和自然界的客观存在来解释现实生活中的世界。进而，随着“努斯”作为哲学概念由哲学家阿那克萨哥拉引入哲学范畴，以及希腊哲学家赫拉克利特对“逻各斯”的使用，开启了人们对于心灵抑或心智对现实世界理解的认识之路。这也意味着，相比于通过神话和宗教等非人类文化的路径来认识和解释世界，人们开始倾向于思考现实事物的理性内涵。

“努斯”与“逻各斯”的产生，使得人们展开了对于智慧和心灵的认识，但是两者之间其实存在较大的区别。首先，就“努斯”而言，其作为实证科学研究的思想基础，概念可以抽象为“思维”或者“理智”，主张人类可以认识事物的产生、发展和变化是基于理智的原则，而我们的感官经验和感受等都是对理智的反映。相比于客观世界中存在的其他事物，“努斯”是独立

❶ 何怀宏. 何以为人 人将何为：人工智能的未来挑战 [J]. 探索与争鸣，2017 (10)：28 – 40.

❷ 张法. Being – logos – nous：西方哲学的核心概念及其内在紧张 [J]. 杭州师范大学学报 (社会科学版)，2018，40 (3)：47 – 53.

❸ 林命彬. 智能机器的哲学思考 [D]. 长春：吉林大学，2017.

的。其次，“努斯”的内涵不仅包括认知和思想本身，还包括促进人类展开对现实世界进行改造的积极性。并且，由于“努斯”本身就代表着精神的自由性，因此表现在人类的行动上，就是其具备不断进行自我超越和主动创新的能动性。最后，“努斯”强调社会共同体存在的重要性，即个人具备理性认识和智慧不可或缺，但是由单个个人所组成的理性社会，需要个人的协同合作才可以构成良好的秩序环境。“努斯”对于个人心灵和智慧平等性及共同性的认可，以及对独立个体自然人主体性原则的明确，体现为罗马文化中对于法律的尊崇和法制的建设。[1]

根据海德格尔对“逻各斯”的词源考察，其概念本身包含着将事物内部的东西展示给别人看；或者是将某种处于隐藏状态的东西脱离出来，使得别人能够看到，从而呈现出其隐含本质等内容。具体而言，首先，“逻各斯”是具有普遍性的，世界上的任何事物都具有客观的必然性发展规律。这一客观规律不以时间和空间的变化为转移，具有永恒性。其次，“逻各斯”强调人类对于事物所具备的客观规律具有认识的能力，即可以通过运用自身的能力和智慧，实现对规律的掌握。最后，“逻各斯”对于人类的语言交流的必要性提供了理论基础，对于人类而言，其如果想要得到发展和进步，就必须通过“逻各斯”的理性交流才能得以实现。柏拉图也因此将其描述为：“真实的信念加上解释（逻各斯）就是知识，不加解释的信念不属于知识的范围”。[2] 由此，我们可以将“逻各斯”概括为逻辑和理性的集合，其中逻辑是人类认识事物本质的工具，而理性则是人们运用这一工具去认识事物本质的能力，两者相互结合又彼此补充，使得自然人能够实现理性认识的客观性和逻辑结构的完整性。因此，“逻各

---

[1] 郝苑，孟建伟．逻各斯与努斯：西方科学文化的两个原点［J］．中国人民大学学报，2012，26（2）：124－131.

[2] 柏拉图．泰阿泰德篇［M］．北京：人民出版社，2003：737.

斯”相比于“努斯”而言，更加强调客观性的重要性。

由上可知，“努斯”与“逻各斯”作为自然哲学对于世界以及事物的思考，构成了理性主义的开端，将自然人与世界上的其他事物区分开来。而自然人作为独立的个体，既具备“努斯”强调的中正的理性，也拥有“逻各斯”强调的严密的逻辑，❶使得自然人闪烁着与其他事物相区别的思维的光芒。

二、理性主义下法律主体的产生

当“努斯”和“逻各斯”作为理性主义的开端，为人类作为独立的生物个体，产生对自身主体意识的认识奠定了理论基础时，事实上，从人类认识到生物个人的主体性再到自身作为法律主体而确立，中间仍然经历了一段漫长的历史演变过程。这一过程体现为个体从实体性到本体性再到主体性的确立，既构成了古希腊城邦民主政治的哲学基础，也奠定了西方法制的哲学基础。❷在罗马法发展的早期，“家族”才是法律承认的基本主体单位，法只存在于家族的外部关系之中，❸只有作为家族代表的家父才具有从事法律行为的完全能力。当然，此时的家父并不特指某个具体的主体，也没有明确的标准或者选拔规定，只要家族内部统一选定就可以，源于血缘关系还是原始传统在所不问。但其在家族内部具有至高无上的地位，且拥有生杀予夺等各项不受法律约束的权力是肯定的。这一法律制度充分说明，法律的适用在当时并不能具体到独立生物个体的身上，而是以家族为单位并以家父为代表行使相关法律权利，作为生物意义上的人并不具备

---

❶❷ 张法．Being－logos－nous：西方哲学的核心概念及其内在紧张［J］．杭州师范大学学报（社会科学版），2018，40（3）：47－53.

❸ 这种法承认“家庭”，但仅仅是承认该家庭的存在和家长的权力，也就是说仅仅承认家长权相对于外部关系而在家庭内部表现出的绝对性。朱塞佩·格罗索．罗马法史［M］．北京：中国政法大学出版社，2009：97；转引自李萱．法律主体资格的开放性［J］．政法论坛，2008（5）：50－58.

法律主体资格或者是法律人格。

随着理性主义萌芽的产生，以及经济贸易活动的兴起和家族作用的不断消退，个人的重要性被不断显现，生物意义上的人的主体价值不断得到提升。在此背景之下，罗马法中的自然法观念也在逐渐形成和发展，个人的独立性和主权性在法律上予以显现，即以家族作为法律适用对象的状态产生了变化的可能，最终导致法律主体结构发生了基本性的转变——将“人格”与“人”区分开来。虽然此时的“人格”仍以社会身份作为认定依据，也就是将地域与财产作为国家成员的界定标准，❶ 而非依据个人所具有的生物属性和理性思维特征，从而使得同样的生物人在法律地位上具有事实上的不平等性。比如，作为奴隶存在的生物人就无法拥有法律人格，而是作为“物”而存在，可以被合法赠与、交换和买卖。但是，“人格”在事实上的出现，至少在实践中实现了“生物人”与“法律人”的区分，个人也因为具备“人格”而被纳入了法律主体的范畴。

有鉴于此，针对“生物人”与“法律人”两者在事实上的不等同，以及“人格”属性对于法律主体资格认定的本质影响。我们就可以针对法律主体资格进行概念上的界定：即具备法律主体资格的个体，是指能够维护和行使相应权利，履行相应义务和承担对应法律责任的主体。❷

第二节　民法视角下的人工智能主体资格论证

当法律主体资格的判断标准被予以明确，其作为法律关系产生的前提和基础，无论是依据利益说、隶属说还是主体说，我们

❶ 柴帅．罗马法人格制度对现代民事主体制度的启示［J］．北京农业，2011（12）：235－238．

❷ DAVID M W．牛津法律大辞典［Z］．李双元，等译，北京：法律出版社，2003：863．

可以直接根据享有法律主体资格的主体在身份、功能以及性质等方面的不同，将其相对地划分为公法主体资格与私法主体资格。其中，鉴于本章研究的是著作权法范畴内人工智能的法律主体资格问题，著作权法又具有无可争议的私法属性。因此，针对私法范畴内人工智能法律主体资格的认定，就具象化为人工智能的民事法律主体资格认定。

一、民事法律主体资格的发展趋势

（一）民事法律主体资格的类型具有扩张性发展趋势

纵观民事法律主体的历史发展沿革，从罗马法时期开始，基于现实经济关系的存在和发展，尤其是商品经济的活跃，为民事主体的产生和发展提供了充足的经济动力，最终促使该时期的民事法律主体从团体性家族和氏族发展为独立的个体，实现了民事法律主体的个体性凸显。具体表现为奴隶制的生产方式动摇了以家庭为单位的社会组成结构，削弱了父权的权威性和垄断性，集中体现在被父权所掩盖的个体意识不断觉醒，其他个体的主体性不断被发掘。除了上述人身权领域发生变化之外，财产权领域的变化就体现为，个体对于财产的所有权和支配权展开积极的争取。毕竟依赖于理性主义的产生和发展，“生物人”与“法律人”已经在现实上进行了区分，独立个人也可以成为民事法律关系的主体。但是，我们也必须予以明确的是，这里的民事个体并不等同于我们现代民事法律体系中的民事个体，即此时个体民事法律主体资格的享有，仍会受到一些诸如宗教、国别因素的影响。因此，罗马法最初产生的这种个人意识，与真正意义上的个人主义相差甚远，本质上更多地体现为社会技术而不是价值认识，并不是我们现在所称的统一的自然人制度的思想基础。❶

❶ 龙卫球．法律主体概念的基础性分析：兼论法律的主体预定理论（下）[J]．学术界，2000，(4)．

到了中世纪时期，由于宗教的影响力日益增强，教会作为可以与世俗相对抗的另外一种力量，当彼此之间无法分出胜负时，多元统治和妥协共存就成了社会发展主流，世界被人为地割裂为俗界和神界，人也处于世俗法与教会法的共同管理之下，接受着双重管制和规范。从而使得除了原来因“人格”而具有民事法律主体资格的个体之外，教会、中世纪的行业协会，以及类似于现代股份公司经营形式的康美达和新型经营方式陆上合伙等，均成为中世纪法律体系中的新的民事法律主体，积极参与到日常的民事活动之中。

随后，以个人主义的蓬勃兴起和社会契约论的实践为标志，自然人因为具备天然的理性而成为正当的民事法律主体，但是不同国家对该原则在法律中的体现有所不同。比如，1804 年的法国民法典作为近代欧洲个人主义的杰出代表，宣示了个人主义的主体原则，明确个人才是法律上的真正主体。[1] 因此，其在法典第 8 条明确规定：“所有法国人都享有民事权利”。该规定既从立法层面强调了人的重要性，将所有的人都纳入了民事法律主体的范畴之下，又明确除了人以外的其他主体都不具备民事主体资格。同时，该规定也使得生物意义上的人可以脱离身份等外在因素的束缚，单纯因为具备理性就可以成为法国民法的适用主体。但是，此时的绝对个人主义并没有坚持到最后。随着社会经济的发展，社会团体作为不可或缺的社会成员组成部分，最终推动法国商法典在 1807 年规定特定类型的商业团体组织具有民事法律主体资格，并于 1978 年纳入了法国民法典的规定之中。

与此同时，与法国民法典深受自然法理论下个人主义的影响不同，德国民法典的主要立法依据是实在法范畴内的法律实证主义。价值中立作为法律实证主义的主要价值体现，将私法中可能

[1] 转引自龙卫球．民法主体的观念演化、制度变迁与当下趋势［J］．国家检察官学院学报，2011，19（4）：140－153.

的价值影响因素都排除在外，通过构建封闭的私法法律体系来解决民事法律中的主体问题，最主要的体现就是其创设出了“权利能力”的概念。具体而言，权利能力指的是一个人可以作为法律关系主体的能力，也就是作为法律权利享有者和法律义务承担者的能力。❶ 因此，德国民法典明确规定：法律赋予民事主体权利能力，只有具有民事权利能力的相关主体，才可以享有民事法律主体资格。有鉴于此，德国民法典就建立起了二元的民事法律主体结构，包括人和法人两部分。特别值得一提的是，这里拥有民事法律主体资格的“人”不仅包括德国人，还包括世界其他国家和地区的一切人，即只要其享有权利能力即可，超出了法国民法典对于个人国籍的限制。此外，也并不是所有的法人都可以享有民事法律主体资格，其或需要依据法定程序进行登记，或需要满足一定的标准，才可以成为民事法律主体。❷

综合分析上述不同时期的民事法律主体范畴可知，享有民事法律主体资格的主体，随着社会经济的发展和立法技术的完善，实现了从团体到个体、从自然人到非自然人的变化，呈现出了不断扩张之势。

（二）民事法律主体资格的享有不受生物人属性的限制

以“人格”的诞生为起点，民事法律主体总是与“人”的属性密不可分，虽然此时的“人”主要指的是生物意义上的人，

---

❶ 卡尔·拉伦茨．德国民法通论：上册［M］．王晓晔，等译．北京：法律出版社，2003：119－129．

❷ 参见德国民法典第 21 条规定：“不以营利为目的的社团，因登记于主管初级法院的社团登记簿册而取得权利能力。”第 22 条规定：“1. 以营利为目的的社团，如帝国（联邦）法律无特别规定时，得因邦（州）的许可而取得权利能力。2. 权限属于社团住所所在地的邦（州）。”第 23 条规定：“在联邦的任何一个邦（州）内都没有住所的社团，如帝国（联邦）法律无特别规定时，得因联邦参议院的决议而授予权利能力。”第 80 条规定：“1. 设立有权利能力的财团，除了有捐助行为之外，应得到财团住所所在地的邦（州）的许可。2. 如财团不在任何一邦（州）内设有住所，应得到联邦参议院的许可。3. 如无其他规定，财团的事务执行地视为住所。”

但因仍会受到诸如身份、财产数量等外在因素的影响，即使同为生物人也会在法律主体资格的享有上存在区别。比如，早期罗马法中的家父对于其管辖范围内的自由人和奴隶具有自由处分的主权，虽然奴隶也具有生物人属性，却一般被视作“物”而非“人”存在，与其他“物”的区别只在于其是奴隶主会说话的工具而已。❶ 从而罗马市民法中的民事法律主体就仅仅指向家族和氏族；再辅之所有家族以及氏族的权利和权力，都在事实上赋予了作为家族代表的家父，从而使得家父在实际上成为当时唯一且真正的民事法律主体，享有民事法律主体资格。

通过中世纪时期宗教的进一步发展，尤其是基督教理论的发展，强调所有生物人天然享有权利的平等性，可以据此获得无差别的平等地位。比如，洛克通过提出“天赋人权”论证个人权利的重要性和正当性，且提出法律应该对这种正当的个人权利提供有效保护，即“自然状态有一种为人人所应遵守的自然法对它起着支配作用，而理性也就是自然法，教导着有意遵从理性的全人类都是平等和独立的，任何人不得侵害他人的生命、健康、自由或财产”❷。体现在法国民法典中就是强调，法国国籍下的所有独立个人都具有民事法律主体资格，生物人属性在法律主体上的重要性被进一步深化和强调。但是，随着权利能力在法学构造上的出现，“人格”对于民事法律主体资格的决定作用被突破，具备权利能力但不具备生物人属性的法人，被纳入了法定的民事法律主体范畴。生物意义上的人可以不是法律意义上的人，法律范畴内的人也可以不是生物意义上的人。也就是说，生物人属性对于民事法律主体资格的享有不再具有决定性的限制。

---

❶ 王春梅. 民事主体的历史变革与当代发展［D］. 哈尔滨：黑龙江大学，2010.

❷ 洛克著. 政府论（下篇）［M］. 叶启芳、瞿菊农，译. 北京：商务印书馆，2008：4；转引自王春梅. 民事主体的历史变革与当代发展［D］. 哈尔滨：黑龙江大学，2010.

（三）民事法律主体资格的赋予具有技术性特征

从罗马法时期依据身份的不同，将生物人首先划分为自由人、市民和家父三种类型，再到后期因为社会的发展而取消市民身份，实现社会主体从三元到二元的转变，直接导致不同主体在法律上所具备的身份资格也存在差异。然而，上述身份抑或法律主体地位的划分，或是依据法律的规定，或是依据联邦国王颁布的决定，与人作为生物而具备的天然属性和外在意志没有任何关联。就奴隶而言，其从出生因为其母亲的奴隶身份就注定无法成为民事法律主体，而只能作为“物”而存在。因此，这种民事法律主体资格的赋予和认定，无疑是人为地通过运用技术手段而实现的。进而，就实证主义法学派的法学家们创建权利能力理论而言，客观上为不具有生物特征的法人成为民事法律主体提供了合法依据，突破了传统伦理因素的束缚，呈现出了法律拟制的技术性特征。在此背景之下，法律呈现的是一个抽象的结构和概念集合，现实的人与法律的主体并不等同，通过去除具体的外在伦理或价值的束缚，将法律主体从现实的人中抽离出来，法律技术的存在和使用，使得法律能够更大程度反映社会现实的需要，适应历史发展规律和潮流。比如，就当前民事法律主体的发展而言，新西兰在2014年赋予了尤瑞瓦拉国家公园（Te Urewera Nation Park）以法人地位，2017年更是将其国内的旺格努伊河（Whanganui River）也赋予了法人地位，[1] 以满足对其进行保护的现实需要。因此，民事法律主体资格可以通过法律拟制的方式获得，满足了现实社会因发展需要而对法律所产生的需求，摆脱了传统上行为能力条件的束缚，为法律价值衡量和取舍提供了可能和空间。

---

[1] 郭少飞．“电子人”法律主体论［J］．东方法学，2018（3）：38－49.

二、民事法律主体资格的构成要件

民事法律主体作为民法的适用对象，不同国家对于其基本构成和资格认定，因为受到本国传统法律文化、社会经济发展水平等因素的影响，会存在不同程度的差异性。基于本书对于人工智能生成物的研究，以我国的法律制度为研究范围，对于人工智能民事法律主体资格的证成，以我国民事法律制度的具体规定为基础。就我国而言，民法调整的是平等主体的自然人、法人和非法人组织之间的人身关系和财产关系，因此我国的民事法律主体就由自然人、法人和非法人组织构成。具体表现为，《民法典》在第一编第二章专门规定了有关自然人的内容，第三章规定的是法人的基本内容，而在第四章则是有关非法人组织的相关规定。下面我们将针对自然人、法人和非法人组织的民事法律主体构成要件，展开具体的区别性论述。

（一）自然人的民事法律主体资格构成要件

自然人享有民事法律主体资格的基础在于其拥有民事权利能力和民事行为能力。其中，权利能力是指其享受权利、负担义务的能力。[1] 自然人以其出生作为其具有民事权利能力的开始，该权利能力不可被歧视、不可被剥夺，也不因国家、国籍、肤色和种族等存在差别，任何人均可平等享有。而民事权利能力的终结则以死亡为标志，这也是该权利的唯一影响因素。鉴于权利能力是法律主体资格地位的一种表征，从现实的人类主体中抽象而来，在伦理人格主义的影响下，还需要通过行为能力对其进行具体的补充。因此，民事行为能力作为法律保护智虑不周之人以及维护交易安全的体现，以行为人的意思能力（识别能力）为基础，依据其是否达到一定年龄为具体判断标准，可具体划分为完

[1] 王泽鉴. 民法总则［M］. 北京：北京大学出版社，2016：111.

全行为能力人、限制行为能力人和无行为能力人。❶

（二）法人的民事法律主体资格构成要件

法人是具有民事权利能力和民事行为能力，依法独立享有民事权利和承担民事义务的组织。❷ 当自然人因出生而当然的享有民事权利能力时，法人为了满足个人的社会生活需求，作为自然人之间因合作而形成的经营团体应运而生。赋予作为团体的法人以民事法律主体资格，是民法理论研究和制度设计中最富想象力和技术性的创造。❸ 鉴于法人从本质上而言，属于法律技术运用下的产物，是由法律所创造的独立民事法律关系主体，因此其获得民事法律主体资格的理论基础就存在多种不同的学说，包括但不限于拟制说、目的财产说和实在说等。拟制说的开创者为萨维尼，其认为对于法人民事法律主体资格的获得，缘于法律的直接规定，即法律通过拟制让其成为“人”。这一学说在德国民法典中最先得以贯彻，体现在其第 26 条对于董事会在社团遭遇诉讼或非诉讼案件中所享有的法定代理人身份中。目的财产说主张法人是依据一定目的而组成的财产集合，享有法人财产利益的多数人其实是法人实质意义上的主体，法人只是使得多个法律关系实现单一化的技术设计体现。实在说则更加倾向于强调法人在社会实践生活中的实体性存在，或是认定其为相对于个人而存在的自然有机体，或是认定其属于法律上独立的实体性组织，并进一步将其划分为法人有机体说和法人组织体说。依据我国当前的法律规定可知，我国采用的是法人组织体说，认为法人是法律规定的具有民事权利能力和民事行为能力，且可以在法律范畴内享有权利和承担义务的组织体；并且，法人的民事权利能力与民事行为能力，开始于法人成立之时，结束于法人终止之时。

---

❶ 王泽鉴．民法总则［M］．北京：北京大学出版社，2016：122－123.

❷ 参见《中华人民共和国民法典》第 57 条。

❸ 尹田．论法人的权利能力［J］．法制与社会发展，2003（1）：76－82.

（三）非法人组织的民事法律主体资格构成要件

非法人组织作为我国民事法律主体的组成部分，其并不具备法人资格，但却能够以自己的名义从事民事活动。也就是说，非法人组织依据能够以自己的名义从事民事活动，且拥有民事权利能力和民事行为能力，在法律上拥有了民事法律主体资格。根据我国《民法典》的相关规定，其将典型的非法人组织进行了明确化列举，包括个人独资企业、合伙企业、不具有法人资格的专业服务机构等。[1] 因此，对于不属于上述类型的组织体是否属于事实上的非法人组织，我们需要依据非法人组织的构成要件，具体情况具体分析。非法人组织与法人虽同为组织体，但两者存在事实上的诸多区别，其中最主要的就在于：法人可以独立自主的承担责任，而非法人组织必须依赖于组织中的设立人或是出资人等进行责任的承担。

综上所述，依据主体属性的不同，获得民事权利能力和民事行为能力的方式和途径可能会存在差别。比如，自然人依赖于其生物属性在出生时获得，法人依赖于法律规定的条件而产生，而非法人组织则是缘于能够以自己的名义从事民事活动。但是，上述三者享有的民事法律主体资格共同点在于，在我国当前的民事法律体系之下，想要拥有民事法律主体资格，都以具备民事权利能力和民事行为能力为前提。

三、人工智能的民事法律主体资格认定

人工智能作为由人类所创造的，通过不断模仿和学习人类思维模式和行为路径，进而可以在思维上呈现人类相似性和在行为上体现智能性的程序或机器。当我们想要促使人工智能生成物获得著作权法上的保护时，就必须论证人工智能可以成为法律主体，具体到民法范畴内，就是其拥有民事法律主体资格。鉴于我

[1] 参见《中华人民共和国民法典》第一编第四章第102条。

国民事法律主体资格的享有，以具备民事权利能力和民事行为能力为基础，本书将从民事权利能力和民事行为能力两方面，对人工智能的民事法律主体资格进行论证。

（一）人工智能的民事权利能力论证

1. 民事权利能力的概念及构成

虽然“人格”作为抽象理论的提出，使得法律人与生物人发生实际分离。但是，当我们在论证民事主体是否享有民事法律主体资格时，更倾向于论证其具备权利能力而非“人格”，原因在于就“人格”概念本身而言，其所包含的内容具有多样性。比如“人格”在指代主体时，其意味着权利义务的归属者；在指代权利能力时，其属于能够具有权利义务的资格；而在其作为生物人的组成部分时，就可能具体为生命、身体、健康、名誉等内容。[1] 因此，为了法律概念内容上的明确，以及人工智能民事主体地位论证的科学性，本书采用论证人工智能享有民事权利能力的方式来说明其享有民事法律主体资格。民事权利能力作为民法范畴内的权利能力概念，其又称人格，[2] 字义上源于拉丁语的persona，而persona的本义指的是戏台上演员所戴的面具，不同的角色有不同的面具（相当于京剧的脸谱面具）。[3] 因此，当将其具体到法律的范畴时，persona指向的就是不同主体在罗马法时期所拥有的不同阶级身份，或为自由人，或为奴隶，并且基于身份不同而导致其权利义务上的差别。据此，我们就可以从概念上对民事权利能力进行界定，其具体指向的是享受权利和负担义务之能力。[4]

---

[1] 梁慧星．民法总论［M］．北京：法律出版社，2011：91；转引自张保红．权利能力的双重角色困境与主体资格制度重构［J］．法学家，2014（2）：12－29，176.

[2] 目前权利能力等于“人格”属于学界通说，但仍有个别学者秉持不同的观点。

[3] 王泽鉴．人格权法［M］．北京：北京大学出版社，2016：41.

[4] 王泽鉴．民法总则［M］．北京：北京大学出版社，2016：122.

世界上在理论范畴最早提出权利能力这一概念的，是 19 世纪初的蒂堡；[1] 而最早将权利能力这一概念明确写入立法的，则是 1900 年颁行的德国民法典。权利能力的概念创立，对于民事法律主体而言，最显著体现就在于使得法人与自然人等同起来，在法律上拥有了民事法律主体资格。德国民法典以及权利能力这一概念的诞生，都深受康德哲学的影响。具体到权利能力的判断时，在康德看来，有理性的生灵才能叫作人，而人所具备的理性是其可以认识世界和感知世界上的事物及其发展规律的能力，若具体到实践中则是其拥有在道德范畴内为人处世的能力。康德哲学下的人因为理性而享有权利能力，从而可以成为民事法律关系主体，并且此时的自然人脱离了生物本能的范畴，接受着道德伦理的限制。有鉴于此，民事法律主体资格的逻辑判断公式也应运而生：理性的拥有导致民事权利能力的享有，进而实现民事法律主体资格的拥有。

2. 人工智能具备民事权利能力

由上可知，基于民事权利能力的享有以拥有理性为判断标准，因此只需要论证人工智能具备理性，就可以说明其拥有民事权利能力。而就理性本身而言，其所拥有的具体内容主要包括认识事物、感知事物和发现其发展规律的能力，以及在道德伦理范畴内与人交往的能力两方面。

一方面，对现阶段的人工智能而言，其是以大数据为创作基础，以模仿人类思维和行为模式为目标和发展方向的人造智能。只要人类将图片、语言、文字等内容通过数学方式转化为其可以识别的数值，其就可以通过深度学习和人工神经网络等途径进行认识和学习，进而掌握该类事物的发展规律和行为规则，并通过自身具备的外在行为能力，实现与人类主体的沟通与交流，甚至

[1] 张保红．权利能力的双重角色困境与主体资格制度重构［J］．法学家，2014(2)：12－29，176．

是实现对人类反应速度或是思考速度的超越。最典型的案例表现就是，2017 年 5 月 27 日，人工智能阿尔法狗与当时世界排名第一的围棋选手柯洁的一次围棋对弈。[1] 在三局两胜制的赛制之下，阿尔法狗战胜了人类最厉害的围棋选手，取得了三比零的成绩。据此可得，当人工智能可以与柯洁进行围棋对弈时，说明其已经对围棋和围棋规则具有了充分的了解和认识。进而，当其可以战胜代表人类围棋对弈最高水平的人类主体时，就说明它不仅能够认识规则，还可以通过自身的学习和思考，掌握该事物的某种运行规律。

另一方面，对人工智能在道德伦理范畴内与人交往能力的验证，或许我们可以借助图灵测试来进行客观说明。人工智能作为模仿人类思维和行为的智能化创造，如何衡量其是否可以像人类一样的思考，以及能否像人类一样与人类进行交往？创造一个人类与人工智能展开交流的情境，让其自身来对交流对象进行判断，无疑是最优的可行选择。图灵测试作为该选择的现实存在，通过将一个人与一台机器置于同一房间之中，与另外的被测试者隔离开来，该测试者也被称为询问者。询问者不可以见到房间中的任何一方，也不可以与他们进行直接的接触，只可以通过一个类似终端的文本设备与他们联系，但联系的内容和范围不受任何的限制。最终，让询问者根据其收到的答案辨别出哪个是计算机以及哪个是人。针对同一人工智能，倘若存在一定比例的询问者，均无法判断与其进行交流的对象之中，哪部分属于人类个体而哪部分又属于该人工智能的话，那么我们当然可以直接认定该人工智能具备了与人类交往的能力。对于现阶段已经存在的人工智能，通过图灵测试的并不在少数。比如，谷歌公司 2018 年研发的人工智能 Duplex，其不仅可以模仿真人语气、语速，以流畅

[1] 柯洁 VS 阿尔法狗：就算输了，你还是世界第一［EB/OL］.（2017-05-27）［2018-10-20］. https：//www.sohu.com/a/143944906_790898.

的人机交互方式帮助用户完成美发沙龙和餐馆的预定操作，还可以自主地依据餐厅的情况和个人的行程安排进行相应的调整。❶又比如，作为世界上第一个以情商交流和培养为目的的人工智能微软小冰，曾是科技史上最大规模的人工智能情感计算框架系统。截至2018年，微软小冰已经进入中国、美国、日本等5个国家，覆盖超过1亿的用户，累计进行了300多亿次对话。其中在中国，微软小冰与人类单词连续对话的记录是7151轮次，不间断进行了29小时33分钟；而在美国的最高纪录则是2791轮次，不间断进行了23小时43分钟。❷

综上所述，就人工智能当前的发展水平而言，其不仅已经可以像人类主体一样去认识世界和感知世界，以及通过学习人类社会的事物运行规则，从中学习和总结出专属于其自身的规律；其还能够在现实生活中实现与人类的沟通，比如通过对话与人类进行情感交流。毕竟人类主体将社会生活中的相关事物以人工智能可以感知的途径进行转化，是人工智能进行学习和认识的前提，因此其所认识事物的范畴无疑属于伦理道德之内。由此可知，人工智能可以拥有与人类主体相似的理性，即具备民事法律主体资格所要求的权利能力；并且由于人工智能模仿人类思维模式的进程仍处于不断的发展和进步当中，所以其所能够具备的理性，也将在未来获得进一步的成熟与完善。

（二）人工智能的民事行为能力认定

1. 民事行为能力的概念及构成

民事行为能力是对权利主体意思表示能力的判断，包含着民事权利的两种基本要素，即主体和意志，所以民事行为能力就成

❶ 谷歌：AI“Duplex”已部分通过图灵测试，但在与人沟通时会先表明身份［EB/OL］.（2018－05－13）［2018－10－29］. http：//www.sohu.com/a/231451493_354973.

❷ 微软小冰用户超1亿，累计与用户对话超300亿次［EB/OL］.［2018－10－03］. http：//news.163.com/17/0516/19/CKJ5B9BA00018AOR.html.

了民事权利主体制度和法律行为制度的交叉概念。❶ 具体到民事行为能力本身而言，其指的是一种理智地形成意思的能力，❷ 即民事主体以理性为基础，将自身的意思表示通过付诸外在的行为表现出来。因此，是否具备意思表示的能力，就决定了该主体是否具备民事行为能力。而意思表示从定义上而言，大致可归纳为复合式概念❸和单一式概念两种方式。其中，复合式定义中的意思表示概念，被划分为包括意思和表示两个部分。有鉴于此，王泽鉴教授将其定义为将企图发生一定私法上效果的意思表示于外部的行为；❹ 梁慧星教授将其定义为，向外部表明意欲发生一定私法上法律效果之意思的行为；❺ 王利明教授则认为意思表示是属于民事行为的核心要素，指表意人将其期望发生某种法律效果的内心意思以一定方式表现于外部的行为。❻ 综合上述不同学者的观点，虽然对其意思表示的具体定义描述存在差别，但是其均采用的是复合式的界定方式显然不存在争议。

鉴于我国当前法律并未对意思表示的定义予以明确规定，只是在《民法典》第一编第六章的民事法律行为中，针对意思表示的生效时间、作出方式以及意思表示的撤回和解释进行了相应的说明。因此，我们需要根据意思表示的定义，对其所包含的组成要素进行分析。从理论研究层面而言，针对意思表示的组成要素存在多种学说，包括“五要素说”“三要素说”和“二要素

❶ 麻锐．民事权利要素与我国民法典体系构建［J］．甘肃政法学院学报，2016（5）：38－46．

❷ 迪特尔·梅迪库斯：德国民法总论［M］．邵建东，译，北京：法律出版社，2000：409；转引自朱广新．民事行为能力制度的立法完善：以《中华人民共和国民法总则（草案）》为分析对象［J］．当代法学，2016，30（6）：3－14．

❸ 黄立．民法总则［M］．北京：中国政法大学出版社，2002．

❹ 王泽鉴．民法总则［M］．北京：北京大学出版社，2010：266；转引自张驰．意思表示构成要素论［J］．东方法学，2014（6）：18－27．

❺ 梁慧星．民法总论［M］．5 版．北京：法律出版社，2017：176．

❻ 王利明．民法［M］．4 版．北京：中国人民大学出版社，2008：127．

说”等。其中，“五要素说”为德国法学家所支持，认为意思表示需要包括目的意思、效果意思、表示意思、行为意思和表示行为；“三要素说”主张意思表示应该包括目的意思、效果意思和表示行为三项要素；“二要素说”认为意思表示仅包括效果意思和表示行为两项即可。我国对于意思表示的组成要素采用的是“三要素说”，其中目的意思和效果意思为内部要素也称为主观要素；表示行为为外部要素也称为客观要素，并且依据表示行为所展现表示方式的不同，还在事实上存在明示与默示的差别。具体而言，目的意思的判定，以民事行为人是否知悉其行为具有某种法律意义来辨别；而效果意思作为民事行为人想要依据其行为达到特定法律效果的意思，以行为的发生必须要达到行为人预期且具有具体法律效果为判断标准。

2. 人工智能拥有民事行为能力

基于民事行为能力的判断，以其是否具有能够作出意思表示的能力为判断依据。具体到对于人工智能意思表示能力的判断，我们不妨将人工智能生成物作为衡量对象。

第一，针对目的意思的判断。人工智能进行生成物的创造需要依赖于人类主体的预先程序设定，该设定以人类想要获得的产物类型为决定因素。但是，对于人工智能生成物包含的内容，人类主体并没有决定以及预知的能力，只能由人工智能自主地进行决定。因此，人工智能对于自身所展开的创作行为是具有目的意识的，其行为也是为该目的意识的实现而服务。以创作文字作品的人工智能为例，Quakebot 以撰写专门的地震通报新闻为运行目的；Wordsmith 以专注于给定数据分析并形成相应文章为创作目标；Brutus 以不断进行新的短篇小说创作为行为准则，等等。上述人工智能所实施的创作行为，都以完成特定的创作目标作为自己的行为目的，因此满足目的意思要素的要求。

第二，针对表示行为的判断。表示行为作为意思表示的唯一外在衡量要素，是行为人将其内在的目的意思和效果意思以一定行为表现于外的存在。对于人工智能而言，其依据人类主体预先期望达到的目标，进而通过模仿人类思维的方式展开相应的思考和行为。通过对现实中人工智能所实施的行为进行分析，无论其是与人类在事实上进行的对话和交流，还是在特定领域与人类主体展开的博弈；都是其在理解人类社会相关事物的运行规则之后，参与人类实践活动的外在表现。人工智能生成物作为人工智能创作成果的存在亦是如此，充分说明了人工智能具有实施相应创作行为的表示行为能力。

第三，针对效果意思的判断。鉴于效果意思的判断涉及法律行为的效力问题，所以在单方法律行为中是相对易于确定的，比如抛弃、法律规定或者约定情形的发生，都可以对该行为的效果意思产生直接且明确的判断。然而，在具体的双方法律行为中，效果意思的发生可能会混杂着要素、偶素和常素等不同要素的存在。其中，要素与事物的本质部分相对应，偶素与事物的非本质部分和非固有属性相对应，而常素与事物固有属性中的非本质部分相对应，所以对于效果意思的判断通常可能需要根据法律的任意性规定、法律原则以及利益衡量等相关内容进行补充，也可能因为解释时需要采取客观标准的缘故，以相对人的理解为标准进行衡量。因此，针对人工智能创作生成物的具体环节可知，其不同环节中涉及了不同的人类参与主体，比如人工智能程序的预先设定涉及人工智能编程设计者，人工智能的创作数据来源涉及人工智能使用者等，但是上述的不同主体与人工智能本身所实施行为的效果意思是一致的，即实现人工智能生成物的产生。由此可得，人工智能所实施的行为具有效果意思的存在。

综上所述，要衡量某一民事主体是否具备民事法律主体资格，需要结合民事行为能力和民事权利能力两方面进行判断，而理性与意思表示则是前述两个方面的具体衡量标准。其中，理性以认识世界和感知世界的能力为内容，而意思表示则以目的意思、表示行为和效果意思为组成部分。通过对人工智能及其创作生成物的行为进行具体分析可知，人工智能能够通过自身能力去认识世界和感知世界，并在特定领域超越人类主体对该事物具有的最大认知程度，所以符合理性的内在要求。同时，人工智能能够以特定的创作目标为行为目的，进而实施相应的创作行为作为行为表示，从而使得人工智能生成物得以现实产生，具备真实有效的效果意思，所以人工智能也具备作出意思表示的能力。有鉴于此，我们可以直接认定：人工智能拥有民事权利能力和民事行为能力，具备成为民事法律主体的资格。

第三节　著作权法视角下的人工智能主体资格论证

当知识产权法律制度发展到今天，我们可以将其界定为是架设在知识与财产或者智慧与财富之间的一座桥梁，换句话说知识产权法律制度就是以法律的规定将知识转化为财产或者将智慧转化为财富的制度。[1] 对于这种转化的正当性和合理性，我们大多以下列四种理论作为论证基础和法哲学依据。[2] 第一种效益论主张，知识产权在以排他性权利之力激励发明与艺术创造时，对这种权利限制公众享有创造物的倾向要给予适当控制，力求实现一种平衡；第二种劳动价值理论认为，人们自然享有基于无主或者“公有”资源的劳动财产权，政府有义务尊重和实现这一权利；第三种意志论认为，知识产权旨在保护那些体现作家或者艺术家“意志”的作品不被侵占或者篡改，抑或造就有助于发挥创造性才智的社会经济条件以改善人类的生活；第四种文化论指向的则

---

[1] 曹新明．知识产权法哲学理论反思：以重构知识产权制度为视角［J］．法制与社会发展，2004（6）：60－71.

[2] 威廉·费歇尔．知识产权的理论［M］．黄海峰，译；刘春田．中国知识产权评论（第一卷）［M］．北京：商务印书馆，2002：2.

是，知识产权能够并且应当以有助于培育和实现一种公正和令人向往的文化为目标。❶ 而在上述四种证明知识产权正当性和合理性的理论中，自然权利论下的劳动价值理论和功利主义理论无疑是最具影响力和最具有代表性的。❷

由于著作权是知识产权的重要组成部分，而劳动价值理论和功利主义理论又是证明知识产权具有正当性和合理性的依据。因此，本章将从自然权利论下的劳动价值论和功利主义论两方面，来论证人工智能可以成为著作权法范畴内的法律主体。此外，立足于我国当前《著作权法》的具体规定，本书还将从法教义学的视角，对人工智能可以成为我国著作权法范畴内的作者进行论证。综合理论基础和法律规定两方面，能够为人工智能成为合理且正当的著作权主体提供论证依据。

一、劳动价值论下的人工智能主体资格论证

（一）劳动价值论的产生及其主要内容

1. 劳动与财产关系的理论演变

自然法哲学为财产的正当性提供了理论基础，其中劳动价值论作为自然法中特别且重要的学说，从劳动的角度为财产权利的产生提供了正当性。其实，人们可以对自己的劳动成果享有权利的观点，早在罗马社会时期就已经产生。当时的罗马法学家通过研究所有权认为，在一个人对于他人的物质施加了自己的努力与劳动，且该劳动能够产生新的物质时，该物质的所有权是属于创造人的，尽管对这一新物质的所有使得另一个人失去了对于原物的所有权。❸ 由此可知，当时的罗马就已经产生了一个观念：一

❶ 胡朝阳．知识产权的正当性分析：法理和人权法的视角［M］．北京：人民出版社，2007：158.

❷ SPECTOR H M. An Outline of a Theory Justifying Intellectual and Industrial Property Rights［J］. European Intellectual Property Review, 1989, 11（8）: 270－273.

❸ 冯晓青．知识产权法哲学［M］．北京：中国人民公安大学出版社，2003：5.

个人通过自己的劳动和努力所创造出来的东西归属于劳动的个人所有。❶ 进而，在中世纪的早期，一个被称之为多纳图派的思想派别在和基督教的神学家圣奥古斯丁进行辩论时指出，增益财产的劳动赋予了人们拥有财产的基本权利，因而卡莱尔斯认为多纳图派关于个人财产权的一般理论，构成了洛克建立私有财产权理论的基础。❷ 随着时间推进到中世纪的中期，劳动与财产权之间的关系得到了进一步的关注，最为典型的就是圣托马斯对于私有财产的详细论证。在圣托马斯看来，自然正当或者自然公正就像生物的繁衍一样，都可以被视为是绝对的和必然的，其与私有财产的出现也是密切相关的。以私有财产所有权为例，就土地本身而言，这块地属于这个人而非那个人的确是没有理由的，但如果你考虑到这块土地被灌溉和和平使用，那么，正如哲学家亚里士多德所述，它应被这个人而非那个人拥有就是合宜的。在同时期的巴黎，约翰也关注到了劳动和财富之间的专门关系。其通过在14 世纪发表的著作反驳了教会不受诸如税收之类的管辖的主张，认为俗人的所有权是通过自己的劳动和勤奋而获得的，由此他们可以获得对物品的真正控制权。❸

2. 劳动价值论的主要内容

经过上述理论的不断发展和积累，洛克对于劳动与财产权之间的关系进行了系统且专门的论述，成为财产权理论的集大成者，也进而提出了我们如今所讨论的劳动价值论。洛克在其著作《政府论》的第五章对于财产进行了专门的论述：正是因为理性的存在和发生作用，才使得人类可以充分利用土地和其中的一

❶ 冯晓青．知识产权法哲学［M］．北京：中国人民公安大学出版社，2003：6.

❷ SULLIVAN J, CARLYLE R W, CARLYLE A J. A History of Medieval Political Theory in the West［J］. The American Historical Review, 1922, 28 (1): 13－15.

❸ Tractatus de potestate regia et papali 7. 转引自 J. M. 凯利．西方法律思想简史［M］．王笑红，译，北京：法律出版社，2002：130.

切，进而来实现自己生活和便利的最大好处。[1] 但是，对于类似于土地、自然生产的果实等这种处在自然状态的东西，并没有人对其天生地就享有排斥其他人类的私人所有权。[2] 这就意味着，当土地和其他一切低等动物处于为一切人所共有的状态时，每个人只对自己的人身享有一种所有权。除此之外，每个人还可以对其自己所从事的劳动和他的双手所进行的工作拥有正当的所有权。因此，当任何人通过自己身体所从事的劳动和自己的双手开展的工作，将任何东西脱离自然所提供的和那个东西所处的自然状态时，他就已经在这个过程中添加了属于自己的劳动，那么在那个东西上所添加的东西，付出劳动的人类就正当地拥有所有权。[3] 毕竟，是人类主体的劳动使得那个东西从一般自然状态中脱离，并让一切人对其享有的共有状态抑或称共有权利发生了变化。

为了具体回答劳动和所有权之间的正当因果关系，洛克通过在橡树下捡起橡树果实和在苹果树上摘下苹果作为示例予以说明。洛克认为谁把橡树下的橡果捡起和摘下苹果树上的苹果，那么谁就已经确定地对它们享有所有权，且谁也不可以否认，捡橡果和摘苹果的人对于该食物具有享用的权利。那么，对于这些食物而言，捡橡果和摘苹果的人又是什么时候开始拥有所有权的呢？既然不是在他消化这些东西的时候，也不是在他吃这些东西的时候，煮这些东西的时候也并不具有合理性，那么如果不是因为最初的采集，使得这些东西成为他们的东西的时候，其他的情形就更不可能了。[4] 并且，这样将原本属于一切人的东西归为私人所有，并不需要获得其他一切人的许可和同意。同时，人们对于这些东西通过劳动而纳入个人所有。能够最大限度地获得生活上的最大便利。[5] 当然，世界上一切物的享用并不是不加限制

[1][2] 约翰·洛克．政府论（下篇）[M]．叶启芳，瞿菊农，译．北京：商务印书馆，2009：17.

[3][4][5] 约翰·洛克．政府论（下篇）[M]．叶启芳、瞿菊农，译．北京：商务印书馆，2009：18.

的，这个限制由自然根据人类的劳动和生活所需的范围而规定。❶ 毕竟如果人们对这些享有私人所有权的物没有进行适当的使用而使得其发生了破坏，这样就违反了自然的共同法则。

因此，我们不必假定亚当对于全世界具有排斥一切他人的个人所有权和财产权，因为这种权利既无法证明，又不能从中引申出任何与人类主体有关的财产权。我们只要假定世界原来是给予人类所共有的，我们就能看到劳动怎样使人们对世界的若干小块土地，为了他们个人的用途，享有明确的产权，在这方面不可能有对权利的怀疑，亦不可能有争执的余地。❷ 具体而言，劳动价值论的主要内容包括以下两个方面：第一，世界上的一切处于自然状态下的物，因为人类对其付出了劳动使其从自然状态中脱离出来，那么付出了劳动的人类对该自然的共有物，具有了排他的私人财产所有权；第二，人类在因为劳动取得劳动添加物的所有权时，需要满足因个人需要且不造成浪费的前提，也就是说，给世界上的其他人留下数量足够且质量也足够的物。

（二）劳动价值论构成著作权制度的正当性基础

1. 劳动价值论在知识产权领域的适用

鉴于洛克在提出劳动价值论时，针对的仍然是世界上处于自然状态下的有体物，并没有涉及无体物的范畴。然而，根据知识产权的定义可知，❸ 与有形财产相比，其最主要也是最重要的特点就是其客体具有无形性，也称非物质性。这个特点使得知识产权客体作为一种没有形体的精神财富，将知识产权与一切有形财

---

❶❷ 约翰·洛克．政府论（下篇）[M]．叶启芳、瞿菊农，译．北京：商务印书馆，2009：26.

❸ 对于知识产权的定义，我国不同的学者具有不同的观点：吴汉东教授认为，知识产权是人们对于自己的智力活动创造成果和经营管理活动中的标记、信誉依法享有的一种无形财产权；刘春田教授认为，知识产权是基于创造性智力成果和工商业标记依法产生的权利的统称；张玉敏教授认为，知识产权是民事主体依据法律的规定，支配与其智力活动有关的信息，享受其利益并排斥他人干涉的权利。

产以及人们就有形财产享有的权利区分开来。[1] 因此，劳动价值论作为论证财产权正当性的基础理论，并不是一开始就直接适用于知识产权领域之中。

1729 年，英国书商安德鲁·米勒花费 242 英镑购买了汤普森作品《四季》的出版印刷权，然而来自英国特威德河贝里克郡的书商罗伯特·泰勒，却在 1763 年出版了该书的复制品，安德鲁·米勒据此将罗伯特·泰勒起诉到了英国法院，试图通过当时已经施行的《安娜女王法令》来维护自己的合法权益。但是，根据当时《安娜女王法令》的规定，出版商对于印刷和重印图书的权利只能持续一段有限的时间，且该时间还因为图书的新旧存在着差别。具体表现为：如果该书属于新图书的话，这项权利的享有时间为 14 年；若该书为旧图书的话，则这项权利的享有时间为 20 年；并且，如果在上述时间期限结束之时，作者仍生存于世的，则期限可以再延长 14 年。因而，安德鲁·米勒对于书籍《四季》的法定权利，其实已经在 1757 年过期了。那么，安德鲁·米勒如果想要在这场诉讼中获得胜利，其必须从普通法上寻找依据。毕竟，既然有形财产的拥有者及其嗣子和继承者对于有形财产和由这些财产所产生的产品拥有独占、永久使用和出卖的权利，那么一位作者及其继承人对于他的著作，是否也享有习惯法所规定的相同的权利，使得他能够永久地独占印刷和出版权呢？[2] 最终这一问题就从理论的角度演化为，作者或者受让人在其文学作品发表后，是否在普通法上仍然保留着一个永久性的财产权？最终，这场争论在王座法院以 3 比 1 的多数，支持安德鲁·米勒具有普通法上的文学财产作出了判决。[3] 其中，曼斯菲

[1] 郑成思．再论知识产权的概念［J］．知识产权，1997（1）：13－22，33．

[2] 饶明辉．当代西方知识产权理论的哲学反思［M］．北京：科学出版社，2008：53－54．

[3] 布拉德·谢尔曼，莱昂内尔·内特利．现代知识产权法的演进：英国的历史（1760－1911）［M］．金海军，译．北京：北京大学出版社，2006：14．

尔德勋爵、威尔斯法官及阿斯顿法官都支持了安德鲁·米勒，而曼斯菲尔德勋爵作出这一判断的依据就是洛克的劳动价值论。其认为基于公正的意识而言，一位作者以本身的天才和劳动获得金钱方面的利益是公正的。只要解决作者在出版后和出版前同样拥有这个稿本是不是在实施上合乎自然的原理、道德的公正性和恰当性这个问题，其他所有的问题就都解决了。[❶] 这个案件作为世界上第一个使用洛克劳动价值论来进行著作权案件审判的判例，为劳动价值论在知识产权法范畴内的使用打开了大门。

2. 劳动价值论适用著作权领域具有正当性

当一种新的情况要把财产权保护扩张至一个新的对象时，它一般是通过与先前存在的保护模式进行类比而做到的。[❷] 鉴于劳动价值论证明了个人劳动在有形物上所享有的私人财产权具有正当性与合理性，因此，如果我们想要将其适用于著作权范畴，只要证明智力创作的劳动与体力劳动在本质上具有一致性即可。但智力劳动与体力劳动两者从定义上而言，其实存在事实上的区别，因为智力劳动源于头脑的智慧劳动和天赋与思想的发挥，而体力劳动则纯属人体力气的发挥和身体的运用。[❸] 因此，想要论证智力劳动与体力劳动本质上具有一致性，我们就必须从劳动本身谈起。在早期社会，将世界上存在的一切物脱离原始状态的过程就是劳动，对劳动的确认，一般针对无主物用先占或者占有来进行判断，后来还扩展到发现埋藏物和拾得遗失物等具体情形。但伴随着经济社会的深入发展，劳动则越发地与有体物密切联系

❶ 约翰·R. 康芒斯. 资本主义的法律基础［M］. 寿勉成，译. 北京：商务印书馆，2003：351 -352.

❷ HARGRAVE F. An Argument in Defence of Literary Property［M］. New York：Garland Publishing Inc，1774.

❸ 布拉德·谢尔曼，莱昂内尔·内特利. 现代知识产权法的演进：英国的历史（1760—1911）［M］. 金海军，译. 北京：北京大学出版社，2006：16.

起来。[1] 然而，由于智力劳动具备人们无法直接感知的非物质性特征，所以就无法直接依据占有或者是先占衡量其是否属于劳动。事实上，当作为情感和原理这些被称之为观念性的东西，通过印刷媒介等方式可以被个人所感知和理解时，作者的智力劳动就表现为这些可供感知和理解的文字抑或图案，即在现实上为财产提供了可供标识的界限，可以被实际主张确认、区别和占有。由此可得，智力劳动因为具备通常实用性和能被确定占有的物质属性，所以与体力劳动在本质上具有一致性。劳动价值论当然也可以对其进行适用。正如 19 世纪的美国哲学家和宪法学者斯波纳所言：一方面，如果思想是预先存在于自然中，而且很少被人所发现的，比如科学原则或者是自然存在的物质等，那么事实上确实发现的人或者是首先占有了思想的人，就会成为法律上正当的思想所有人；另一方面，如果思想不是预先存在于自然之中，而是一个积极的智力的产品，那么其中的财产权就属于创造了这些思想的人自己。[2]

（三）劳动价值论下的人工智能著作权主体资格论证

著作权法作为知识产权法的组成部分，劳动价值论无疑是其具备正当性与合理性的理论基础。因此通过劳动价值论来论证人工智能成为著作权主体具有适格性，能够为其在理论上提供充分且有说服力的依据。将劳动价值论在著作权法领域内的具体适用进行梳理，我们不难发现其包括以下三点内容。第一，世界上一切属于文学艺术和科学领域之内的知识文化、数据信息等非物质性客体，归世界上的一切人所共同所有。第二，当你通过智力劳动将上述属于文学艺术和科学领域内的数据信息，从自然状态中“剥离”出来时，那么你的智力劳动使得你对这些“剥离”出来的非物质性客体享有私人所有权。第三，你对处于自然状态下的

[1] 易继明．评财产权劳动学说［J］．法学研究，2000（3）：95－107.

[2] SPOONER L. The Law of Intellectual Property［M］. Boston：Bela Marsh，1855.

上述非物质性客体进行“剥离”的数量，不得超过你所需要的数量和范围，即不可以进行资源的浪费和过度使用。然而，鉴于作品本身具有使用和消费上的排他性、非竞争性和非消耗性，复制成本几乎可以忽略不计的快速扩散性，以及历史纵向视角下的历史承继性，相较其他有形物质而言，其拥有私人物品和公共产品同时具备的双重属性。这就使得同一作品在被公开和迅速传播之后，会存在很多人对其同时付出智力创作劳动，进而可能导致出现无数个权利主体同时依据其自身的智力劳动主张享有著作权。因此，为了避免上述情况的发生，也为了更好地发挥著作权制度激励创作的作用，我们通过知识产权法定主义原则对劳动的标准进行了确定，即人类付出的智力劳动必须使其所创作出来的作品与公有领域已经存在的作品存在区别。

当具体到人工智能进行的人工智能生成物创作时，其通过对属于社会公有领域的数据信息进行感知和识别，进而通过运行相应的程序，对该数据信息展开自主的分析、抓取和组合，并最终形成人类可以感知和认可的创造性成果。该成果既不是对于已有作品的复制粘贴，也不是对于客观事物的简单描述，体现的是包含人工智能自身智能属性的内容。针对该过程进行具体分析：首先，作为创作基础的文学艺术和科学领域内的数据信息，其属于客观存在的公共资源，可供所有主体予以自由地使用，无须我们进行单独论证；其次，人工智能进行的识别、分析、抓取和再组合行为，与人类作为理性主体进行创作活动所作出的行为具有一致性，两者都属于将数据信息从自然状态中“剥离”出来，并添加具有其个人印记和表现其自身思考结果的智力劳动；最后，人工智能进行创作所使用的数据信息，以完成人类主体想要得到的作品为限，并未超出其需要的限度，也不存在浪费的可能。因此，人工智能因其付出的智力劳动，对其生成的属于文学、艺术和科学领域内的作品拥有合理的所有权。也就是说，人工智能基于劳动价值论，具备成为著作权法范围内适格权利主体的理论正当性。

二、功利主义论下的人工智能主体资格论证

（一）功利主义论的产生以及主要内容

1. 功利主义论的产生

对于功利主义的思想或者倾向，我们最早可以追溯到古希腊时期。亚里士多德作为古希腊的思想家，其认为我们永远是为快乐而快乐，而不是以快乐作为得到其他东西的工具，❶ 即通过主张快乐是最高的善，而表现出明显的功利主义倾向。后来直到近代文艺复兴运动和宗教改革运动的发生，人们为了摆脱中世纪基督教国家的重压，市民阶级的思想家们才开始为了维护自身的阶级利益，从功利的角度提出人权、自由等要求并为之而努力，促使功利主义的思想得以进一步发展和活跃起来。进而，以法国大革命的发生、德意志帝国的统一以及意大利统一民族王国的建立为代表，欧洲的政治格局发生了深刻的变化。而以英国工业革命的发生为标志，经济和技术的变革更是极大地促进了西方世界社会经济的发展。所以，在政治格局和经济社会发展的双重推动下，以自然权利论、社会契约论和天赋人权论等为主要组成内容的政治法律思想就无法再满足自由资产阶级发展的需要；❷ 反而以功利主义论为代表的自由主义政治法律思想顺势而上，成为时代发展的主流。

功利主义论下的自由主义政治法律思想，以功利主义作为其主要的哲学基础，鼓励自由放任、自由竞争、自由贸易、私权扩张等利润追逐手段的使用，在法律上通过提供相应的政策保障措

❶ 杨思斌．功利主义法学［M］．北京：法律出版社，2006：23.

❷ 饶明辉．当代西方知识产权理论的哲学反思［M］．北京：科学出版社，2008：173.

施以及立法改革措施等，实现市场经济的自由和有序发展。因此，在19世纪的英国，虽然古典自然法学派仍然在当时的法哲学领域占据主导地位，但杰里米·边沁作为工业资产阶级的分子及当时资产阶级利益的代言人，不再满足于自由、平等、人权和博爱等这些仅仅停留在理论抑或“纸面”上的自然权利，而是更加倾向于追求可以实际上看得见和摸得着的“实然”权利，[1]功利主义理论就顺应而生。

2. 功利主义论的演变及主要内容

就像洛克在提出劳动价值论时，强调的那样，边沁的功利原理认为，人类是由快乐和痛苦所主宰的，这也是由自然所决定的，我们的所言、所行、所思和所想都由其决定，所以功利原理也被称之为最大幸福或最大福乐原理。[2]具体而言，功利本身是指任何客体都具备的一种性质，因为这个性质的存在，它倾向于给利益有关者带来实惠、好处、快乐或者幸福（所有这些词汇在此含义相同），又或者是倾向于防止利益有关者遭受损害、痛苦、祸患或者是不幸（所有这些词汇在此含义相同）。[3]而在这里的利益有关者，既包括一般的共同体也包括具体的个人，其中具体的个人作为利益有关者时，其会因为功利而得到幸福和快乐；而一般的共同体指的是由具体个人所组成的虚构体，那么当其成为利益有关者时，共同体因为功利而得到的幸福则是指组成共同体的若干成员的利益总和。由此可知，功利原理是指按照看来势必增大或减小利益有关者之幸福的倾向，亦即促进或妨碍此种幸福的倾向，来赞成或非难任何一项行动，这里的行动不仅包括个人

[1] 胡朝阳．知识产权的正当性分析：法理和人权法的视角［M］．北京：人民出版社，2007：174.

[2] 边沁．道德与立法原理导论［M］．时殷弘，译．北京：商务印书馆，2009：57.

[3] 边沁．道德与立法原理导论［M］．时殷弘，译．北京：商务印书馆，2009：59.

的每项行为，还包括政府的每项措施。❶ 因此，功利原理本身就是一项实际上的是非标准，是每一种情况下人的行为是否合适可依次得到适当检验的唯一尺度。❷ 作为个人而言，其具体行为如果以功利原理作为目的，那么其行为就是正确且适当的，抑或说是应当做的；同理，其他主体的行为也亦是如此。只有符合功利原理，其行为才是唯一正确适当并符合普遍期望的。

约翰·斯图尔特·密尔对边沁的功利原理进行了进一步的扩展，发明了“功利主义”这一名词，并将其定义为以功利原则作为衡量法律和制度的标准的人所坚守的立场。❸ 对于功利主义本身，密尔主张功利是道德基础的信条，即行为的是与它增进幸福的倾向的比例，行为的非与它产生不幸福的倾向的比例相关。❹ 相比于功利原理，密尔对于功利主义的发展主要包括三个部分。第一，边沁认为快乐只有形式上的数量差别，即无论快乐的外在表现形式是什么，本质上都是一样的快乐和幸福。密尔认为快乐不仅存在数量和形式上的差别，还存在质量上的差别。因为，就像我们在估计世界上一切东西的价值时，都会将品质和形式数量等因素进行综合考量，那么，快乐和幸福亦是如此。简单而言，认识或享受苦乐的人们在能量上都是相同的，但是因为经验和智慧的不同，对于苦乐的判断和享受的能量也必然会存在区别。❺ 第二，密尔更加强调追求幸福和避免痛苦是人的天性和本能，对于功利原则的信奉和支持，并不意味着只追求个人的幸福和避免个人的痛苦；只是个人因为本能的驱使，对于追求个人的

❶ 边沁．道德与立法原理导论［M］．时殷弘，译．北京：商务印书馆，2009：59.

❷ 边沁．道德与立法原理导论［M］．时殷弘，译．北京：商务印书馆，2009：58.

❸ J. M. 凯利．西方法律思想简史［M］．王笑红，译．北京：法律出版社，2002：318.

❹ 约翰·密尔．功利主义［M］．北京：商务印书馆，1957：7.

❺ 杨思斌．功利主义法学［M］．北京：法律出版社，2006：130.

幸福和快乐具有更加强烈的迫切性而已。而且，个人的幸福其实总是和其他人的幸福相联系，毕竟人类具有社会属性，不可能完全割裂与其他人之间的联系。所以，对于功利主义的理解要从更为宏观和全面的角度进行，不能仅将其解读为完全自私的利我主义，而需要认识到幸福本身是行为人幸福、他人幸福和社会幸福的有机统一。第三，虽然我们无法厘清正义的本质，但是对于统一正义观的存在是我们大家所认可的，因为对于社会生活中的现象是否公正，我们总是能够得出不具备争议的一致性判断。在密尔看来，这一现象的存在是因为功利与正义存在重要的关系，这一关系可以描述为：举凡正义的，也都是合适的……某些社会性功利仍应被正名为正义，它们普遍比其他的更重要，因此更绝对、更紧要。所以，个人基于功利主义的信奉而追求快乐和幸福，最终会在事实上导向所有人的共同幸福和快乐的保障，符合正义的实质。

功利主义论最初由边沁提出，经过奥斯丁以及密尔等法学家的继承和发展，已经逐渐形成了一个完整且科学的理论体系。功利主义法律观作为一种法律思想，也超越了自然法和法律实证主义之间以及形式主义和实用主义之间的争论。因为它一方面否决了除功利主义论以外的各种道德论作为法律的基础；另一方面，其也拒绝了各种仅仅依赖情感、传统、雄辩或缺乏反思和不系统的法律研究。[1]

（二）功利主义论属于著作权制度的合理性依据

从内容上而言，功利主义论功利思想的重要体现就是激励机制，而激励机制的相关内容其实很早就已经被法学家们所使用，并且是在著作权法的范畴内所使用。在前文所述的安德鲁·米勒诉罗伯特·泰勒侵权一案中，威尔斯法官作为当时的审判庭组成

[1] 理查德·A. 波斯纳. 法律的经济分析［M］. 蒋兆康，译. 北京：中国大百科全书出版社，1997：65.

人员之一，就明确提出了将财产和激励机制联系起来的工具论，也就是我们现在所称的激励机制说。在威尔斯法官看来，不劳而获本身就不符合自然法的要求，是不公正并且不公平的。而且，对于任何国家而言，鼓励创作以及鼓励学者努力从事研究活动都是明智之举。为了达到这个目的，最简单、最平等的办法莫过于保障他们对其作品所拥有的财产权。❶ 此处的激励机制说就是我们现代经济法关于抽象物的财产权存在则创作动机得以加强，不存在则创作动机被削弱的理论先驱。❷

随着经济社会的发展，功利主义论在著作权法律范畴内的适用被分解为两个部分：激励论和新古典经济学证成。❸ 其中，激励论被认定为论证著作权具有正当性，同时也是最有力和最广泛适用的理论；而新古典经济学证成则更多地通过引进边际成本和边际效用等分析方法，对如何合理配置给定数量的稀缺资源，从而获得最优结果进行研究。具体到激励论本身，我们创立著作权法律制度的终极原因在于，为增加文学艺术和科学领域内的知识产品的供给提供激励，以确保公众享有更充分的获取权。❹ 也就是说，社会应当采纳一种体系或制度，当该制度产生出来或在最理想的条件下，其应该能够体现出社会整体效用的最大化；❺ 而著作权法律制度在激励论的支持下，就属于这样的一种制度。政府为了实现社会福利的最大化，满足社会成员的精神文化需求，

❶ 转引自彼得·德霍斯．知识产权法哲学［M］．周林，译．北京：商务印书馆，2008：35.

❷ 彼得·德霍斯．知识产权法哲学［M］．周林，译．北京：商务印书馆，2008：38.

❸ 饶明辉．当代西方知识产权理论的哲学反思［M］．北京：科学出版社，2008：41.

❹ 彭学龙．知识产权：自然权利亦或法定之权［J］．电子知识产权，2007（8）：14－17.

❺ ADAM D M. Intellectual Property & Information Control［M］. New Brunswick: Transaction Publisher, 2001.

将法定的著作权赋予作品创作者，使得作者受到法定垄断权的激励，进而积极发挥主观能动性形成新的文学艺术作品创作，最终使得社会整体的物质财富总量得以增长。当然，功利主义论下的新古典经济学证成理论，要求资源的分配和使用必须以获得最优化结果为目标。因此，赋予作者的法定著作权保护期限需要有具体时间限制，以实现社会成员对于作品的接触和使用能够更加自由，作者得到的收益与付出也能够相对合理。

功利主义论在著作权法律范畴内的适用，就是在本质上促使著作权对智力创造成果给予排他性保护，从而使得智力成果的创作者能够因为自己的智力付出而得到回报或者是可期待的利益；进而智力创造成果的创作者因为可期待利益而受到激励，从而投入更多的资源进行智力创作，最终实现社会精神文化财富以及经济福利的增加。因此，功利主义论下的著作权法律制度，具有设立的正当性和适用的合理性。

（三）功利主义论下人工智能的著作权主体资格论证

鉴于著作权法范畴内的功利主义理论主要包括以下两部分内容：其一，对于文学艺术和科学领域内的知识产品提供保护；其二，实现社会精神财富和物质财富的整体增加。比如，美国就在其 1787 年宪法的第 1 条中明确规定，为了促进科学和实用技术的发展和进步，国会有权力保障作者在有限的时期内对于其各自的作品享有排他性的专有权利。具体到人工智能领域，无论是人工智能微软小冰在学习 500 余位诗人作品后所创作出来的散文诗集《阳光失了玻璃窗》；还是人工智能机器人 AIVA 在深入学习莫扎特、巴赫和贝多芬等音乐大师的作品之后，通过创建属于自身的音乐模型和音乐理论直觉，进而创作出来的音乐专辑《创世纪》；以及人工智能 Obvious 所创作出来被拍卖出了约 300 万人民币高价的绘画作品等。上述由人工智能所创作的人工智能生成物，已经在现实生活中客观存在，并在文学和艺术领域得到了社会成员的认可，满足了其精神文化方面的需求。

由人工智能所创作出来的文学、艺术和科学领域内的生成物，当前包括但不限于文字作品、音乐和戏剧等作品、美术作品、电影等视听作品、计算机软件以及地图等图形作品，等等。其作为事实上的创新性智力成果，与社会现有的知识产品相区别；并且具有与人类智能创作作品不分伯仲的经济价值和社会影响力，使得社会公有领域的精神财富和物质文化财富得到了实际的增长。有鉴于此，依据功利主义论的内容，一方面，将上述人工智能生成物作为作品纳入著作权予以保护。那么，人工智能生成物成为作品前提，无疑是承认人工智能具备成为著作权法律主体的资格，从而才能赋予这些创新性智力成果排他的所有权。毕竟法经济学从事实上证明，只有通过在社会成员间相互划分特定资源使用的排他性权利，才会产生适当的激励。❶ 另一方面，我们需要对人工智能生成物具有的经济价值和社会影响予以承认，从而激励人工智能生成物的相关权利人付出更多的资源和精力为人工智能提供基础的学习信息，而人工智能也能够更加充分地发挥自己的创作能力，最终使得社会物质文化的发展和社会成员的精神文化需求都能够得到满足。因此，人工智能依据功利主义论成为著作权法律主体，具有充分的正当性与合理性。

三、法教义学下的人工智能主体资格论证

正如德国学者魏德士所言："任何完整的法律规范都是以实现特定的价值观为目的，并评价特定的法益和行为方式，所以，在规范的事实构成与法律效果的联系中总是存在立法者的价值判断。❷ 由此可知，法律本质上是人造的法律，总是会随着经济社会的发展和科学技术的进步而发生相应的改变。以法律主体的范

❶ 理查德·A. 波斯纳. 法律的经济分析（上）[M]. 蒋兆康，译. 北京：中国大百科全书出版社，1997：40－41.

❷ 伯恩·魏德士. 法理学 [M]. 丁小春，吴越，译. 北京：法律出版社，2003：55.

畴为例，其经历了从家族等作为民事法律主体，到独立的自然人个体因“人格”而享有法律主体资格，再到通过法律的技术拟制手段，将法人和非法人组织等非生物人纳入民事法律主体的范畴。如此，对于某一新型事物的存在合理与否，我们就可以借助现行的法律规定对其进行分析，倘若法律并未明确禁止其在该规定体系下的适用，那么适用相关规定对其进行保护也未尝不可，毕竟法律更新的速度总是落后于技术前进的脚步。体现这一理念的具体研究方法就是法教义学的研究方法，其属于以现行实在法秩序为坚定信奉的前提，并以此为出发点开展相关体系化与解释工作的规范科学。[1] 因此，当我们运用法教义学的方法对某一具体的法律问题展开研究时，就是通过梳理和批判散落在具体立法条文和司法案例中的法的规范，实现对作为规范整体的实在法的体系化解释，其根本的出发点和立足点就是对实定法秩序的坚定信奉和毫不怀疑。[2]

针对人工智能在我国著作权法中的法律主体资格认定，首先，我国《著作权法》在第1条开宗明义地规定了著作权法的立法宗旨在于：“鼓励有益于社会主义精神文明、物质文明建设的作品的创作和传播，促进社会主义文化和科学事业的发展与繁荣”。[3] 由此，赋予人工智能著作权法的法律主体地位，无疑能够激励人工智能的相关权利人积极投入人工智能的开发和研究，从而为人工智能更好地发挥创作功能，进行自主的智力成果创造奠定坚实的前提基础，最终在客观结果上体现为，有助于我国社会主义精神文明、物质文明建设作品数量的增多，以及我国社会主义文化和科学事业的发展进步。其次，根据我国著作权法对于著作权法律主体的规定，我国的著作权人包括作者及其他依照本

---

[1] 王泽鉴．人格权法［M］．北京：北京大学出版社，2013：11.

[2] 凌斌．什么是法教义学：一个法哲学追问［J］．中外法学，2015，27（1）：224－244.

[3] 参见《中华人民共和国著作权法》第1条。

法享有著作权的自然人、法人或者非法人组织。[1] 也就是说，我国著作权法对于著作权法律主体的规定并没有限制其必须是人类主体，作为法律拟制主体的法人和非法人组织也可以依据法律规定的具体情形，成为拥有著作权的合法法律主体。作为模仿人类主体思维方式和行为方式的机器或程序，人工智能具备属于自己的思维和行为智能，并且在针对性地学习某些具体事物的人类制定规则后，还可以在那些具体事物上战胜人类主体。因此，鉴于其与法人或者非法人组织一样，具备民事权利能力和民事行为能力，我们不可以因为没有在法律中明确规定人工智能可以作为著作权主体而存在，就否认其具备成为著作权主体的资格与可能。尤其是，我国在私法范畴内的法律适用原则是，法无禁止规定即可行。所以，既然我国著作权法没有禁止人工智能成为著作权主体的明确规定，那么，我们就可以推论得出人工智能可以在著作权法的范畴内享有法律主体资格，即成为著作权法可能的适用主体。

本章小节

学者卡多佐曾指出："某些法律概念的研究之所以有它现在的形式，这几乎完全归功于历史，除了将它视为历史的产物外，我们便无法理解它们"。[2] 因此，当我们想要对某一概念在法律的范畴内进行研究时，就必须从其源头开始说起。针对人类主体发现其具备可以通过对智慧思维的运用而作出相应的行为，比如，权衡利弊、作出取舍以及对自己的行为负责等的特性，我们从本质上将其概括为"理性"，包括"努斯"强调的中正的理性

---

[1] 参见《中华人民共和国著作权法》第9条。

[2] 本杰明·卡多左．司法过程的性质［M］．苏力，译．北京：商务印书馆，1998：31.

以及“逻各斯”所强调的严密的逻辑理性。将人类主体具有的这一“理性”体现在法律范畴中，就是生物人可以基于个体的独立性和主权性而成为法律上“理性人”，从家族和氏族中独立出来享有法律主体资格。进而随着商品经济的不断发展，尤其是宗教影响力的日益增强，教会、行业协会等非人类主体也因为社会经济生活的需要，在中世纪时期被赋予了民事法律主体资格。随后，伴随着个人主义理论的兴起，法国民法典在法律规定中明确了个人才是法律上的真正主体，生物人可以不受任何外在影响因素的限制，仅仅因为具备“理性”而拥有民事法律主体资格；而德国民法典也从实在法的法律实证主义出发，创造出“权利能力”这一概念来对民事法律主体资格进行界定，从而使得法人作为法律拟制主体也被纳入了民事法律主体的范畴。有鉴于此，我们以时间为轴线，从历史发展的角度对民事法律主体的产生和发展进行体系化分析，得出民事法律主体其实具备扩张性、不受生物人属性限制的开放性以及法律主体资格赋予的技术性等特征。

鉴于著作权是知识产权的重要组成部分，而知识产权法又是民法的组成，人工智能想要成为享有著作权的法律主体，就必须先具备成为民事法律主体的资格。综合我国民事法律主体的构成要件可知，其需要具备民事权利能力和民事行为能力两方面内容。人工智能是基于科学技术的进步，由人类主体创造出来可以像人类一样思维并作出像人类一样行为的机器或程序。就其当前的发展水平而言，人工智能不仅可以像人类主体一样地去认识世界和感知情感，甚至可以在学习了人类社会中相关事物的运作规则后战胜人类。作为人类技术理性高度发展的产物，人工智能还具备民事行为能力所要求的理性和意思表示能力。由此可得，人工智能享有民事权利能力和民事行为能力，具有成为民事法律关系主体的资格。

进一步具体到著作权法的范畴，想要证明人工智能成为著作权法律主体具有正当性与合理性，劳动价值论和功利主义论无疑是最基本也最具有说服力的理论支撑。具体而言，一方面，当我们将人类智能创作与人工智能创作进行比较分析时，我们不难发现其实两者都是通过付出“智力”劳动的方式，对可利用的非物质性知识信息进行分析、整合和加工，最终得出与文学、艺术和科学领域内已有作品不同的创作成果。基于劳动本身并不因为付出主体的不同而存在差别，所以人工智能与人类主体一样，可以因为“智力”劳动的付出而成为正当的著作权法律主体。另一方面，当前人工智能所创作出来的知识产品，无论是诗歌、绘画还是电影、地图，都从事实上服务于社会成员的精神文化需要，实现了社会总体物质文明财富的增长。赋予人工智能著作权法律主体地位，从功利主义理论的角度来看，无疑也是合理且正当的。此外，根据我国著作权法的现有规定可知，其并没有将著作权的法律主体限定在自然人，还包括法律拟制的法人和非法人组织，如此，人工智能成为著作权法律主体也当然是可以被接受的。

综上所述，本章从法律主体资格本身说起，发现人类主体也不是一开始就具备法律主体资格的，并且除了自然人以外的其他主体，也可以因为法律拟制而拥有法律主体资格。鉴于人工智能具备民事权利能力和民事行为能力，可以成为民事法律关系主体，就为其成为适格的著作权法律主体奠定了体系化前提。通过运用著作权法范畴内的基础理论——劳动价值论和功利主义论，以及综合我国著作权法的现行规定来对人工智能进行针对性分析时，我们可以发现在著作权法上赋予其法律主体地位，具有理论上的正当性与合理性，以及现实上的实际可行性。然而，虽然基于上述理论和法律规定依据，我们能够论证人工智能具有成为法律主体和著作权法律主体的资格；但与此同时，我们也必须清楚地认识到，人工智能并不具有与人类主体相同的生物属性，其自身的工具属性和独立承担责任的不能性使得其在法律主体资格或者说是法律人格完整程度上具有有限性。

第三章　人工智能生成物的著作权客体问题

权利客体作为符合一定条件并能够产生特定利益，从而受到权利保护的客观事物，非权利主体不得对客体从事实现利益的行为。[1] 那么，客体作为利益载体，其内在属性的差异就会导致权利配置利益方式的不同，从而使得权利设计本身存在区别。因此，当我们想要对具体权利的内容和性质进行研究时，对于承载权利的客体展开界定和分析是前提。在著作权法领域，鉴于作者与作品两者分别作为独立存在的创作者和明确的知识产品，构成了一个与所有权有关的一元的无缝隙体系，著作权所指向的客体便成为知识产品的一种外在表现形式。我们需要对其从概念、组成类型以及适用原则等方面予以明确。尤其是具体到人工智能生成物，倘若我们想要对其赋予著作权法范围内的保护，人工智能的著作权法律主体适格性只是基础，其本身可以成为著作权所指向的客体才是关键。

第一节　著作权客体的理论基础

一、著作权客体的制度基础

法律权利作为立法技术的产物，对于其所指向的客体对象，通常采用抽象概括的方式予以规定，从而为其需要具备的构成要件形成一个客观的衡量标准，使得法律的适用具有针对性和相对确定性。著作权作为知识产权的下位概念，与作为物权客体的有

[1] 齐爱民，朱谢群．知识产权法新论［M］．北京：北京大学出版社，2008：4.

形物质不同，其不可被人类的视觉和触觉等直观感觉所感知。因此，只有当著作权法律制度出现以后，才使得著作权客体的价值有了确定的可能。

针对著作权法律制度的建立和发展，以世界上最早颁布现代意义上版权法典的英国作为起点，其在 1709 年颁行的《安娜女王法令》，将版权客体的范围规定为作品以及以书面形式表现出来的美术和音乐作品❶。在此之后，由于英国国内法学教科书的发展，以及人们基于对一种更加理性和更有组织的法律制度的渴望，其国内的有关专家学者为使版权法成为一个独立且特别的法律领域而不断努力，积极督促其进行版权法的立法改革❷。有鉴于此，英国在此后陆续颁布了很多具有综合性的版权法典，如 1814 年版权法、1842 年版权法、1911 年版权法和 1956 年版权法等❸；以及很多的单行版权法律规范，如 1734 年和 1766 年专门针对雕版印刷品颁布的《雕版印刷品版权法》、1777 年专门针对图片作品颁布的《图片版权法》，以及专门针对戏剧和演讲颁行的 1833 年《戏剧版权法》和 1835 年《演讲版权法》等，为相应的版权客体提供全面或具体的制度保障。最终英国颁行了现行的《1988 年版权、外观设计和专利法案》，通过采用具体类型列举的方式，而非对作品作出一个广义上的概括定义，可以成为著作权客体的作品种类得以有了法律上的衡量标准。

美国的版权法以英国 1709 年颁行的《安娜女王法令》作为来源，故其具体内容也深受《安娜女王法令》的影响，特别是其中关于经济性"版权"的强调以及对于注册和提交作品样书的相关规定。于是，美国在 1787 年将著作权写入其宪法条文中，

---

❶ 布拉德·谢尔曼，莱昂内尔·内特利．现代知识产权法的演进：英国的历史（1760—1911）［M］．金海军，译，北京：北京大学出版社，2006：10.

❷ 布拉德·谢尔曼，莱昂内尔·内特利．现代知识产权法的演进：英国的历史（1760—1911）［M］．金海军，译，北京：北京大学出版社，2006：133.

❸ 王清，黄安乐．谈谈英国的最新版权法［J］．法学杂志，1991（4）：36－37.

并于1790年通过了第一部联邦著作权法。该法规定了著作权登记存档制度及设立了专门的著作权登记办公室，为实现“出版发行的作品，只有在进行著作权登记以后才能得到法律的规定”提供制度和机构保障。美国当前的版权法是于1978年的1月1日开始施行的，于第102条规定了版权客体的抽象概念和主要的受保护作品类型，以及不属于著作权客体的主要作品类型等内容❶。

位于欧洲大陆地区的德国，自1837年颁布第一部《普鲁士邦国著作权法》开始，还陆续颁布了《南德意志同盟著作权法》《美术作品著作权法》《文学与音乐作品著作权法》等多部集中在著作权领域的综合性法律或单行法律规范，对著作权客体本身和具体类型等进行相应的规制。而其当前正在施行的是于1965年生效的著作权法，其中的第2条规定了可被著作权所保护的客体内容。一方面，该法在第1款采取了列举的方式，将可受著作权保护的语言作品、音乐作品、科学或技术性质的图示描述等7种具体作品进行了说明，并赋予其限定在文学、科学和艺术作品领域内的前提；另一方面，该条在第2款将作品的抽象概念进行了界定，即“本法意义上的作品仅指个人的智力创作”❷。虽然德国著作权法对于作品的抽象概念和具体类型进行了相应规定，但立法规定本身将作品仅限定在个人的智力创作领域过于狭窄，而且对于作品的特征与构成条件等也并未进行详细说明。因此，德国的相关专家学者在理论研究和司法实践中进一步展开深入探讨，并归纳出作品的具体特征与构成要件：即作品本身必须同时具备智力内容、表达形式和独创性等要素❸。

为了应对法国图书在英国的重印以及英国图书在法国的重印

❶ 张玉敏．知识产权法学［M］．3版．北京：法律出版社，2017：87.

❷❸ 德国著作权法（德国著作权与邻接权法）［M］．范长军，译．北京：知识产权出版社，2013：3.

所造成的不便，法国人最早意识到了著作权客体需要被赋予国际保护这个问题，并于19世纪早期向英国提交了某种提案，以期待与英国之间能够达成某种关于保护著作权的协议。法国的这一行为促使英国主动与其他欧洲国家，在19世纪的四五十年代缔结了一系列的双边和多边协定，如1846年和1855年与普鲁士签订的双边条约、1851年与法国签订的双边条约及在1853年签订的英国－安哈特－伯恩堡多边条约等。以此为基础，为了进一步确保作品的互惠保护，以及建立保护包括所有欧洲国家和美国在内文学财产的国际法制度，英国的作家协会还向美国发出了建立一个保护著作权的多边条约机制的提议。虽然在当时因为各个国家之间的著作权法差异过大，该机制未能得以通过，但是，以维克多·雨果为代表的众多著名文学家并未放弃实现著作权国际保护这一目标。法国除了在本国创建法国文学家协会，还在1878年联合其他国家的文学家在巴黎成立了国际文学艺术联合会。文学家们的上述付出，最终促使英国、法国和德国等10个国家作为发起国，于1886年缔结了《伯尔尼公约》，截至2019年1月18日，《伯尔尼公约》已经拥有了包括中国在内的176个缔约国❶。

综上所述，著作权客体作为知识产品的外在表现，承载着创作者的个人思考和情感寄托。但著作权客体所具有的价值与一般商品不同，其从智力创作的成果转化为产品生产与流通的对象之间，存在顺序的阶段性过程。这使得著作权客体的价值不是一次性就能被创造和实现的，而是需要进行不同阶段的变化和转移。因此，著作权法律制度的不断发展和完善，就为著作权客体的转化和价值实现提供了前提性的制度基础和保障。

---

❶ 伯尔尼公约［EB/OL］.［2019－01－18］. https://wipolex.wipo.int/en/treaties/textdetails/12214.

二、著作权客体的法理基础

（一）著作权客体具有人格价值属性

从权利体系而言，著作权与专利权和商标权同属于知识产权体系的组成部分，但是著作权与其他两种权利最显著的区别就在于，著作权是一种与创作者人格密切相关的权利，也正是因为该人格属性的存在，使得著作权的承载客体——作品具备了价值基础。作为创作者充分利用已有的数据信息，进而在作品内容中体现出自身思考的客观结果，作品总带有浓重的个人印记，毕竟每个创作者的思维都具有主观上的不可控性与唯一性。作品中的个人印记体现在著作权法律制度中，就使著作权客体具有了人格利益，而法律对于该著作人格利益也予以承认和保护，具体包括物质性人格利益和精神性人格利益两部分。[1]

其实，对于著作权客体中所具有的人格利益，相比于经济价值利益等最先为人类主体所承认和追求。比如，在西方的古罗马时期到中世纪时期，鉴于著作权法律制度还没有被建立，创作者未能因公开的发表与传播而获得物质经济收益，但是其作品内容被他人复制或冒认的行为会被认定为剽窃且不为社会成员所认同。当然，此时的著作权客体作为承载着创作者思想和情感的有形物，其具有的人格利益并未被视为独立的权利内容而存在，直到德国的哲学家康德提出："书籍本身从内容上就可区分为机械复制品和作品两种形式，其中机械复制品为物权的客体，而作品具有作者的精神权利"[2]，著作权客体的人格利益才作为单独的权利对象被人们所发现。在此之后，这一诞生于德国的伦理人格主义，作为时代发展的产物和思潮，引起了法学家们对于著作权

---

[1] 宋慧献．版权保护与表达自由［M］．北京：知识产权出版社，2011：74.

[2] 吴汉东．知识产权基本问题研究（分论）［M］．2版．北京：中国人民大学出版社，2009：38.

客体的思考。法国作为受人格主义影响最为典型的国家，其国内的法学家，描述了作者与作品之间所存在的一种密切的且几近神圣的联结，并将其作为牢固的文学艺术财产权的源泉。[1] 总体而言，针对著作权客体的人格价值理论是近代自然法思想的一种表现，著作权作为一种自然权利，人格便是其与著作权客体之间的自然纽带，由此作者可以对作品享有不可剥夺的人格权利和利益。

（二）著作权客体具有经济价值属性

著作权之所以可以成为法律制度规范的对象，就在于随着印刷技术的发展和社会经济的活跃，作品作为传播行为的对象，可以令印刷和传播行为的主体获得相应的经济收益，作品本身也就成了具备一定经济价值的存在。有鉴于此，当英国的图书出版商以王室特权为基础，不断获得经营出版印刷图书的财产利益时。作者身为作品的创作者，认为自己也应当对所创作作品享有处分和收益的权利，最终促使《安娜女王法令》得以颁行，著作权客体的经济价值得以通过法律进行保护。然而，此时的著作权虽然为法律所设定，且为国家强制力所保护，但是其客体享有财产权利的正当性并没有得到很好的证明，更多情况下是作者的需求及图书出版商的经济利益使然。

于是，以自然法基础上的现代私人财产权意识的发展为背景，哲学家洛克的劳动财产价值论被引入了著作权法范畴。智力劳动本质上与体力劳动是相同的存在，作者因智力上的创作付出而对作品享有正当的私人财产权利。与此同时，浪漫主义思想运动的发展，更是将作者在文艺创作中的核心地位予以进一步强化，认为著作权作为财产权，也是作者应该享有的普通法权利。到 20 世纪后期，随着人们对于著作财产权益需求的进一步扩大，

[1] GINSBURG J C. Tale of Two Copyrights：Literary Property in Revolutionary France and America［J］. Tul. l. rev，1989，64：991.

著作权的经济价值范围也被进一步拓展，借助新古典主义经济学以及新制度经济学理论，著作权客体所具有的经济价值属性被法经济学予以充分证明，成为具有绝对性法律效力的财产权对象。[1] 伴随著作权法律制度的发展，著作权客体的经济价值属性给社会经济发展带来的贡献，不断为世界多个国家、国际组织以及相关学者的研究所证明。比如，美国的国际知识产权联盟截止到2006年，已经发表了11份名为《美国经济中的版权产业》报告，直观说明著作权法律制度对美国经济发展作出的突出贡献。[2]

由此可得，著作权制度从无到有并发展至今，其客体所具有的经济价值属性几乎起着决定性的主导作用。它既是著作权法律制度之所以能够设立的重要推动因素，也是著作权行使和管理等具体利用活动的核心。

（三）著作权客体具有公共产品属性

公共产品也称为公共物品，其与私人产品相对应，指的是每个人都可以同时消费，且不能把任何一个人排除在外的物品与劳务。[3] 公共产品具有非竞争性、非排他性和极强的正外部性特征。其中，非竞争性指的是一个人对于物品或者劳务的消费并不会成为另一个人的消费，不同主体之间不存在竞争的关系；非排他性指的是要使得一个人不从一种物品中受益是不可能的或者是代价高昂的；正外部性指的是公共产品的存在和使用既不会增加他人的消费服务成本，也不会排除他人享用的空间与可能[4]。那么，作为知识产品的一种，著作权客体的使用并不会导致内容的减少，也不会排斥他人同时对其使用的可能，且使用本身有利于社会精神文明财富的创造，因此满足公共产品的属性要求。

---

[1][2] 宋慧献．版权保护与表达自由［M］．北京：知识产权出版社，2011：82.

[3] 迈克尔·帕金．经济学［M］．梁小民，译．北京：人民邮电出版社，2003：350.

[4] 保罗·萨缪尔森，威廉·诺德豪斯．经济学［M］．萧琛，译．北京：人民邮电出版社，2004：29.

著作权客体的这一公共产品属性使得其作为著作权法的规制对象体现在著作权法的具体规定之中。首先，著作权法律制度的立法宗旨在于，确保社会公众参与文化生活，分享思想、知识和信息，进而促进社会公共利益的增加。[1] 因此，著作权法督促公众在充分利用社会公用资源创作出作品后，积极分享承载自身思想和情感的作品内容，即进行作品的公开发表和传播，从而使社会成员可以便利地接近其作品，进而广泛地参与社会文化生活，推动国家文化科学事业的发展。其次，著作权客体作为创作者投入精神和物质成本的产物，其公共产品属性使得社会成员可以在特定情形下不经许可与授权接触和使用该作品。比如，我们在设计著作权法律制度时，规定著作权人针对著作权客体享有发表权等人格权利和出租权等财产权利，但也明确规定了法定许可制度和合理使用制度，使得社会成员可以出于私人使用和教学等需要，不经著作权人许可而自行使用该著作权客体。最后，由于著作权客体具有公共产品属性，因此其承载的财产权利有法定期限的限制。知识和信息的传播、交流与使用，是著作权客体存在的公共利益价值。为了满足这一公共利益价值的实现需求，著作权人所享有的垄断财产权就必须有一定的限制，从而保障作品使用者的利益。

第二节　著作权客体的构成要件

一、著作权客体的内涵

（一）著作权客体的概念界定

在复制印刷技术发明之后的很长一段时间里，由于复制成本

[1] 冯晓青，胡梦云．动态平衡中的著作权法［M］．北京：中国政法大学出版社，2011：57.

的高昂和使用途径的有限，对复制对象进行的印刷和传播并没有导致著作权的产生。直到德国人古登堡将活字印刷技术引入欧洲，使得作品的复制成本大大降低，且作品的传播速度也急剧加快，促使法律需要对现实生活中的复制传播行为进行规制，此时著作权就作为与复制传播行为相关的权利而产生。该复制传播行为所指向的对象，就是承载着著作权的客体——作品。鉴于著作权客体构成整个著作权法律制度的基础，对其进行概念上的界定与明确，就是我们展开具体研究之前需要首先解决的命题。我国著作权法律制度设立的目标在于，促进文学艺术和科学领域的发展，满足社会成员的物质文化需求，最终实现社会精神文明的进步。那么，要想实现著作权法律制度的目的，就需要恰当地确定著作权客体的概念，维护好激励创作与公共利益之间的平衡。在我国当前的学术研究领域，针对著作权客体概念的界定，不同学者或在界定方式上存在区别，或采用的界定基础具有差异，因此形成了下列具有区别性的主要不同观点。

第一，吴汉东教授将知识产权的客体概括为知识产品后，认为其是人们在科学、技术、文化等精神领域所创造的产品，在本质上属于与物质产品（有体物）相区别并独立存在的客体范畴，具有发明创造、文学艺术创作等各种外在表现形式。[1] 具体到著作权客体的范畴，作品泛指文学艺术领域中以不同表现形式出现并且具有原创性的创造成果，可以被概括性地划分为文学作品、艺术作品和科学作品。[2]

第二，通过比较作品本身具有的语言含义，以及我国法律规定和国际条约对于作品所下的不同定义，刘春田教授认为著作权是基于文学、艺术和科学作品而依法产生的权利。鉴于作品本身具有的多样性，关于什么是作品的表述方法可能会有所区别。因

[1] 吴汉东．知识产权制度基础理论研究［M］．北京：知识产权出版社，2009：36.

[2] 吴汉东．知识产权制度基础理论研究［M］．北京：知识产权出版社，2009：37.

此，我们需要从作为作品必须同时具备的特征出发，把在文学、艺术和科学范畴内具有独创性的思想、情感的表现形式，而不是思想、情感本身称之为作品。❶

第三，相较于对作品的概念进行抽象化的自我界定，李明德教授更倾向于按照我国著作权法律制度中的明确规定，对著作权的客体概念予以明确。具体而言，其直接将著作权的客体明确表示为作品，并认为只有作品才可以成为著作权法的保护对象。❷

第四，在王迁教授看来，相比于仅对作品本身进行定义分析，将作品的概念与创作的界定相结合将更具有合理性。因为无论是什么领域的作者，若想自己的思想情感或者是科学研究成果被他人所阅读、欣赏和感知，都必须将内心世界的思想感情借助语言、艺术和科学符号体系加以表达。那么，这一表达的过程就是“创作”，经由创作而形成的具有文艺或科学美感和独创性的智力成果才是著作权法意义上的“作品”❸。

第五，李扬教授主张对作品概念进行界定，应该具体包括两个目的：一是明确著作权法保护的作品和专利法保护的发明创造之间的区别；二是将受著作权法保护的作品，与在文化领域内不受著作权法保护的思想或者感情的其他表达区分开来。在其看来，当前无论是法律还是国际条约对于作品的规定，都存在语言表达不够精准或者外在形式要求过高的不足。具体表现为：一方面，将作品定位为“智力成果”或“智力表达”，使得作品的范围变得十分宽泛，由于思想本身作为智力成果并不属于受著作权法保护的作品范畴，因此若将作品规定为通过具体思想或者情感表达出来的智力活动成果，无疑会更加的准确；另一方面，对于要求作品能够以某种有形形式予以复制，与著作权法要求作品具有某种

❶ 刘春田．知识产权法［M］．4版．北京：中国人民大学出版社，2009：50.

❷ 李明德，许超．著作权法［M］．2版．北京：法律出版社，2009：24.

❸ 王迁．知识产权法教程［M］．5版．北京：中国人民大学出版社，2016：23.

可附着的载体两者之间是存在区别的，前者的要求客观上而言相比于后者明显更高，且无法涵盖数字化这种无形的现实复制手段。有鉴于此，李杨教授对作品作出了属于其自己的界定，即“作品是指文学、艺术和科学领域内思想或者感情的独创性表达”❶。

综合上述不同学者对于著作权客体展开的界定可知，虽然在具体的界定方式和内容表述等方面存在一定的差别，但是对于著作权客体应具备的共性特征认识是一致的，即强调著作权客体应当属于文学艺术等领域之内，内容上体现出创作者的思想或者情感，且该思想或者情感应当以人类主体可感知的外在形式表现出来。具体而言，对于著作权客体的概念，可以参考我国《著作权法》的现有规定，将其界定为是属于文学艺术和科学领域内，附着于某种可复制的有形载体之上，并体现出创作者思想或情感的外在表达。

（二）著作权客体构成要件的学理研究

针对著作权客体概念界定的不同，著作权客体的构成要件也存在差异，主要包括“三要件说”“两要件说”以及“四要件说”。首先，“三要件说”以刘春田教授和王迁教授为代表。在刘春田教授看来，作品作为著作权客体的构成要件有三：作品是思想、情感的表现形式，而不是思想、情感本身；作品应当具有独创性，这里特指形式上的独创，而不是思想或理论观点上的创新；作品的表现形式要属于文学、艺术和科学范畴，工商业标记以及产品的造型结构和外观设计等均不属于作品的范畴，不受著作权法的保护。❷ 王迁教授也认为作品的构成要件应当包括三方面，但其与刘春田教授观点的不同之处在于，该三方面由作品必

❶ 李扬．知识产权法基本原理（Ⅱ）：著作权法［M］．北京：中国社会科学出版社，2013：26.

❷ 刘春田．知识产权法［M］．4版．北京：中国人民大学出版社，2009：51－53.

须是人类的智力成果，作品必须是能够被他人客观感知的外在表达，以及作品的外在表达必须具有独创性所构成。其次，“两要件说”则以张平教授和齐爱民教授为代表，认为作品的构成要件由具有独创性和可复制性两方面构成。其中对于独创性强调与思想的价值和作品的质量无关，只要其与现有作品相比存在区别即可；可复制性则强调作品可以具有某种有形的形式，使得人们能够予以感知和复制。最后，“四要件说”则以张玉敏教授为代表，其主张应同时具备以下四个要件才可以成为著作权法范畴内的作品[1]：第一，作品必须表达一定的思想，毕竟思想作为抽象的主观范畴，其想要为他人所了解就必须借助一定的外在表达；第二，作品属于文学、艺术和科学范畴之内，与工商业领域相区别；第三，作品必须具有独创性；第四，作品能够以某种有形形式复制，包括但不限于印刷、复印、拓印、录音。

本书对于作品的定义采用的是我国《著作权法实施条例》中的相关规定，即主张作品是在文学、艺术和科学领域内具有独创性，并能以某种有形形式复制的智力成果[2]。因此，针对作品的构成要件分析将区别于上述的不同要件学说，主要依据概念本身所包含的要求，从形式要件和实质要件两方面予以展开。

二、著作权客体的形式构成要件

根据作品的上述概念可知，其构成的形式要件有二：其一，作品内容属于文学、艺术和科学领域；其二，作品能够以一定形式表现有形形式予以复制。下面将针对两个要件的具体认定，分别进行详细论述。

[1] 张玉敏．知识产权法学［M］．3版．北京：法律出版社，2017：87－90.

[2] 吴汉东．知识产权基本问题研究（分论）［M］．2版．北京：中国人民大学出版社，2009：34.

（一）作品必须属于文学、艺术和科学领域

作品必须属于文学、艺术和科学领域的要求，是基于将其与工商业产品和商业标识等知识产品区别开来的实践需求而产生的。知识产权内容的广泛性，使得作为知识产权客体的知识产品拥有多种构成类型，作品只是其中的一种具体体现。那么，不同知识产品之间所具有的性质差异，就导致其可以适用的法律规范存在差别，从而最终形成了知识产权法律制度内下设著作权法、专利法以及商标法等具体部门法的情形。然而，由于知识产品本质上具有非物质性，使得在同一知识产品上，可能存在不同的权利对象客体，又或者是不同单行部门法所保护的客体在外在表现形式上存在相似和近似性的特点。因此，倘若我们想要对具体客体的可适用法律规定进行明确，就必须为其划定不同的隶属规范领域。

以日常生活中的实用产品为例，电视、音乐播放器等电子产品，都是人们日常生活中常见且不可或缺的知识产品。当该电子产品不仅具备使用功能，其外形还富有设计感并能给予人美的享受时，鉴于其更多的是出于使用价值而被需要，而不是因为其蕴含的思想或情感为人们所认可，所以该电子产品就更加适合被专利法而不是著作权法保护。此外，文学、艺术和科学领域内的知识产品更适合用著作权法来进行保护，还由于其作为著作权客体的价值含量会伴随着时间的流逝而不断增长，需要赋予其更长的保护期限来保障作者的智力创作付出。具体而言，我国著作权法对作品的保护期限一般为作者终身及其死后 50 年，而专利法对发明专利的保护期限则只有自申请之日起的 20 年，实用新型和外观设计专利更是只有 10 年。若仅赋予文学、艺术和科学领域内的知识产品较短的保护期限，无疑会使得著作权人的付出无法得到应有的回报，不利于其内在经济价值和文化价值的实现。反之，若赋予除文学、艺术领域以外的知识产品著作权保护，又将使得知识产品的权利人拥有过长的知识产品垄断权，从而削弱人

们对于技术创新的热情和积极性，最终使得相关产品的市场竞争活跃度下降，知识产权的激励作用以及保障社会公共利益增长的功能无法得以实现。由此可得，对于著作权法而言，其保护客体仅限属于文学、艺术和科学领域内的作品是较为适宜的。

（二）作品必须能以一定形式表现

哲学家康德在 1785 年论证图书翻印的非法性时，就将书籍从内容上区分为机械复制品和作品两种形式，并明确主张机械复制品为物权，作品则为精神权利的对象。因此他人未经作者同意将其作品进行翻印并向社会公众进行销售的行为，构成对作者精神权利的侵犯。[1] 由此可知，作品只要已经在事实上被完成，无论其是否固定在某种有形载体上，都能够获得著作权法的保护，这也是大多数大陆法系国家所一直坚持的观点。英美法系国家则不同，鉴于其强调作品背后著作权人经济利益的保护，因此其将作品是否固定在有形的载体上作为其可以获得著作权保护的形式要件要求。如今，这一作品被保护的形式要件要求，已基本被世界上的绝大多数国家所接受。

就我国当前的著作权法律制度而言，作品能够以一定形式表现出来，也是其获得著作权法保护必须满足的要件之一，当然口述作品等特殊的作品类型不受此限制。这是由于针对思想和情感而言，其具有非物质性的特征，并无法被人类的直观感官或感觉所把握，需要通过事实上的思维和脑力活动进行感知。那么，作品作为作者思想和情感的表达，其要成为著作权法律关系的客体，就必须转化为能够让人们在客观上得以把握的事物，具体表现就是能够以一定形式表现出来。正如学者雷炳德所言，如果人类希望自己智慧所拥有、加工和创造的东西为他人所知晓，他就需要把这些东西转化为一种客观上能够被人们从外部所知晓的对

[1] 吴汉东．知识产权基本问题研究（分论）［M］．2 版．北京：中国人民大学出版社，2009：38.

象。在这个过程中，他把智慧里的那些东西固定在某种特定的对象上，就实现了该智慧的对象化。[1] 但是，虽然我们要求著作权客体需要以某种形式表现出来，才能够获得著作权法的保护；但这并不意味着著作权法所保护的是该作品载体而非作品本身，两者在多个方面存在显著差别，我们不可将其直接混为一谈。

三、著作权客体的实质构成要件

相比于形式要件上的满足，作品满足实质要件才是其可以成为著作权客体的根本原因。具体而言，本书认为其主要包括两方面的内容：一方面是作品必须属于思想或情感的外在表达；另一方面则是作品内容必须具备一定程度的独创性。

（一）作品必须属于作者思想或情感的外在表达

思想作为一个集合概念，包括定义、原则和客观事实，以及发明、程序和科学方法等多样化的内容，但是这些内容本身由于具有精神层面的非物质性，所以无法成为著作权法所保护的客体，需要以一定的形式表现于外后，才能为著作权法所保护和规制。若在哲学领域探究这一问题的本质，其实就是关于主观世界和客观世界的划分问题，这也是哲学领域争议时间最久的话题。根据马克思的唯物主义理论可知，客观世界是不受主观意识所影响，并客观存在于世界上的实实在在的事物；而主观世界则是对客观世界的反映和认识，通过人类主体的思维、记忆和认识等心理活动表现出来。那么，人们若想自己的思想或情感为他人所知并进行交流，就需要利用将主观世界与客观世界联系起来的媒介——符号。有鉴于此，现代符号学的创始人 Morris 就在符号学中引入了三个维度——语构、语义和语用，并认为符号一般涉及与对象的关系、与人类的关系和与符号本身的关系三个方面，从

[1] M. 雷炳德．著作权法［M］．张恩民，译．北京：法律出版社，2005：41；转引自卢海军．版权客体论［M］．2 版．北京：知识产权出版社，2014：9.

而通过综合利用符号的这些功能，实现从主观想法到客观存在的转变。❶

那么，著作权作为人类所创造和设立的法律拟制权利，其适用的基础就是社会不同主体间所存在的法律关系；而法律关系的无体性又促使其必须通过符号予以转化，才能为人类主体所认识。所以，抽象状态的思想或者情感本身并不为法律所管制。并且，相比于成为文学、艺术和科学领域的发明或者发现，著作权法对于著作权客体的要求是其构成具体表达时的内容具有创新性。由此可得，以符号为媒介而具象化的思想或情感，就是作者将其主观世界的心理活动，转化为可被他人客观所感知的作品。那么，也只有在此情境之下，作品才可以成为著作权法所保护的客体。

（二）作品内容必须具有一定程度的独创性

作品本身必须具备一定程度的独创性，这是作品区别于其他文化产品能够获得著作权法保护的本质原因。但独创性的衡量不以创作水平高低等外在因素为判断标准，而是根据行为人的具体行为内容予以确定。即这里的独创指的是作品形式上的独创，而不是指思想抑或理论观点上的创新。因而，针对“独创性”进行理解，我们可以从其本身的概念构成开始。独创性来源于英语Originality，我们可以直接将其译作原创性，这也是独创性最重要的内涵；但是当我们从汉语的角度抑或是我国著作权法的角度对独创性进行分析时，就需要将其拆分为“独”和“创”两部分进行解释。

一方面，“独”强调的是独立性，这意味着作品必须是作者独立创作完成的产物，既不是来自于其他人的作品，也不是对已有作品的简单重复。当然这里会涉及合作作品的问题。鉴于每个合作作品的作者都是独立存在的单独个体，当其进行合作作品的创作时，本质上也只是多个独立作者基于同一创作的合意，进而

❶ 王铭玉．美国符号学概观［J］．语言学研究，2015（2）：17－30．

展开相应的创作行为而已，与个人进行创作时的行为独立性并不冲突，反而具有本质上的一致性。

另一方面，当具体到“创”的判断时，由于独立创作包括两种可能情形：从无到有的创作以及在他人创作成果之上的创作，因此我们需要区分情况进行具体衡量。对于从无到有的作品判断其实相对而言会更为简单，因为我们不需要与其他的作品进行对比，以确定其内容中所含有的“创造性”成分。但是，对在他人基础之上的创作作品进行判定时，由于其与原作品之间存在紧密的联系，所以我们就需要结合“创造性”对其可作品性作出进一步判断。世界上的不同国家对于“创造性”的认定标准存在区别。英美法系国家的衡量标准是最低限度的“创造性”，且作品中所包含的质量和价值在所不问，即只要是作者自身个性的体现，抑或是其自身判断和选择的结果即可；但大陆法系国家则更为严格且对于“创造性”的要求也更高，其强调“创作必须是更多属于在自己的作品类型领域，比人们所期待的和普通的智力劳动能带来更多的活动”❶，也就是说既要与已有作品相区别，还要具备一定程度的创新。正因如此，世界上很多在英美法系国家能够得到著作权保护的作品，在大陆法系国家只能通过邻接权而非著作权进行保护。而我国对于“创造性”的认定标准在法律上并无明文规定，但主要还是倾向于采用英美法系和大陆法系国家判断标准相结合的折中方法，即需要与现有作品相区别，既不是对现有作品的简单复制粘贴，也不是按照既定格式或程序推演而得；此外，还需要作品属于作者自己取舍、选择、设计和安排的结果。❷

此外，针对“创造性”应进一步予以强调的是，需要将著

❶ M. 雷炳德. 著作权法［M］. 张恩民，译. 北京：法律出版社，2005：41；转引自王迁. 知识产权法教程［M］. 5 版. 北京：中国人民大学出版，2016：37.

❷ 刘春田. 知识产权法［M］. 4 版. 北京：中国人民大学出版社，2009：52.

作权法对作品的“创造性”与专利法所要求的“创造性”区分开来。以发明专利为例，专利法要求想要获得专利权的发明必须具有新颖性和创造性。这里的“创造性”指的是这一发明必须是在专利申请日之前并不存在的，或者是并未被公开、公告过的；抑或是相比于现有技术而言，获得了大幅度的发展和提高的，即“创造性”本身就包含了创新含量或创新高度的要求。但是，著作权法中的“创造性”却并非如此，其强调的只是最低限度上的创新，只要是与现有作品存在区别的独立创作成果即可。

第三节　人工智能生成物的思想与表达问题

由上可知，我国对于著作权客体的认定，需要同时满足形式要件和实质要件的要求。由于本书所讨论的人工智能生成物，是已经限定在文学、艺术和科学领域之内的，并附着于可复制载体之上的文字成果、音乐成果和绘画成果等创造性成果，因此其形式要件的满足并不存在争议，在此也不再付诸篇幅进行讨论。本节将首先针对人工智能生成物是否能够满足构成著作权客体的第一个实质性要件进行判断，即具体分析和论证其是否属于思想的表达。

一、思想与表达二分法的起源与发展

（一）思想与表达二分法的缘起

思想与表达二分法作为著作权法领域中最重要的原则之一，其主要的功能在于限制著作权的保护范围，实现为创造提供足够的激励与留存新创造原材料之间的平衡[1]。思想与表达作为作品

[1] 冯晓青．著作权法中思想与表达二分法之合并原则及其实证分析［J］．法学论坛，2009，24（2）：63－67.

不可缺失的两个组成因素，任何作品都是思想表达出来的结果，而表达也是思想得以确定下来并为他人所知的外在表现。对同一思想而言，鉴于其所使用的符号媒介不同，具体的外在表达形式也具有多样性。虽然著作权法只保护思想和情感的表达却不保护思想和情感本身这一原则已经在当前被国际条约和世界各国的著作权法所吸收，并通过成文的立法形式得以明确；但是，这一原则并非自始就存在于著作权法之中，而是通过司法实践的创造和使用进而扩展到成文法领域的。

在英国1729年发生的米勒诉泰勒一案中，其争议焦点在于作品的作者以及相应的书商，是否享有一种承载于作品之上的永久的普通法复制权，以及这种权利是否受《安娜女王法令》所规定的法定保护期限的限制。[1] 该案的主要审判法官之一耶茨，在判决书中表达了自己对于上述争议问题的看法。其认为普通法意义下的作者版权是不存在的，即一个人不能就其作品的风格和思想在普通法上享有任何的财产权[2]。因为倘若赋予作者对于思想、情感或者个人理解以财产权，那么其可拥有的财产权范围将无限扩大，这显然是不符合现实和人类常识的。最终，耶茨法官的这一论述虽然在该案中并未得到采纳，但却是司法实践中最早形成的，对作品本身以及作品内所包含思想和情感两者之间关系的思考。进而，随着对于思想和情感本身以及作品之间关系讨论的不断深入，耶茨法官的这一观点在唐纳森诉贝克特一案中得到了支持，即该案以作者不能就作品内容中所包含的思想或者情感主张财产权为依据，判决反对普通法上永久复制权的存在[3]。以该案为节点，思想和表达的关系似乎在著作权法领域中得到了一

[1] 布拉德·谢尔曼，莱昂内尔·内特利．现代知识产权法的演进：英国的历史（1760—1911）［M］．金海军，译．北京：北京大学出版社，2006：13.

[2] 卢海军．版权客体论［M］．2版．北京：知识产权出版社，2014：15.

[3] 布拉德·谢尔曼，莱昂内尔·内特利．现代知识产权法的演进：英国的历史（1760—1911）［M］．金海军，译．北京：北京大学出版社，2006：15.

定程度上的重视和思考，但却没有得到更大范围的认可和适用。

（二）思想与表达二分法的发展与确定

随着时间的推移，美国最高法院于 1879 年判决的赛尔登诉贝克（Selden v. Baker）案[1]，被人们公认为是世界上最早提出思想与表达二分法的司法判例[2]。该案起源于原告赛尔登在 1859 年根据美国版权法的规定，获得了一本名为《簿记概述》书籍的版权，这本书籍以展示和解释一种特殊的簿记方法为主要内容，并且在书籍内部还包含了一些可以适用这些簿记方法的空白表格。人们借助书籍中的方法和表格，以及表格所特别设计的相关标题和栏目等内容，就可以将自己的商业活动以年、月、周、天等周期为单位记载下来。后来，被告贝克也出版了描述与赛尔登书中相似的簿记方法的书籍，只是对其中用于记录的表格的有关内容进行了改变。进而，赛尔登据此起诉贝克对其簿记方法进行了抄袭，认为其侵犯了自己所拥有的合法版权。通过归纳本案的争议焦点可知：其关键在于赛尔登对于书籍所取得的版权，是否包含书籍中所描述的簿记方法这一内容。如果簿记方法可以属于版权保护的范畴，那么贝克无疑侵犯了赛尔登的版权，反之则不然。针对这一争议，美国最高法院将其从事实认定问题上升到了法律论证问题，即以簿记方法为例的技术和对簿记方法这一技术所进行的描述性表达，这两者之间是否存在区别抑或是界线？到底版权法的保护对象是簿记方法本身，还是对于簿记方法展开的描述？

最终，该法院判决认为书籍本身和书籍所描述的内容之间是存在区别的，对于受版权保护的内容仅限于对簿记方法所进行的解释和描述，而不及于簿记方法本身。簿记方法作为方法和技术

---

[1] Baker v. Selden，101 U. S. 99（1879）.

[2] 熊文聪. 被误读的“思想/表达二分法”：以法律修辞学为视角的考察［J］. 现代法学，2012，34（6）：168－179.

的组成部分，其排他性权利需要通过专利法来进行保护，倘若其尚未达到专利法所保护的创新高度，那么就属于社会共有领域内的内容，任何社会成员均可对其进行自由的接触和使用。当然，也有部分学者主张本案也许在判词的正确性上很值得怀疑。[1] 但是笔者以为，其对于技术和技术表达两者之间区别性的论述，无疑为著作权保护客体的明确以及思想和表达的区分等内容，奠定了可供参考的司法实践基础。

进而，在美国斯通诉托马斯（Stowe v. Thomas）一案[2]中，思想才被真正地排除在了版权法的保护范畴之外，思想与表达二分法这一原则也才被真正地确定下来。本案的原告斯通夫人作为一名成功且具有影响力的小说家，发表了小说《汤姆叔叔的小屋》，当被告托马斯未经其授权将该小说翻译成德文并予以发表时，斯通夫人认为托马斯侵犯了她的版权因而对其提起了诉讼。该案的法庭将案件的争议焦点问题归纳为两点：一是对于已经发表作品的复制是否会构成版权上的侵犯，二是本案中这一涉嫌侵权的行为是否构成独立的创作抑或只是文学上的简单复制。[3] 针对上述问题，法院认为当斯通夫人把她的书进行公开出版以后，书中所富有的作者的创造和想象力，已经成了公共财产，因此对于其书中所包含的观念和发明，可以被模仿者、剧作家以及翻译者自由使用，甚至是滥用；但这并不影响作者对于书籍本身享有版权，如独家印刷权、转载权和出售权等权利仍属于作者所有。由此可知，对于作者所享有版权和财产权的唯一侵犯方式，就是在没有获得其许可的情况下，对于书籍进行印刷、出版、进口以

---

[1] 熊文聪．被误读的“思想/表达二分法”：以法律修辞学为视角的考察［J］．现代法学，2012，34（6）：168－179.

[2] Stowe v. Thomas，23 F. Cas. 201，1853 U. S. App. LEXIS 751，2 Am. Law Reg. 210，2 Wall. Jr. 547.

[3] KURTZ L A. Speaking to the Ghost：Idea and Expression in Copyright［J］. U. miami L. rev.，1992，47：1221.

及贩卖其书的副本。但事实上翻译本身并不能称之为书的副本，它在本质上是书中所含思想或者概念的抄本或副本；并且，翻译者可以因为其在翻译时对于表达其观点单词排列的自主选择，从而对该翻译作品获得事实上的版权。虽然伴随着著作权法的不断发展，著作权对于其客体权利的保护范围也在不断地扩张，且远远超出了当时法院所描述的范畴，但本案所确定下来的原则是清晰的，即对于著作权法而言，其保护的是思想的表达而不是思想本身，思想和表达是可以也是必须区分开来的。

二、思想与表达的具体区分方法

当前对于思想和表达的区分方法，并没有法律上的明确规定。当我们运用如语义学的研究方式对其进行可能的区分时，不难发现，其作为词语的字面意思与著作权法上的含义存在较大的差别。比如，倘若我们通过概念主义的路径对“思想”进行界定，可以发现其在 1975 年版牛津英语词典中的含义解释占据了满满的一整页，包含 12 个主要意义和众多的子范畴❶，显然远远超过著作权法所保护的范畴。因此，我们需要先将思想和表达具体到著作权法领域，再进行相应的概念界定和学理分析。在著作权法领域中的思想观念，其含义要比我们通常认为的思想观念范围宽泛，不仅包括想法、概念、原则、客观事实、创意、发明和发现、程序、工艺和方法等内容，还包括专利法保护的发明、程序、工艺和方法等。❷ 然而，表达虽然其具有的内涵也有着多样性，但其在著作权法范畴内，仅指对于上述思想观念的各种形式或方式的外在表现，如文字的、音符的、数字的、线条的、色彩的、造型的、形体动作的表述或传达等❸，具有事实上的一定程

❶ 转引自卢海军．版权客体论［M］．2 版．北京：知识产权出版社，2014：12．

❷❸ 李明德．美国知识产权法［M］．2 版．北京：法律出版社，2014：232．

度的限缩。

因此，当著作权法领域内的思想和表达仅限于文字作品领域时，对于二者的区分相对而言是较为容易的。毕竟人类可以依据对于思想和表达的现有认识，对其进行直接的区分。但是，当扩展到非文字作品领域时，我们若想通过思想和表达的区分，进而判断作品之间是否构成侵权就变得十分的困难，毕竟思想本身具有典型的非物质性和内容宽泛性。那么，基于思想与表达二分法在作品认定及作品侵权判断等方面具有的重要意义，我们就需要确立不同的可使用方法，为两者的区分提供基础可能。

（一）抽象检验法

“抽象检验法”作为思想和表达的区分方法，最早由美国的汉德法官在尼克尔斯诉环球影业公司（Nichols v. Universal Pictures Co.）案[1]中提出。原告尼克尔斯作为一名戏剧作者，发表了戏剧作品《阿比的爱尔兰玫瑰》，并获得了美国版权法的保护；环球影业公司也在随后公开发表了一部名为《科恩家与凯利家》的电影剧本，进而尼克尔斯以环球影业公司的剧本对其戏剧作品构成了抄袭而主张被侵权。客观而言，尼克尔斯的戏剧作品描述的是在纽约生活的一个犹太人家庭，其父亲希望儿子能够与一名犹太女孩儿结婚，但是其子却未听从他的意愿，选择与一名爱尔兰天主教的女孩儿结为了夫妻；在此背景之下，通过描写两个孩子的父亲从对彼此宗教信仰的不解进而发生冲突再到互相理解与最后和解的过程，来表现不同宗教信仰背后所存在的文化差异。而环球影业公司的电影剧本《科恩家与凯利家》，讲述的也是一个爱尔兰家庭和一个犹太家庭之间的故事，故事中的两个家庭处于世代不和的状态，但是犹太家庭的女儿与爱尔兰家庭的儿子却相爱并秘密结婚，导致两个家庭的矛盾不断升级，最终以遗产继承这一事件为转折点，两个

[1] Nichols v. Universal Pictures Corp.，45 F. 2d 119，1930 U. S. App. LEXIS 3587.

父亲得以解除误会并重归于好。

通过对上述两个作品的具体内容进行分析可知，其讲述的都是犹太家庭和爱尔兰家庭之间的矛盾，涉及的故事情节如子女结婚和两个父亲间的冲突也具有相似性。因此，倘若仅从文字表述上对这两个作品进行对比分析，很大概率上会得出这两个作品具有相似性的结论。然而，在汉德法官看来，对于任何文学作品的版权保护，无论是依据普通法抑或是判例法，都不能仅仅严格地限于文本的直接比较，进而来判断作品之间是否构成侵权，因为这样会给抄袭者逃避侵权责任的空间和可能。毕竟通过文字上的转化来实现对作品的非实质性修改，进而免受侵犯作者版权的处罚并不是十分具有难度的行为。

有鉴于此，汉德法官提出了判断作品是否构成“实质性相似”的“抽象检验法”。该方法将比较的对象具体到受版权法保护的部分，即以对作品内容进行抽象的提炼为基础，并在此之上分析属于版权保护的抽象层次表达要素，以及不受版权保护的抽象层次思想要素，通过对要素之间对比进而得出作品是否具有相似性的结论。[1] 毕竟对任何作品尤其是戏剧作品而言，当把越来越多的特定情形进行抽象和剥离时，我们就会发现其变得越来越普遍；特别是当对作品的抽象和剥离达到一个临界点时，作品本身将不再享受著作权法的保护，否则剧作家就可以据此阻止他人对其作品中所含情节或者是思想的使用。[2] 所以，当我们使用“抽象检验法”对上述两个作品展开抽象剥离时，不难发现这两个故事虽然在背景设定方面存在相似性，但在具体的事件情节和人物的性格上均存在较为明显的差异。鉴于相似的家庭背景设定只构成原告作品的一部分，而这一设定本身属于不受版权法保护的思想范畴，所以原告并不能对其享有版权，被告也并不构成对

[1] 卢海军．版权客体论［M］．2版．北京：知识产权出版社，2014：27－28.

[2] Nichols v. Universal Pictures Corp. , 45 F. 2d 119, 1930 U. S. App. LEXIS 3587.

于原告版权的侵犯。以此案为起点，区分思想与表达的“抽象检验法”应运而生，该方法也在之后被奉为区分思想与表达的重要方法，最常被法官们在美国的司法案件中适用。[1]

（二）模式检验法

“模式检验法”则是由 Chafee 教授在其 1945 年发表的《著作权法的思考》一文中首先提出，其认为尽管作品内容中所具有的一般主题无法受到著作权法的保护，但是作品中的“模式”内容是属于著作权法的保护范畴的，[2] 可被具体表述为“事件的次序与角色互动的发展”。[3] 以上文的尼克尔斯诉环球影业公司一案为例，Chafee 教授认为虽然犹太家庭与爱尔兰家庭之间的爱恨纠纷主题是不受著作权法保护的思想，但是如果将该主题具体应用到戏剧作品或者剧本作品内容之中时，不同作品反映该主题的事件发展顺序和角色互动是具有区别的，也是应当属于作者的创造性表达而为著作权法所保护的。所以，当使用“模式检验法”对思想和表达进行区分时，我们需要将作品中的客观事件发展顺序以及角色互动发展变化等内容进行抽象剥离，并通过剥离结果的结合构成一个抽象的整体模型，进而通过模型之间的比对，实现对作品内所包含思想和感情的相似性判断。

以 Chafee 教授的上述理论为基础，梅尔维尔·尼默教授和大卫·尼默教授结合汉德法官提出的“抽象检验法”，对“模式检验法”进行了完善。其主张由于不同事件所组成的模型必然存在差别，因此在对作品中的事件进行抽象化剥离时，对于其所组成的抽象模型本身，应该进一步划分为具有普遍性的抽象模式以及具体的抽象模式。并且，著作权法对于前者并不提供排他的著

---

[1] Sheldon v. Metro – Goldwyn Pictures Corp. , 81 F. 2d 29 (1936).

[2] CHAFEE Z. Reflections on the Law of Copyright: I [J]. Columbia Law Review, 1945, 45 (4): 503 –529.

[3] 卢海军. 版权客体论 [M]. 2 版. 北京: 知识产权出版社, 2014: 28.

作权法保护，但是对于后者需要赋予著作权法内的排他性保护。[1] 对于该进阶版“模式检验法”的适用，梅尔维尔·尼默教授和大卫·尼默教授通过以《西区故事》和《罗密欧与朱丽叶》两个作品为例进行了对比和说明。首先，这两个作品在主题上，描写的都是曲折复杂的爱情故事；其次，针对作品中的具体事件和角色互动发展顺序进行抽象剥离，得到了两个作品的具体抽象模型；最后，将这个抽象模型进行比较分析，发现两者不仅都包括以男女主角在舞会上相遇、女主已与他人订立婚约及男主与女主相爱并自主许下婚姻承诺等为代表的十三个抽象事件，并且角色人物在该抽象事件中的互动发展顺序也具有一致性，由此得出两个作品具有主题和表达上的相似性，构成著作权法上的相似作品，其中一个作品构成对于另外一个作品表达上的抄袭。

（三）合并原则与场景原则

1. 合并原则

由于著作权法只保护表达而不保护思想，当出现思想与表达是不可分割的统一整体，又或者是思想只具有特定可能表达的情形发生时，就有可能导致部分表达即使作为思想的外在表现，也无法被纳入著作权法的保护范畴。那么，为了避免上述情形的发生，在事实上实现对某一思想的保护，我们就只能在客观上对某种思想的唯一或有限的表达进行保护。[2] 而鉴于这一保护是作为例外情形而存在，所以对其进行适用必须满足一个前提，就是思想和表达需要作为一个整体而存在。对于上述将思想与表达视为统一整体，并对其是否能够赋予著作权法保护进行判断的标准，就是我们所称的思想和表达合并原则，也可称之为有限表达原则。其强调版权对于表达的保护，需要结合其承载的具体思想或

[1] NIMMER M B, NIMMER D. Nimmer on Copyrigh [M]. Newark: Matthew & Bender Company, Inc. (2009).

[2] 李明德. 美国知识产权法 [M]. 2 版. 北京：法律出版社，2014：235.

主题进行具体判断；当表达具有有限性或唯一性时，我们不应教条式地适用思想与表达二分法将其纳入版权的保护范畴，从而使得特定思想或主题的表达被事实穷尽，而是应该将该表达与思想视为统一整体，将其排除出版权的保护范围。

这一原则最早来源于美国1967年的莫里斯诉宝洁公司（Morrissey v. P&G Co.）案❶。莫里斯作为原告对于其出版和使用的一套可适用于销售、促销和抽奖的比赛规则，因有使用参加者保险号码的这一特点而具有版权。在宝洁公司也出版和使用了与其几乎同样的一个规则之后，莫里斯就认为宝洁公司的规则是对其规则的直接准确复制，侵犯了他的版权。但该案的法官在最终判决中，并没有支持原告莫里斯的请求。在其看来，比赛规则本身可获得版权保护的范围是非常狭小的，因为以其为主题进行规则设计时的表达十分有限。若对只有一种或者有限几种的表达赋予版权法上的保护，就会导致这一主题的使用方式在事实上被穷尽，从而不利于版权客体的保护与发展。❷以该案为起点，这一思想与表达合并原则就通过司法实践被正式确立下来。无论是1971年的“珠宝公司”案❸，还是1990年的“煤气运输公司”案❹，法官均在判决时对这一原则进行了适用。

2. 场景原则

场景原则也可称之为情景原则，其主要适用于文学性作品领域。这一原则的诞生，源自文学作品中的某些要素，如事件、人物和背景等，它们都属于特定思想或主题的衍生物。当作者对这

❶❷ Morrissey v. Proctor&Gamble Co., 379 F.2d 675, 1967 U.S. App. LEXIS 5802, 154 U.S.P.Q. (BNA) 193.

❸ Herbert Rosenthal Jewelry Corp. v. Kalpakian, 446 F.2d 738, 1971 U.S. App. LEXIS 9117, 170 U.S.P.Q. (BNA) 557.

❹ Kern River Gas Transmission Co. v. Coastal Corp., 899 F.2d 1458, 1990 U.S. App. LEXIS 7249, 14 U.S.P.Q.2D (BNA) 1898, Copy. L. Rep. (CCH) P26, 570.

一特定思想或者主题进行表达时，不可避免地要对上述相关因素进行使用。为了更好地促进新作品的产生与创作，避免某一作者对特定表达构成事实上垄断情形的出现，我们人为地在著作权法内进行规定，对特定场景下必须使用的因素不赋予法律上的保护。该原则的典型适用案例就是亚利桑德拉案❶。该案的原告亚利桑德拉出版了《大赦年》以及《我是如何撰写“大赦年”的》这两本著作，而被告哈雷则在之后出版了自己的原创小说《祖先》。原告通过列举两人作品中所具有的一系列具体相似情节，主张两者的作品构成相似且被告侵犯了其合法版权。

通过将这两位作者的作品进行对比，不难发现其都是以美国黑暗的奴隶历史背景为创作基础，并以自己家族在当时文化背景下的生活为素材，再加上作者本身的虚构想象创作而成。法院在对该案进行审理时认为，原告所主张的作品相似性情节，或者是对美国当时历史背景的描述，或者是对民间习俗等公共领域资源的描述，又或者是对在特定主题下所必需的事件或角色的描写，均属于特定场景下不受版权保护的客体组成要素。因此，法院依据实际复制分析和证据听证会的结果认为，原告与被告作品中的相似性，都是两者对于特定主题的特定描述方式，该描述方式本身都属于至少一类不可诉讼的材料，并不属于版权的保护范畴，所以被告并不构成对原告版权的侵犯。此后于 1980 年发生的“霍林”案❷以及 1981 年发生的“米勒”案❸，都以此案明确的场景原则进行了具体判决。

---

❶ Alexander v. Haley, 460 F. Supp. 40, 1978 U. S. Dist. LEXIS 15430, 200 U. S. P. Q. (BNA) 239, 4 Media L. Rep. 1534.

❷ Hoehling v. Universal City Studios, Inc., 618 F. 2d 972, 1980 U. S. App. LEXIS 19244, 205 U. S. P. Q. (BNA) 681, Copy. L. Rep. (CCH) P25, 146, 6 Media L. Rep. 1053.

❸ Miller v. Universal City Studios, Inc., 650 F. 2d 1365, 1981 U. S. App. LEXIS 11135, 212 U. S. P. Q. (BNA) 345, Copy. L. Rep. (CCH) P25, 285, 7 Media L. Rep. 1785.

（四）表达内容区分法

当人类希望自己所拥有、加工和创造的智力成果能为他人所知晓时，表达就是能让这些东西转化为一种从客观上可被他人从外部所知晓的具体行为方式。在这一转化过程中，鉴于当前世界上并没有直接通向他人智慧的桥梁，因此人们需要借助某种可以被感知的表达手段，将其作为智慧的载体。这种载体也就是我们所熟知的表达形式，具体分为外在的表现形式和内在的表现形式。[1] 那么，表达内容区分法，就是一种针对表达本身的区分方法，比如，组成书面作品的各个句子、组成音乐作品的不同音符的先后顺序以及雕像作品中不同外在造型的结构组成等。以上作为作者思想的外在表现形式，可用来判断其是否可被著作权法保护。

由于在著作权制度的发展早期，作品的外在表现形式是相对有限和固定的，因此，作品大多是通过可见或可触摸的形式来直接表达作者精神内容的，如纸张、银幕、电影胶片，又或者是数字化形式存储的多媒体内容等，从而使得在那时运用表达内容区分法来对思想和表达进行区分显得十分简便且有效。但是，鉴于当前的作品在内容和表现形式上的界线已经不再分明，联系也愈发紧密，想要直接从形式上就将其区分开来，具有实践上的区分不能。所以，随着科学技术的不断发展，这一方法在实践中已较少使用，甚至是十分罕见了。

综上所述，其实除了前述的抽象检验法、模式检验法、合并原则和场景原则以及表达内容区分法等方法之外，可以对思想和表达进行区分的方法还有很多。比如，美国贝克法官提出的功能目的测试法，又比如，为专门区分计算机程序思想和表达而产生的抽象－过滤－对比测试法，以及简单思想和复杂思想区分法等。然而，这些方法本身都或多或少的存在长处与不足，也并不

[1] M. 雷炳德．著作权法［M］．张恩民，译．北京：法律出版社，2005：42.

是对所有类型的作品都具有普遍适用性。比如，以抽象检验法与模式检验法为例，前者相比于后者而言，具有更加精确和简便的优势，但却有无法辨别作品之间是否存在“实质性相似”的不足；而后者虽然具有客观性和合理性，但却只可适用于文学作品之中。由此可得，对于作品中思想和表达的区分，我们需要做到具体类型具体分析，以科学合理和可适用性为原则，对不同的区分方法进行选择，从而实现对于作品思想与表达认定的科学性与合理性。

三、人工智能生成物属于思想的表达

鉴于思想与表达二分法在著作权法领域中的重要作用，国际条约和各国的国内立法都纷纷在成文法律规范中对其予以规定。如《伯尔尼公约》第 2 条第 8 款规定，“本公约所提供的保护不得适用于日常新闻或纯属报刊消息性质的社会新闻”❶；《与贸易有关的知识产权协定》（TRIPS）第 9 条第 2 款规定，“版权的保护应当及于表达，而不及于构思、程序、操作方法或者数学概念本身”；❷ 美国在其版权法第 102 条 b 项中规定：“程序、过程、概念、发现、系统、操作方法、姓名、名称、标语等，无论前述这些作品是以何种方式进行的描述、解释和说明，在任何情况下都不可以扩展到著作权法的保护范畴之内，也不构成著作权的客体”❸。而我国虽然未在《著作权法》中对这一原则进行具体规定，但是我们通过明确不属于著作权客体的知识产品表现形式，来实现对这一原则的成文法律确立。如我国《著作权法》第 5 条

---

❶ 保护文学艺术作品伯尔尼公约［EB/OL］.［2018－11－15］. http：//www. law－lib. com/law/law_view. asp? id＝98034.

❷ TRIPS［EB/OL］.［2018－11－15］. http：//www. ipr. mofcom. gov. cn/zhuanti/law/conventions/wto/trips. html.

❸ United States Code［EB/OL］.［2018－11－12］. http：//uscode. house. gov/view. xhtml? path＝/prelim@ title17&edition＝prelim.

规定，“著作权法不适用于：（一）法律、法规、国家机关的决议、命令和其他具有立法、行政、司法性质的文件，及其官方正式译文；（二）单纯事实消息；（三）历法、通用数表、通用表格和公式”[1]；又如我国《计算机软件保护条例》第6条明确规定：“本条例对软件著作权的保护不延及开发软件所用的思想、处理过程、操作方法或者数学概念等。”[2]

由此可知，思想和表达的区分对于明确著作权法保护的客体对象，具有不容置疑的基础性影响。但是鉴于不同类型和性质的作品具有不同的特点，在区分作品的思想与表达时，我们需要根据特定作品的类型进而选择不同的方法来予以具体界定。因此，在对人工智能生成物的客体属性构成要素之一，即其所包含的内容是否属于思想的表达进行具体认定时，我们需要针对不同的人工智能生成物表现类型进行具体分析。

（一）人工智能生成文字成果的论证

截止到2017年，人工智能可自主创作得到的文字成果包括诗歌、小说、散文、新闻报道和时事评论等多种类型。通过选取其中的散文诗歌，作为生成物具体文字成果类型予以论证，我们可以将微软小冰所创作的散文诗集《阳光失了玻璃窗》作为典型予以展开。该成果作为原创的散文诗集，包括以“在那寂寞的梦”“我的两滴眼泪”“时间的距离”和“我才看过太阳光在树枝上”等为主题的100余首现代诗。

我们通过任意挑选其中的一首作为分析对象，如《那寂寞的小园子》。其所包含的具体内容为：“因为我已经疲倦，外轮来了太阳的光景，就如此飞闪的梦幻中案头的花瓣飘落于寂寞，宇宙是你沦落的诗人。我已经疲倦了，我所无辜的那寂寞的小园

[1] 参见《中华人民共和国著作权法》第5条。

[2] 参见《计算机软件保护条例》第6条。

子，那也是人，不同悲哀在他的前面。[1]”通过对这首散文诗的内容运用抽象检验法进行分析，我们不难发现：首先，微软小冰使用了“太阳”“花瓣”“宇宙”和“诗人”等这些属于常规范畴内的客观事物要素，来作为支撑起作品内容的主要框架；其次，微软小冰通过对“疲倦”“无辜”“寂寞”等表现情感词语的使用，来表达其寂寞小园子这一创作主题；最后，通过对上述因素进行自主的选择和排列，微软小冰创作出了这一包括8句话的完整散文诗歌。由此可知，微软小冰在没有人类主体帮助的情况下，通过自主学习散文诗词的写作方法，以反映人类相关情感作为创作主题，自行选择了相应的客观事物要素和主观感情要素并进行排列组合，最终创作出了反映其思想和情感的现实表达。所以，我们可以得出结论：人工智能创作的文字作品属于基于思想的创作，并通过借助程序等有形手段表现出来，使得人类主体可以对其进行感知和认识，满足著作权客体的思想表达要素要求。

（二）人工智能生成音乐成果的论证

音乐想要构成著作权法意义上的作品，一般需要满足两个要件：第一，音乐用可被他人识别的乐曲符号进行了表达，并使得这一表达可以被复制和重复；第二，音乐作品需要具备一定的表达内容，并不只是一般的声音或声响的集合，比如其在声音中所体现出来的音乐体验、音乐情调和音乐感情等[2]。而且音乐作品在内容和表达形式上具有紧密联结的属性，使得作者如果在内心不具有声响或者是连续的声音，其音乐的内容就不可能表达出来。通过对人工智能创作音乐作品的方式进行分析，其主要包括以下三种途径：其一，由计算机随机地定义音响组合方式为基础的计算机随机作曲；其二，由计算机遵循程序语言所规定的作曲

[1] 小冰．阳光失了玻璃窗［M］．北京：北京联合出版公司，2017.

[2] M. 雷炳德．著作权法［M］．张恩民，译．北京：法律出版社，2005：135.

法则进行的算法作曲；其三，计算机模仿人的思维与情感过程所展开的智能作曲。[1] 而本书在此所讨论的人工智能生成音乐是否构成作品，具体是指在第三种方式下展开的计算机智能作曲，所产生出来的音乐作品是否属于思想的表达。

经过对该人工智能创作方式展开进一步的具体分析可知，其通过学习人类事先在作曲系统中建立的关于创作旋律知识规则的集合，能够对于音乐这一复杂的创作过程，具备基础的知识和规则了解；进而对音乐作品的表现形式通过符号体系实现数字化，从而构建出关于音乐作品内容的情感认知模型。[2] 这一情感认知模型，以人工智能对已有音乐作品的情感标注为基础，并由人工智能提取出的该类音乐所具有的特征所组成，实现了情感链条与技术特征流的客观结合，从而可以创作出具备情感内容和外在表达形式的音乐作品，符合人类对于音乐作品的情感感知需求。[3] 比如，世界上第一张完全由人工智能作曲和制作的音乐专辑 I AM AI，其中由人工智能进行谱曲的歌曲 Break Free 一经公开，就受到了“歌曲水平与质量丝毫不输人类”[4] 的广泛好评。综合上述人工智能生成音乐作品的创作过程和创作结果可知，其所生成的音乐作品包含感情色彩和音乐情调，且该情感和内容能为人类主体所理解并产生共鸣。因此，人工智能生成音乐作品构成情感的表达，满足著作权客体的实质性要求之一。

（三）人工智能生成计算机软件的论证

计算机软件包括计算机程序及其有关文档。作为随着技术的发展才被纳入著作权法保护客体范畴的作品，是通过使用计算机能够理解的语言来解决技术上问题的一种特殊作品。为了更好地

---

[1][2][3] 刘涛．音乐情感认知模型与交互技术研究［D］．杭州：浙江大学，2006.

[4] 首张人工智能专辑《Break Free》面世，居然如此好听，堪比顶尖歌手［EB/OL］.（2017－09－19）［2018－11－20］．https：//www.sohu.com/a/192874194_788277.

对这一概念进行理解，我国对于计算机软件作出了法律上的规范解释，即“（一）计算机程序，是指为了得到某种结果，可以由计算机等具有信息处理能力的装置执行的代码化指令序列，或者可以被自动转换成代码化指令序列的符号化指令序列或者符号化语句序列。同一计算机程序的源程序和目标程序为同一作品。（二）文档，是指用来描述程序的内容、组成、设计、功能规格、开发情况、测试结果及使用方法的文字资料和图表等，如程序设计说明书、流程图、用户手册等”。[1] 计算机软件本身是一连串符号命令的前后联结，人们可以运用该程序对在某种机器可读的数据上施加影响，以便该机器获得信息处理指令并展示、执行或者达到某种功能或者是特定的结果。[2] 当然，计算机软件作为著作权法的保护对象时，其与其他的作品一样，也只有其所表现出来的外在表达可被保护，所蕴含的思想并不属于著作权法的保护对象。

那么，鉴于计算机软件涉及的是信息技术方面的思想而不是文化领域的思想，因此对于其适用著作权法进行保护时，考虑到作品保护的一致性和法律适用的相对简单性，一般对其采用特殊规定的形式。具体到对计算机软件的思想和表达进行区分也是一样，一般的检验方法并无法直接对其适用，需要采用专门的方法予以展开，也就是抽象-过滤-对比测试法。该方法的第一步是计算机程序的抽象化，即通过将组成计算机软件的代码在每一层级进行抽象，直到抽象出来的内容可以对整个程序进行陈述；第二步是将每个层级抽象出来的要素进行考察，判断其是属于思想还是表达，可供参考的判断因素有效率、特定的功能以及所包含的来自公用领域的资料等；第三步是对比，通过过滤掉从计算机软件中所抽象出来的且不属于著作权保护对象的内容之后，剩下

[1] 参见《计算机软件保护条例》第3条第1项和第2项。

[2] M. 雷炳德. 著作权法［M］. 张恩民，译. 北京：法律出版社，2005：129.

的部分就是可供著作权法保护的内容。将这部分内容与已有计算机软件的构成进行对比，就能够得出其是否属于计算机软件开发者思想的表达。

我们以谷歌公司开发的人工智能软件编程系统 AutoML[1] 为例，其通过对已有计算机软件代码进行学习和分析，能够以控制器循环神经网络为支撑设计出一种被称之为“child”的模型框架。将这个模型框架予以充分利用，就可以使得其在特定任务背景下生成更高准确性的代码架构，也就是人类所想要得到的编程软件结果。将这一过程下 AutoML 创作出来的软件作品使用抽象－过滤－对比测试法进行检验可知。首先，其可抽象出来的内容包括控制器循环神经网络、“child”模型框架以及人类主体事先给予其进行学习的计算机代码；其次，当我们对这些抽象出来的构成要素进行逐一分析可知，控制器循环神经网络属于人类主体的事先设计，不属于其生成软件的组成部分，“child”模型框架属于 AutoML 的智力创造结果，而人类主体事先给予的学习代码则属于公共领域的资源；最后，将 AutoML 生成软件的剩下部分与已有代码进行比对，我们并无法找到与其具有一致性或者相似性的内容，也就是说，AutoML 创作出来的软件作品属于自身思想的表达。由此可知，由人工智能创造生成的计算机软件，属于其思想的表达，不与已有的编程软件具有相同或者相似性，可以被纳入著作权法保护的客体范畴。

综上所述，人工智能可以创造的生成物当然不限于上述的文字成果、音乐成果和计算机软件，还包括美术成果、电影成果和视听作品等。但是，通过综合使用思想和表达的不同区分方法，以不同类型的人工智能生成物作为具体分析对象，我们可以客观地发现人工智能所创作生成的作品，都包含属于其自身的思想或

[1] 张煦昕．浅谈人工智能编程技术的发展［J］．电脑知识与技术，2018，14(10)：192－193.

情感，并且这种思想和情感以人类可见的外在表现形式表达出来，既不与人类社会已有的作品相同，也不与其具有实质性的相似，是具有思想或情感的产物。因此，人工智能生成物能够满足成为著作权客体的实质性要件之一，其内容属于人工智能思想或情感的表达。

第四节　人工智能生成物的“独创性”问题

“独创性”作为作品能够成为著作权客体的根本原因，是不同作品能够得以区分的客观衡量标准和判断因素。对“独创性”从字面上进行分析，我们不难发现其具体包括“独”与“创”两方面的内容。单独对某一方面进行语义上的解释好像都并不困难，但无论是国内外专家学者的学术探讨，还是各国的司法实践和立法规定，都没有能够对独创性的定义或判断标准，作出可以放之四海而皆准抑或是得到大家一致认可的结论。比如，英国彼德尔逊法官认为“独创性指的并不是思想的独创性，而是思想表达形式的独创性，版权法对于作品的要求是由作者独立创作而得”;[1] 葡萄牙和委内瑞拉对于独创性的标准判定则为创作或是智力创作即可；捷克斯洛伐克和苏联则认为“独创性”就是创造活动本身；而法国和巴拿马则强调创作的努力付出，以一切个人的智慧、想象的努力或艺术性产物来描述。[2] 具体到我国而言，对于“独创性”的概念界定也呈现出多样化的发展现状。比如，李明德教授认为“独创性是指有关的作品是由作者独立创作的，来自于某一个或者某一些作者；并且作者在创作作品的过程中投入了某种智力性的劳动，创作出来的作品具有最低限度的

---

[1] WILLIAM R C. The Copyright Law of United Kingdom，international Copyright Law [M]. Barbara Ringer and Hamish Standison，1989：67.

[2] 张平. 知识产权法 [M]. 北京：北京大学出版社，2015：37.

创造性”。[1] 又比如，李扬教授认为“独创性包含着作品是作者独立完成，不是对他人现有作品的复制；以及最低限度的一点创造性两方面的内容，排除机械性或非智力性的思想或者情感表达”等。[2] 因此，鉴于“独创性”概念的不确定性和标准的模糊性，想要对人工智能生成物是否具有“独创性”展开客观判断，我们就需要从“独创性”的产生与演变过程开始着手。

一、“独创性”的起源与发展

（一）“独创性”的起源

《四季》作为詹姆斯·汤姆逊所著的作品，属于具有沉思性特质的长篇山河颂歌，也是“米勒诉泰勒”和“唐纳森诉贝克特”两大经典案例争议纠纷针对的对象。其主要原因可以归结为两点：第一，是因为这个作品本身是完美的洛克式文学作品，属于道德和哲学沉思的开端之作；第二，则是因为这个作品是英国数百年来重印次数最多的作品之一，蕴含着巨大的经济价值。那么，《四季》作为描述英格兰山川河流等自然景观的作品，是詹姆斯·汤姆逊自发地将自然状态下的资源进行提取并混合自身智力劳动，从而产生的具有私人财产权性质的产物。从而在对上述案件进行判决时，阿斯顿法官认识到了作品所具有的这一特质。即作者在所创作的作品中加入自己个性的印记，从而使得该文学作品属于一个特定的个人，其最根本的原因在于，作品是作者作为个人的一种具体表现形式，而这种在世间常见物品中加入作者个性印记后的生成物，就是具备独创性的作品。[3] 这是“独创性”作为作品的组成要素之一，第一次在著作权法领域中被描述

---

[1] 李明德．美国知识产权法［M］．2 版．北京：法律出版，2014：243.

[2] 李扬．知识产权法基本原理（Ⅱ）：著作权法［M］．北京：中国社会科学出版社，2013：32.

[3] 马克·罗斯．版权的起源［M］．杨明，译．北京：商务印书馆，2018：130.

和使用。但是，当时的人们更多的只是想通过“独创性”的说明，来辨别真正的写作与机械发明之间的区别，并没有真正地将其作为作品判定不可缺失的实质性要素。

直到 18 世纪，作家爱德华·扬撰写了一本专门论述独创性写作和诚信写作的专著——《写给作者查尔斯·格兰迪森爵士的信：对独创性作品的猜想》。在该书中，爱德华·扬将独创性天才的概念引入作者权利的传统词语之中，从而创造出了“作品的独创性”这一新的表达方式；并主张作品独创性价值的确定，依赖于作者的个性。[1] 有鉴于此，文学作品在此后被逐渐认为同时具备主观和客观双重属性，即作品不再只是对自然的简单直观反映，而是作者本身的对象化。读者也渐渐地更加倾向于，以神学家长久以来对待自然之书的方式来对待文学作品，即试图在神圣作者的作品中找到属于其个人的个性印记。[2] 由此可知，版权法上的作品“独创性”并不是自始就存在的，也不是自始就处于十分重要的地位的，而是在论证作者的法律地位以及版权的本质是什么这些问题的过程中，逐渐被发现和不断凸显出来，最终成为现代版权法三大理论支柱之一的。

（二）“独创性”的发展与演变

随着“独创性”在著作权法领域的重要性不断凸显，其作为作品内容判断的要素被纳入司法判例之中，最早可见于美国 1884 年发生的萨罗尼诉平版印刷公司（Burrow – Giles Lithographic Co. v. Sarony）案[3]。该案的原告萨罗尼作为照片的所有者起诉被告未经许可将其照片进行了雕刻和印刷；而在本案的被告看

---

[1] 马克·罗斯．版权的起源［M］．杨明，译．北京：商务印书馆，2018：129.

[2] 马克·罗斯．版权的起源［M］．杨明，译．北京：商务印书馆，2018：137.

[3] Burrow – Giles Lithographic Co. v. Sarony，111 U. S. 53，4 S. Ct. 279，28 L. Ed. 349，1884 U. S. LEXIS 1757.

来，原告萨罗尼仅仅是通过一些设备和工具将原来就存在的事物转移到相机的胶片上而已，所形成的照片并不构成作品。然而，被告的这一观点被法庭予以否认，因为摄影师对于拍照背景的选取、拍照对象的服装和配件搭配、拍摄照片时的光线选取以及阴影的选择等，都是依据其内在的心理活动和想法而进行的，由此得到的照片是其智慧和情感的体现，可以基于具有“独创性”而获得版权法上的保护。

鉴于“独创性”的发展与演变在美国版权法的历史中，可以得到以司法判例为代表的具体体现，因此对于“独创性”的历史发展进程，本书将以美国司法实践作为可供参考的分析对象。以1903年发生的布雷斯顿诉唐纳德石版画公司（Bleistein v. Donaldson Lithographing Co.）案[1]为标志，其被认定为第一个将作品对于“独创性”的要求明确纳入司法实践判决的案件。该案争议的焦点问题在于，对于已有彩色石版画的简化复制，是否构成新的作品还是属于对原作品的直接复制，进而侵犯了原石版画的版权。从案情本身而言，涉案的三幅彩色石版画是由原告的职员为一个隶属华莱士旗下的马戏团的广告而制作，每一副石版画本身都包含了华莱士的肖像和表明属于装饰方案的刻字，而画作本身主要描述的也是在马戏团中可以看到的情景：普通的芭蕾舞剧、在自行车上表演的Stirk家族以及一群扮装了的男人和女人在饰演雕像等。法院判决认为，虽然原告的画作是对马戏团现实中场景的直接复制，但是这并不影响其依据该画作获得版权。因为画作的复制是个人对于自然的个性反应，这种个性的反应体现的就是原创性，甚至会在笔迹中得以体现。所以，这些印刷品在整体以及所有细节，如包括设计、图形、线条和颜色的特定组合等在内，都体现了原告的个性，其也因此可以对这些画作

[1] Bleistein v. Donaldson Lithographing Co., 188 U.S. 239, 23 S. Ct. 298, 47 L. Ed. 460, 1903 U.S. LEXIS 1278.

享有版权。以本案为开端，美国通过判例法对于作品“独创性”的标准予以了确定，就是“独立完成”加上作者个性的体现两部分内容。美国联邦法院甚至进一步对于“独立完成”的含义进行了解释，认为其是指“作品包含了某种独特的东西，即使在笔迹中它也能够表现出其独特之处，且一件极低水平的艺术品中也存在某些不可减约的东西”❶。

在 1939 年的葛利森与布拉德福交易中心（Gracen v. Bradford Exchange）案❷中，人们对于“独创性”如何在演绎作品范畴内进行判断展开了探讨，得出的结论为：对于不同类型作品应采用的原创性标准须存在区别，不能单纯地一概而论，而是需要依据作品的类型和属性进行确定。当然，在著作权法律制度发展历史中，以“独创性”为争议焦点的案件远远不止上述的这些；但是当我们以这些典型的司法判例作为研究基础时，对于“独创性”的发展历史演变就能够具有一个相对清晰的直观认识。即“独创性”作为作品的组成要素是不可或缺的，其内涵和判断标准也是经过发展演变而逐渐予以确定的。尤其是在对具体作品内容中的“独创性”进行分析时，我们需要结合作品类型和内在属性等因素进行综合考量。

二、“独立”的判断

无论是大陆法系国家还是英美法系国家，虽然其对于“独创性”的称谓存在“独创性”与“原创性”的差别，但是两者对于作者独立创作的要求，具有本质上的一致性。自“布雷斯顿诉唐纳德石版画公司”一案明确作者的独立创作要求之后，对于“独立”应该如何进行界定，其又具体包含哪些内容就是我们需

❶ NIMMER M B. Cases and Materials on Copyright［M］. St. Paul：West Publishing Co. 1985：14.

❷ Gracen v. Bradford Exch. & MGM，698 F. 2d 300，1983 U. S. App. LEXIS 31430，217 U. S. P. Q.（BNA）1294，Copy. L. Rep.（CCH）P25，490.

要解决的问题，也是笔者想要进行论证的焦点。

（一）“独立”的界定

作者“独立”完成创作的潜在要求就是，作品不属于对他人现有作品的简单复制，这也是以劳动作为著作权正当性依据的一个消极补充要求。对于劳动价值论下的著作权法而言，只要作者付出了创作作品的劳动，那么其就具有了获得排他著作权的正当性基础。但是，如果只考虑到作者所付出的劳动就赋予其著作权，就很可能导致这一因劳动而得到的著作权，是以作者对他人著作权的侵犯为基础的，比如其作品是由对他人作品的直接复制或者是抄袭而产生，这显然与著作权法制度的设立宗旨背道而驰。因此，对于作者的创作活动施加“独立”的要求，就是对其最好的限制。因为其要求作者即使在付出创作作品的劳动以后，也需要是以独立为基础的创作劳动，其最终产生的作品才能获得著作权法意义上的保护。以此为基础，我们就可以对“独立”有一个相对抽象的概括性界定，即“独立”是指来源于本人而非他人的创作状态，由此状态下产生的作品作为劳动成果才可以享有成为著作权客体的可能。同时，“独立”也对表达提出了要求，其作为作品的表达是来源于其自身而非他人的创作结果。

（二）“独立”的判断标准

根据上文对于“独立”的界定，我们可以从劳动成果的角度分析“独立”的构成，具体而言包括两种情形：第一种是作者从无到有的独立创作；第二种则是以他人作品为基础的独立再创作。对于第一种情况下的“独立”并不难进行判断，因为只要是从无到有的创作，肯定是基于作者自身的劳动付出，而作品也属于其从处于自然状态的事物中提取可供创作的部分，进而创作出的带有作者自身个性和烙印的劳动成果。因此，即使在这种情况下，恰好有两个作者创作出来的作品成果是百分之百一致的，但是鉴于其两者都属于从无到有的创作结果，不存在彼此借鉴或者是将他人的作品作为自己创作基础的可能，两个作者都可以因为自己的独立创作而获得著作权。我国最高人民法院还将这种情况通过司法解释的方式确定下来，即“由不同作者就同一题材创作的作品，作品的表达系独立完成并且有创作性的，应当认定作者各自享有独立著作权”[1]。

而作者将社会公共资源中所存在的他人作品，作为自己的创作基础而完成的作品，就属于“独立”创作的第二种情形。在此种情形下创作完成的作品，我们对于“独立”的判断，就是要求作者创作出来的作品必须与作为创作基础的他人作品之间，存在肉眼可见的或者是客观可辨的区别，即内容上不能构成相同或者是“实质性相似”。因为如果以他人作品为基础而创作出来的作品，与他人的现有作品相同或者太过于相似的话，由此产生的作品就无法称之为作者创作的产物，而是属于抄袭所得的结果。因此，该作品就会由于既没有体现出作者的个性，也没有包含仅属于其个人的思想或情感，而无法构成著作权的客体从而被著作权法所保护。

三、“创造性”的判断

由于世界各国对于“独创性”的界定都有着属于自己的标准，也没有一个可确定的概念获得大家的一致认可，因此对于“创造性”的认定，就呈现出了多样化的发展状态。以此为背景，笔者为了更好地说明不同法系国家对于“创造性”立法规定的不同以及判断标准的差异，通过采取直译的形式，将大陆法系国家的“创造性”与英美法系国家的“原创性”进行对比分析，以便能够更加直观地展示出两者之间存在的区别，进而为

[1] 参见《最高人民法院关于审理著作权民事纠纷案件适用法律若干问题的解释》第15条。

“创造性”的判断得出一个相对可行的合理标准。

（一）大陆法系国家的“创造性”判断

1. 德国的作品“创造性”判断标准

在大陆法系国家中，较早针对“创造性”进行研究的是德国。其通过将“创造性”作为作品获得著作权法保护的构成要件，认为作品必须具备一定的创作水准，来超越那些人人可以制作的、普通的东西才可以被认为具有“创造性”；并且，对于最低的创作水准也提出了一个具体客观的“小硬币标准”，即作品的创造只要达到了小硬币的厚度，其就可以被认定为具有“创造性”。那么具体到“创造性”的判断时，其包括两方面的内容。一方面，其要求作品的创作必须包含一定的深度。仅仅是某种将要表达出来的思想、某种思想的片段、某个广告语的关键词或者标题等都不能称之为作品。作品的这一创造性深度要求，要使他人可以在作品中看到作者想要表达的思想、勾勒的气氛、虚构的形象、观察事物的方式以及其他作者想要表达出来的东西才可以。也就是说，作品必须要能够展示出作者独特的智力判断和选择，并从中体现出作者所具有的个性特征，使得自身与其他作品产生区别，而不只是对于事实的简单描述或者是新闻报道。此外，“创造性”的这一深度要求，也需要其可以通过作品的内容和表达形式予以实现，即相比于其他一般的智力劳动，作品的创作应该更具有“独特性”❶。也就是说，作者付出劳动创作出某种东西时，这一东西应该因为具备某种想象力而变得特别，当然这种特别并不要求必须达到大师级别，但是却要让他人能够从作品中感受得到。

另一方面，“创造性”要求作品必须具有一定的创作高度，这是其享受著作权保护的下限，体现为一般不对日常、平庸及常规性的东西赋予著作权上的保护。具体而言，就是将已经确认的

❶ M. 雷炳德. 著作权法［M］. 张恩民，译. 北京：法律出版社，2005：117.

创作特性以及因此而产生的整体印象，与平均水平创作人的创作加以比较。当然此处所谓的平均水平创作人，既不是指完全无关的外行人，也不是该领域的专家，而是指能对此类创作形式有所感受的创作人。[1] 但是，这一“创造性”的高度要求并不以作品在艺术上或者美学上具备的价值为评判依据。因为在艺术领域中其实并不存在实际上的客观评价标准，对于艺术的或者是美学的价值到底如何确定是十分具有争议的。正因为作品的“创造性”属于评价作品是否能够受到著作权法保护的关键性因素，因此我们更需要从客观的和可见的真实标准出发对其作出判断。价值作为一种人类主体根据自身感受而产生的主观评价，在此就不具备成为评价标准的客观性。综合德国对于“创造性”的判断内容，我们可以发现该国对于作品的认定要求十分严格，评价作品“创造性”的标准也很高，这就使得很多在其他国家和地区可以被认定为作品的内容在该国无法得到作品的认证。因此，德国在后来对于“创造性”的认定，也逐渐地吸纳了部分主观标准，即确定了对于不同作品适用不同“创造性”判断标准的原则。

2. 日本的作品“创造性”判断标准

在德国法的影响之下，日本著作权法将作品定义为：“通过创造性方式表达思想或者情感的产品，并且该产品属于文学、艺术或者音乐的领域”[2]。“创造性”作为作品判断的构成要素之一而存在，且“创造性”的要求体现为以下两方面的内容：其一，作品必须要表达出作者的思想或者情感，对于仅仅罗列事实的东西，如餐馆的菜单、列车时刻表等都不予以保护[3]；其二，思想和情感必须以“创造性”表达方式予以体现，仅仅是对于已有作品的复制并不能构成作品，必须要在作品中体现出属于作者的

---

[1] 卢海军．版权客体论［M］．2版．北京：知识产权出版社，2014：108.

[2] 卢海军．版权客体论［M］．2版．北京：知识产权出版社，2014：109.

[3] 胡开忠．知识产权法比较研究［M］．北京：中国人民公安大学出版社，2004：29－30.

某种个性化特征，但是不必达到专利法对于专利所要求的创新性高度。由此可知，日本对于作品“创造性”的评价就是通过“质”和“量”两方面进行体现：“质”上要求作者的创作必须具备较高的创作高度，体现出作者的个性并与其他作者的个性相区分；“量”上则表现为作品中包含着作者大量的劳动，包括记忆、分析和演绎等智力性活动，从而产生了有“创造性”的成分。

3. 中国的作品“创造性”判断标准

具体到我国，对什么是“创造性”并没有法律上的明确规定。虽然对于“创造性”是智力成果构成作品的必备要素不存在争议，但是司法判例和学术研究对于其具体内容的理解却存在多样化的差别。以我国学术界当前存在的“创造性”界定方式为例，有的学者认为“创造性”是指作品内容由作者自己创作而得，完全不是或者基本上不是从另一作品抄袭所得。❶ 有的学者则主张作者对于作品的“创造性”体现在，作品的创作是作者自己选择、取舍、安排和设计的结果，既不是对已有作品的复制模仿，也不是依据一定的顺序和公式推理而得。❷ 还有部分学者主张“创造性”是指，作者在创造作品过程中所投入的某种智力性劳动，并不是抄袭已有作品创作出来的，其与作品本身的学术质量和艺术水准无关，与作品的市场价值也无关；并且，我们要对不同的作品适用不同的“创造性”衡量标准。❸ 此外，有的学者还主张“创造性”简单而言，就是作者在掌握一定的素材之后，运用自己的创作技巧，将自己的思想通过精心的安排融入自己作品的过程，外在表现为作品中体现了其独特的风格，并不是简单的智力投入和劳动付出。❹ 更有学者另辟蹊径，以作者

❶ 吴汉东，王毅．著作权客体论［J］．中南政法学院学报，1990（4）：37－44.
❷ 刘春田．知识产权法［M］．4版．北京：中国人民大学出版社，2009：50.
❸ 李明德，许超．著作权法［M］．北京：法律出版社，2009：28.
❹ 张平．知识产权法［M］．北京：北京大学出版社，2015：37.

的个性化特征作为主要的判断依据，认为其需要符合审美理论对于作品的要求，尤其是针对特定艺术形式范畴内的作品，才可以说明作品内容具有“创造性”。❶ 由此可知，我国对于“创造性”的认定方式和判断标准等内容，仍然存在较多的争议。

（二）英美法系国家的“原创性”判断

1. 英国的作品“原创性”判断标准

英国对于“原创性”的使用要求，来源于“米勒诉泰勒”和“唐纳森诉贝克特”这两个案件，并且更多地指向思想表达形式上的“原创性”。因此，在英国颁布实施的《1988 年版权、外观设计和专利法案》中，将版权所保护的对象分为两类：具有原创性的文学、戏剧、音乐或美术等作品，以及不以原创性为要件的录音、电影、（无线或有线）播送节目以及发行版本的制版等。❷ 由此可知，英国的版权法不仅保护文学和艺术领域内具有较高创作水平的作品，还保护像描述性的事实作品和功能性作品这样创作水平较低的作品。即虽然其对于版权所保护的作品要求其必须具备“原创性”这一特质，但是“原创性”的要求水平是十分低的，仅仅需要作者在作品的创作中付出智力劳动即可，并不需要其反映作者的个性或者是达到较高的创作水平。但是，在此必须予以说明的是，数据库作为一个伴随技术发展而产生的新型智力成果，英国版权法对其的“原创性”采用了单独的认定标准：数据库的内容或者是编排，需要是作者基于其自身智慧而得，即在数据库的“原创性”中增加了对于作者个性的要求，相比于其他作品在内容上的要求要更高。

2. 美国的作品“原创性”判断标准

美国版权法作为在英国版权法影响之下的产物，长期以来对

❶ 梁志文．版权法上的审美判断［J］．法学家，2017（6）：143－157，180．

❷ Copyright，Designs and Patents Act 1988［EB/OL］．［2018－12－10］．http：//www.legislation.gov.uk/ukpga/1988/48/section/1.

于“原创性”的认定，采用的都是一个较低的标准，即只要作者的作品是独立创作并非抄袭复制而得，且作品中包含属于作者自身的智力劳动就可以，也就是我们所熟知的“额头出汗”原则。关于这一原则最为经典的论述，存在于美国1922年的“珠宝商”（Jeweler's Circular Pub. Co. v. Keystone Pub. Co.）案[1]中。在该案的法官看来，作者花费劳动准备了一本书就可以获得版权，无论其书中所收集的资料是否来源于公有领域，抑或这些资料是否体现了作者的原创性和思想或语言上的安排性，只要其付出了辛勤的劳动就可以获得版权，至于作品中所具有的原创性在所不问。针对作者及其所创作的作品而言，更为关键的是其付出劳动后所得到的成果是否具备经济价值，若有经济价值存在于作品之上，那么作者就可以对该作品享有排他性的版权。

在这个原则的适用之下，美国几乎所有作者独立创作的作品都可以获得版权法上的保护。直到在1991年的“农村电话服务有限公司诉费斯特出版公司”（Feist Publications Inc. v. Rural Telephone Service Co.）案[2]中，法庭在作出判决时认为对于作品的认定，除了考虑“额头出汗”原则之外，还强调作品必须满足包含“最低限度的创造性”这一要求，当然这一点也在之后的“布雷斯顿诉唐纳德石版画公司”案中得到了体现。原告农村电话服务有限公司每年都会汇编一本称之为“白页”的电话簿，上面是按照字母顺序排列的所有电话用户的地址和电话，并免费发放给社区用户进行使用；费斯特出版公司在向农村电话服务有

[1] Jeweler's Circular Pub. Co. v. Keystone Pub. Co., 281 F. 83, 1922 U. S. App. LEXIS 2056, 26 A. L. R. 571.

[2] Feist Publ'ns, Inc. v. Rural Tel. Serv. Co., 499 U. S. 340, 111 S. Ct. 1282, 113 L. Ed. 2d 358, 1991 U. S. LEXIS 1856, 18 U. S. P. Q. 2D (BNA) 1275, 59 U. S. L. W. 4251, Copy. L. Rep. (CCH) P26, 702, 91 Cal. Daily Op. Service 2217, 121 P. U. R. 4th 1, 91 Daily Journal DAR 3580, 18 Media L. Rep. 1889, 68 Rad. Reg. 2d (P & F) 1513.

限公司提出通过支付费用的方式使用它们的电话簿信息的请求遭到拒绝后，就直接复制了其“白页”电话簿中所包含的数据信息并进行了使用，因此也被农村电话服务有限公司告上了法庭。该案法官针对案情进行分析以后认为：费斯特出版公司所复制的“白页”中的信息，是电话号码和地址等以字母为顺序排列的名称，其排列组合缺乏必要的原创性，不符合版权保护的最低宪法标准，因此对原告的诉讼请求不予支持。并且，根据之前判例对于作品的界定，只有那些具有原创性且建立在思维创造力基础之上的智力成果才是作品。若在本案中仅仅根据“额头出汗”原则来确定作品能否适用版权法予以保护，就回避了版权法中不能就事实或者是思想观念获得版权的基本原则。最终，以本案作为起点，美国对于作品的“原创性”判断原则通过判例明确下来，那就是其由作者的智力劳动再加上一点点的创造性两部分组成。

四、人工智能生成物符合“独创性”要求

综合大陆法系和英美法系代表国家对于作品“独创性”的判断标准，我们不难发现，不同法系对于“独创性”的判断标准也存在较大的区别。且客观而言，大陆法系国家的“独创性”标准要高于英美法系。这是因为，大陆法系国家的著作权法以精神价值观作为其立法的哲学基础，将作品认定为作者生来就享有的人格权利在著作权法律关系中的具体反映，是作者思想与个性的外在表现形式。因此其更强调通过著作权的保护来鼓励人们积极发挥自己的创造才能，开展智力创造活动。但是，英美法系国家的版权法从制定之初就强调作品所具有的经济价值，更倾向于通过经济学上的刺激来鼓励人们加强对于作品创作的投资，进而促进作品的传播和新作品的产生，对于作者在作品中人格或精神的体现并不刻意进行维护。而我国虽然当前对于“独创性”并没有成文的法律法规规定，对于其界定也存在多样化和不统一性，但就已有的司法判例和理论研究来看，大致可以归纳为以下

三种形式[1]：第一种，完全依照大陆法系国家对于“独创性”的普遍判定标准，强调较高水平的创造性；第二种，适用英美法系对于“独创性”的基本理解，只要是作者的独立创作再加上一点点的创造性即可；第三种，则是将前述两者进行结合的拼凑式解释，采用折中的方式在两者间追求平衡。

有鉴于此，在对人工智能生成物所具有的“独创性”进行认定时，我们要充分吸收大陆法系和英美法系不同国家针对“独创性”立法经验和判断标准中的成熟部分，进而实现对其“独创性”的科学合理判断。即作为具有中国特色的社会主义国家，我国既不能完全参照大陆法系的高标准和严要求，使得人工智能生成物这一新兴的科学技术产物，无条件地被排除在著作权客体的范畴之外，让其所蕴含的巨大经济和社会价值无法得到充分利用和有效保护；也不可以直接适用英美法系出于经济财产利益的需要，就把人工智能生成物完全纳入著作权法的保护范围，使得人类主体进行作品创作的门槛被无形中抬高，从而导致社会公共文化资源中的作品整体质量下降，无法发挥著作权法的积极影响。

（一）人工智能生成物是人工智能“独立”创作的产物

人工智能生成物从创造到生成，涉及人类主体参与的部分主要包括两方面：一方面是向人工智能提供其可识别和学习的基础数据资料，包括人类事物和活动运行规则等内容；另一方面则是预先设立人工智能的运行程序，使得创造产生的结果是人类主体想要的类型，如小说、诗歌、音乐等。然而，事实上，从对这些给定的数据资料进行学习和消化，进而自主的选择可供参考和使用的素材和资料，并依据人类主体事先设定的需求，进行数据信息的分析、组合和排列创作，到最终得到人工智能生成物这一创

[1] 吴汉东．知识产权基本问题研究（分论）［M］．2版．北京：中国人民大学出版社，2009：37.

造性成果的这一整体流程，都与人类主体没有任何的关系，因为其并未向人类主体寻求任何额外的辅导和帮助。由此可知，人工智能创作产生的人工智能生成物是其独立完成的结果，属于来源于其自身而非他人的创造性表达。并且，依据著作权法中的作品“独创性”要求可知，其对于作者“独立”创作的判断并没有专利法中的“创造性”那么高，只要作者“独立”创作下的作品，是其自主选择素材进而创作出来的结果即可，是否已经有同样的作品存在并不重要。当然，鉴于人工智能需要以人类主体提供的数据信息作为创作基础，其创作并不是从无到有的过程，而是需要以我们生活的大自然和社会，尤其是业已存在的属于社会公有领域的智力成果作为其创作的灵感和素材来源，属于在已有作品之上展开创作的第二种“独立”创作情形。

（二）人工智能生成物满足“创造性”的创作高度要求

“创造性”对于作品创作高度的要求体现在作品本身必须具有一定的创新性，不能只是对现实事物或者是事件的客观描述，更不是人人都可得到的具有普遍性的一般结果。由人工智能创作而得的人工智能生成物，作为以海量数据信息为创作来源的产物，其内容包含了人工智能本身对于该创作类型作品的理解，并不是对于已有作品的简单重复抑或者直接复制。比如，以我国清华大学研发的薇薇[1]为例，其通过学习大量的中国古代诗歌所自主创作出来的诗词作品，无法辨别是由人工智能还是人类所创作的比例达到了 31%，超过了图灵测试 30% 的机器人智能性考量标准。因此，我们就可以对薇薇作为人工智能的创作智能属性予以认可，对其创作出来的作品并不是对已有作品的简单重复予以认证。特别是，当相关专家对薇薇所作的诗歌进行具体评价和打分时，或是给予了其“句法虽然不是很稳，但是仔细思考仍是有

[1] 当文艺创作遇上人工智能，人性永远无法替代［EB/OL］.（2017－03－27）［2017－12－10］. http：//www. sohu. com/a/130503425_234957.

些感慨的”的评价；又或是赋予了其“对事物的表现虽然没有新意，但是句子平顺具有差不多可以的水准”的说明。[1] 由此可知，现有的人工智能生成物无论是诗歌、小说抑或是电影、计算机程序，都是人工智能在现有作品之上得出的新作品。人类主体只能设定其想要得到的作品类型，却无法知晓或规定其作品所包含的具体内容。也就是说，其属于具有人工智能自身个性特征的外在表达，且人类主体能够对其产生情感上的感知和共鸣。

（三）人工智能生成物满足“创造性”的创作深度要求

“独创性”对于作品需要具备创作深度的要求，是鉴于作品必须要能够表达出作者的思想或情感，体现在外在的表现形式上，就是作品必须能够传达出一定量的信息。如果仅是一些单独的词语、句子、关键词和标题等，均无法满足创作深度这一条件。对于人工智能生成物而言，鉴于其创作的来源不是自己的想象，而是已经存在的一般以文化产品或者包含某种科技内容的形式的智力成果；因此，其作为作品若想与已有作品具有他人肉眼可辨的区别，就必须通过客观的标准进行判断，如人工智能生成物的内容长度和逻辑安排等。我们可以将目前已有的人工智能生成物类型作为对象进行具体分析。

首先，无论是 Deep Gimble I 所创作出来的诗歌，还是科幻小说《计算机写小说的那一天》，又或者是 Wordsmith 所撰写的财经类文章，其都是内容富有连续性和逻辑安排完整的作品，并不是简单的词语或者句子本身抑或是两者杂乱无章的组合。其次，无论是由 AIVA 创作音乐作品所组成的音乐专辑《创世纪》，还是由沃森与歌手 Alex 共同创作的歌曲《Not Easy》等音乐作品，在情感表达和音乐质量等方面都得到了人类主体的主观认可。因此，我们可以通过这一客观事实，合理认定人工智能生成

[1] 清华大学实验室作诗机器人“薇薇”，通过图灵测试［EB/OL］.（2016-03-21）［2018-09-10］. https：//www. guancha. cn/Science/2016_03_21_354505. shtml.

的音乐作品具有作品所要求的完整性和逻辑连贯性。最后，我们还可以对人工智能所创作的美术作品进行论证。由谷歌公司研发的人工智能，其以自然界的动物、植物和天空，以及人类社会生活中的城堡等事物为创作基础，结合其自身的想象力和艺术性并与艺术家合作创作出了众多的美术作品，而这些作品于 2016 年就得以在小型的艺术品拍卖会上展览和卖出，其中最贵的一副拍出了 8000 美金的高价。目前为止，拍卖出最高价格的人工智能画作，是由 Obvious 所创作的一副名为《埃德蒙·贝拉米肖像》的虚拟人物自画像，被拍卖出了约 300 万人民币的高价。综上所述，对于人工智能所创作的生成物作品，无论是文字作品、美术作品抑或是音乐作品和电影等视听作品，其在文学、艺术和科学领域内，具有人类主体所认可的作品完整性，满足“创造性”对于作品创作深度的要求。

（四）人工智能生成物的“创造性”判断不受价值影响

作品的“创造性”不以其具备的价值作为衡量依据，当然，这里的价值可以作广义上的解释，并不仅指经济价值，还包括美学价值和艺术价值等。其中经济价值是最主要的部分，因为价值在作为经济学上的术语时，其泛指的就是客体对于主体表现出来的有用性和积极意义❶。作品是作者智力劳动的产物，根据马克思主义政治经济学的观点可知，劳动本身都是不存在区别的同样的东西。所以，作品本身鉴于智力劳动的一致性并不会具有经济价值上的差别。但是，当作品进入社会经济生活领域后，鉴于其内容是作者个性和思想的反映，不同的人对于作品的评价和感知就会存在差别，进而导致不同的作品具有差别化的外在评价。这种差别化的外在评价就是作品作为商品交换价值的体现，与作品本身是否具有“创造性”并无任何关联。因此，人工智能生成

❶ “价值”（经济学术语）［EB/OL］.［2018－11－15］. https：//baike. baidu. com/item/%E4%BB%B7%E5%80%BC/12756902.

物作为人工智能自主创作得到的创造性成果，其作品的“创造性”也不以经济价值为衡量标准。

此外，人工智能生成物所具有的“创造性”，也不以美学价值和艺术价值作为判断依据。就现实的角度而言，在针对同一作品进行美学价值和艺术价值的判断时，不同的主体。如专业人士和一般公众，会得出具有巨大差异的结论。这就使得对同一智力成果的作品认定，会产生完全相反的不同结论。因此，人们在著作权法范围内界定作品的概念时，也并未采用艺术上的等级标准，而是采纳其他具有客观性的判断因素。毕竟，在艺术领域其实并不存在客观的价值评判标准，也不存在关于作品特征的客观而确定的衡量依据。所谓的艺术价值和美学价值可以说并不存在于因智力创作而存在的客体之中，而是人们根据自己的主观感受而对被评价客体作出的评价体现而已。当然，艺术价值和美学价值本身也不具有法律上的可诉性。[1] 人工智能生成物作为具有创造性的成果，其是否具备“创造性”，也当然不受所包含内容是否拥有美学价值和艺术价值的影响。

人工智能生成物作为人工智能在文学艺术和科学领域内，以已有作品组成的数据信息为创作基础，自主选择和创作而得的智力成果，其从产生到生成的整体过程均不依赖于人类主体的帮助，是其“独立”完成的创作活动的产物。并且，依据人工智能生成物所包含的内容可知，其所体现的智慧和情感，以及其作为整体所形成的个性化表达，不仅能够满足作品“创造性”所需要的创作高度和创作深度要求，并且，能够让人类主体在主观上对其产生情感上的共鸣，以及在客观上形成对其价值的肯定。因此，人工智能生成物满足作品所需要的“创造性”条件，具备成为著作权法保护客体的资格。

[1] M. 雷炳德．著作权法［M］，张恩，译．北京：法律出版社，2005：46.

本章小节

鉴于权利客体对于制度设计和权利主体的基础性影响，本章从著作权客体可被赋予著作权法保护的理论基础出发，对其构成要件和组成内容进行了具体的分析，从而试图针对人工智能生成物是否可以成为著作权客体这一问题，得出一个具有科学性与合理性的结论。首先，著作权客体之所以能够被予以保护，与印刷传播技术不断发展的时代背景，以及著作权法律制度本身的诞生和完善密不可分。当然，其也与著作权客体本身所具备的人格价值属性、经济价值属性和公共产品属性紧密相关。其次，虽然我国学术研究领域针对著作权客体的概念及其构成要件存在诸多不同学说和观点，但其本质上对于著作权客体所需要满足的要求具有一致性。因此，本书采用我国著作权法律制度上的规定，将著作权客体界定为在文学艺术和科学领域内具有独创性且能以一定形式表现的智力创造成果。据此就可以将著作权客体的构成要件内容予以明确，包括作品应该属于文学、艺术和科学领域内且可以一定形式表现的形式要件，以及作品应当属于思想或情感的表达，且具有独创性的实质要件两部分。

对人工智能生成物而言，鉴于其属于文化、艺术和科学领域内的产物，是本书研究得以展开的前提，因此，本书在最初就将现实存在和能够被人们所感知的人工智能生成物限定在了文化、艺术和科学领域之内，使得其满足著作权客体的形式要件要求不证自明。针对人工智能生成物对于实质要件的满足，本书也通过两方面进行了分别认定。

一方面，思想与表达二分法作为版权法领域中最重要的原则之一，起源于英国的判例实践并在美国的判例实践中进行了发展和确定。该原则明确了著作权法所要保护的客体是思想或情感的表达而不是思想或情感本身，因此我们需要对思想和表达进行区分，才能对于某一创造性成果是否构成作品作出判断。作为人工智能生成物而言，由于其具备多样化的外在表现形式，无论是用抽象检验法对人工智能生成的文字成果进行检验，还是用模式检验法对人工智能生成的音乐成果进行检验，抑或是用抽象－过滤－对比测试法对人工智能生成的计算机软件进行测试，其都包含属于人工智能自身的思想或情感，并能以人类主体可感受和认可的形式表现出来，满足著作权客体属于思想或情感外在表达的要求。

另一方面，鉴于作品能够获得著作权保护的根本原因在于其具备“独创性”，因此我们需要对人工智能生成物从“独立”创作和“创造性”具备两个角度进行衡量。基于人工智能在人类主体对其提供了基础创作来源后，不需要借助人类主体的其他任何帮助，就可以自发学习和分析数据信息中的可用部分，通过自身的智慧对其展开选择和组合，从而创造出人工智能生成物。这一过程反映出的是人工智能自身的智慧和个性，人工智能生成物则属于其“独立”创作出来的成果。此外，“创造性”的判断标准受著作权法产生设立的哲学基础及社会发展水平不同等因素的影响，在不同法系之间存在较大的差别。从我国当前社会发展的现实情况出发，笔者以为可以根据以下三个层次，确定人工智能生成物在实际上具备“创造性”：第一，从人工智能生成物产生的过程可知，其属于人工智能自身个性的外在表达，并不是对现实事物的客观描述，与现有作品存在区别，满足“创造性”对于作品创作高度的要求；第二，人工智能生成物作为完整的智力创造成果，作品中包含足够数量的信息，使得人类主体可以感知其所想表达的思想或情感，并获得人类主体的认可，满足“创造性”对于作品创作深度的要求；第三，经济价值和美学价值等评判标准，不能对其人工智能生成物所具有的“创造性”衡量产生影响。

综上所述，人工智能生成物属于人工智能经过独立创作，附着于人类可见的载体并表现于外，使得其可被实际予以复制的产物；其内容中所包含的思想或情感，可被人类主体所感知和认可，不与人类社会已有作品构成相同或类似，具备属于其自身的创造性。因此，人工智能生成物满足构成著作权客体的形式要件和实质要件要求，可以成为著作权客体的组成部分，从而被纳入著作权法的保护范畴。

第四章 人工智能生成物的著作权归属问题

无论是对人工智能著作权法律主体资格的论证，还是对人工智能生成物著作权客体属性的认定，最终目标都是为了对人工智能生成物的著作权利归属予以明确，从而使得人工智能生成物的经济价值和文化价值等能够得以实现。因此，本章将从著作权归属的概念和原则出发，对于著作权归属当前的主要现行模式进行分析和总结；进而，聚焦到具体的人工智能生成物著作权归属模式之上，分析不同的模式本身存在哪些长处与不足，最终构建出在我国著作权法范畴内，有利于人工智能生成物发展和保护的著作权权归属模式。

第一节 著作权归属的理论基础及现行模式

对于权利内容的研究和分析，最终目的都在于明确权利归属，著作权法律制度也不外如是。因此，当我们对著作权的指向对象有了相对明确的认识之后，就需要对其具有的著作权进行归属划分。其本身作为一项独立的命题，属于著作权法律制度体系中的重要内容。

一、著作权归属的理论基础

（一）著作权归属的概念

著作权的权利内容制度是著作权法律体系中适应性和可变性最强的一个制度，其会随着科学技术的发展和法律观念的更新而发生相应的变化。具体表现为著作权利内容的更迭或扩张。而针对著作权的权利内容本身，其一般包括著作权人基于作品所享有的各项人格权利和财产权利。由此可得，著作权归属就是针对作品的著作人格权和著作财产权进行具体分配，使得著作权人得以明确的制度。由于著作权本身所包含的内容、不同国家基于自身法律传统以及立法理念等方面的不同，会存在多种可能。因此，著作权归属作为分配具体著作权利，明确著作权人的制度也就相应地存在多样化表现。

我国作为成文法国家，对于著作权归属的规定体现在《著作权法》的第 11 条至第 19 条之中，对包括职务作品、视听作品等原始作品，以及经改编、翻译、注释、汇编和整理等方式所形成的演绎作品，其著作权归属都予以了明确。当然，对于委托作品和合作作品等涉及多个主体的作品，著作权法也进行了具体规定。其中，《著作权法》第 11 条的规定属于我国著作权归属的根本规则，即著作权归属于作者，但是作者包括自然人、法人和非法人组织等多种可能。特别是，美术作品作为特殊的作品类型，基于其原件与普通作品的原件在展览和收藏价值等方面存在差别，对其著作权尤其是原件展览权的归属予以了单独规定。具体表现为：一方面即使是艺术家本人出售自己美术作品的某个有形载体也就是原件的行为，也并不意味着其作品已经发表；另一方面美术作品原件的取得者也不等于获得了该原件的展览权，其若想对该美术作品原件进行展览，仍需要单独取得艺术家本人的同意才可以。对于此处“公开”的理解，我们可以借助美国版权法中对于“公开”的定义来进行。具体而言，“公开”包括以下两种情形：一种是在任何向公众开放的地点，或者在多于一般家庭成员或社交朋友的相当数量人群出现的地点，表演或者是展示作品；另一种则是将作品的表演或展览，以任何设施或技术传输或传达给前述的地点或社会公众，而不论能够接收表演或展览的公众是在同一地点还是在不同地点，是在同一时间还是在

不同时间。❶

（二）著作权归属的原则

著作权归属作为著作权法律制度的重要组成，其原则就是其制度构建和实施的基础。因为著作权归属原则是否合理，直接决定着与著作权相关的利益分配是否公平和有效，进而最终影响著作权法律制度功能是否能够顺利实现。❷ 有鉴于此，我们需要对著作权归属的原则予以明确，才能对于著作权归属制度本身是否合理，具有客观可用的评判依据。具体而言，著作权归属原则包括两方面内容，一方面是指创作取得原则，另一方面则是指投资取得原则。

1. 著作权创作取得原则

自人类发现自身与自然界其他生物之间存在差别的本质原因在于人类主体会思考，可以对某一具体事物产生价值评判和利益衡量，而这是非人类生物所无法做到的；人类主体就通过充分发挥和利用自己的思维属性，对自然界和人类社会中的事物展开思考，从而将自己的思考所得通过有形的载体予以记录下来，就形成了其智慧的外在体现，可以被他人所感知和理解。但是，鉴于历史发展早期的印刷技术和信息传播技术十分落后，包含作者思想的作品无法得到大范围和有效率的传播，而更多的是通过口耳相传的方式流传开来。随着社会经济的发展，尤其是印刷技术和传播技术的发展和进步，作品的印刷成本大幅度降低，作品的流通范围也愈发广泛，同时作品本身所具备的精神文化价值和物质经济价值也得到了极大的增长。然而，最初的作品印刷技术主要掌握在印刷商手中，使得当时与作品相关的权利都被印刷商享有，与作品的创作者本身并无直接的关联。在此背景之下，著作

❶ 李明德：美国知识产权法［M］. 2版. 北京：法律出版社，2014：311.

❷ 刘银良. 著作权归属原则之修订：比较法视野下的化繁为简［J］. 政治与法律，2013（11）：2-11.

权法律制度应运而生，作者主张对其创作产生的作品享有相应的经济权利和人格权利，著作权归属于作者的创作行为这一原则才得以产生。

以著作人格权为例。随着“天赋人权”理论作为商品经济发展的产物，逐渐成为欧洲的主流，人们也逐步将其与知识产权尤其是著作权联合在一起，来说明作品中充分体现的作者人格和个性。毕竟当每个人识别其自身能力时，不管是物质的还是精神的都能够产生这种功能。因而当能力的开发和利用导致可被保护的人格利益得以诞生时，我们就可以得出应该对这种人格利益进行保护以便促进能力进一步被开发的结论。作者创造作品的过程就是将其自身的思想、感情以及意志和人格表现于外的过程。作者因其创作行为而天然自发地享有这种人格权，法律只是对其进行承认与保护而已。人格权的这一特质在哲学家康德通过分析图书作品所具有的双重性质——智力创作的有形载体和思想的传播体中得以体现。康德提出作者有权对自己的作品进行控制，并通过将著作权建立在言论（思想的表达）的基础之上，实现著作权与作者思想人格的连接。[1] 著作人格权也以此为开端得到了长足的发展，在 1927 年被葡萄牙最早写入了著作权法中，并在之后《伯尔尼公约》的罗马文本中予以了明文规定，进而不断被各国国内著作权法所吸收，确保作者可以基于其身份享有著作人格权。其著作人格权不与著作财产权绑定，可以直接对任何歪曲、割裂作品或有损作者声誉的行为提起诉讼。

2. 著作权投资取得原则

随着时代的发展，作品的创作行为已经不限于作者这一单独的主体，投资者在很大程度上为作品的现实创作提供了基础前提。毕竟，著作权作为法定的垄断权利，其被创设的基础就在于国家通过赋予其特定时期内法定垄断权的方式，鼓励其积极地进

[1] 冯晓青. 知识产权法哲学［M］. 北京：中国人民公安大学出版社，2003：147.

行智力创作并对自己的创作成果予以公开，从而使社会成员可以享受到其智力成果的内容；而作品的创作者本身也可以基于作品的公开和传播而获利，最终实现作品本身所具备的文化价值和经济价值。但是作品作为作者思想或者情感的体现，不同类型作品的创作成本或者是市场价值存在较大的差异。作者身为具体的独立创作主体，所需要承担的创作风险无疑是巨大的。而此时的投资者倘若参与到作品的创作之中，或者能够为作者提供基本的物质保障，或者能够为创作产生的智力成果提供发表和传播路径，等等，作品本身所能够具备的价值便能够得以实现。有鉴于此，基于投资者在作品创作和流通过程中的贡献，投资者基于投资而获得著作权归属的原则产生。

具体而言，投资者在当前的著作权法律体系中，其可能扮演的角色包括雇佣他人创作作品的雇主或者是委托他人创作作品的委托人。[1] 以职务作品为例，我国将职务作品界定为自然人为完成法人或者非法人组织工作任务所创作出来的最终作品。[2] 进而，针对职务作品的著作权归属，其将署名权赋予作者本身，但是除署名权以外的权利都归属于法人或者非法人组织所有。毕竟从现实投入的角度而言，作者在进行职务作品的创作时，利用的是法人或者非法人组织所提供的物质技术条件。对于职务作品后续的开发和利用均由法人或者非法人组织进行，对于作品可能产生的侵权责任等也由法人或者非法人组织予以承担。无论是从投资本身还是从作品利益的实现上看，将除署名权以外的其他权利都归属于投资者——法人或者非法人组织，具有现实的公平性和正当性。毕竟著作权法作为一种分配作品权益的均衡机制，其核心内容就在于协调著作权制度中的各种利益关系，使得各方面的

[1] 刘银良．著作权归属原则之修订：比较法视野下的化繁为简［J］．政治与法律，2013（11）：2－11．

[2] 参见《中华人民共和国著作权法》第18条第1款。

利益相关人能够各得其所。

二、著作权归属的主要现行模式

著作权作为作者对其智力创造成果所享有的权利，其归属本应该较为直接明确；但是鉴于作者与著作权人在法律上并不等同，就导致著作权的归属问题从简单变得复杂。著作权归属模式本身伴随着著作权制度而产生和发展，从最早期的印刷特权到出版商特权再进一步发展至作者著作权等，其历史演变轨迹使得其模式本身具有时代的烙印。尤其是不同国家在社会发展和文化传统上存在的差异，更是导致其著作权归属模式的设计具有自身特色和多样性。具体而言，目前世界上主要的著作权归属模式包括两种：第一种是只有作者才能享有著作权的归属模式；第二种是除了作者以外，其他主体也能享有著作权的归属模式。

（一）著作权只属于作者的权利归属模式

作品作为著作权的指向客体，是作者思想和情感的投入才使得其具有了独创性，进而获得著作权对其赋予保护的可能。那么，享有著作权的主体无疑就是那些创作了作品和赋予了作品独创性的人。因此，作者就是合理且合法的著作权归属主体，属于作者的著作权归属模式也顺势而生。而从司法实践和理论探讨两方面而言，著作权只属于作者主体这一模式，无论是从洛克的劳动论出发，还是用功利主义学说来进行解释，都具有毋庸置疑的合理性。这也是法国和德国之所以构建和适用这一著作权归属模式的法理基础。

德国作为践行著作权只属于作者这一模式的典型国家，在其著作权法的第7条将作者规定为作品的创作者[1]，认为只有作者才能赋予作品独创性并将其表达于外，这一归属规则也被称之为

[1] 德国著作权法（德国著作权与邻接权法）[M]. 范长军，译. 北京：知识产权出版社，2013：8.

创作人原则。在德国过去颁行的与著作权有关的法律当中，无论是《保护文学作品与声音作品著作权的法律》还是《艺术著作权法》，都曾经将法人纳入过著作权享有主体的范畴，认为著作权在某个具体的作品出版过程中也能被法人所享有。但是随着其现行著作权法的颁布和实施，这一规定已经退出了历史舞台。在德国当前的著作权法律制度之下，不仅法人因无法从事创作工作而被剥夺了著作权人资格，对于通过设定法定程序使得著作权或者某些著作权能可以让与他人的可能，也被现行的著作权法所拒绝。❶ 即他人若想获得著作权的相关权利，都必须经过作者的同意并履行法律规定的相关手续，比如，订立合同和明确约定等。以职务作品为例，当作者在服务合同、委托合同、承揽合同等契约的约定之下，付出了创造性的劳动并创作出了作品时，即使委托人或者雇主等付出了资金等资源投入，著作权仍只归作者享有；但是雇主或者是单位可以对雇员或者职员所创作的作品，就合同的约定享有某些使用权，并且这一使用权的让与，也建立在雇员或职员作为作者予以许可的前提之下。具体依据来自于德国著作权法的第 43 条："作者在履行其雇佣或者职务关系中的义务而创作作品时，也适用本节的规定，但以从雇佣或职务关系的内容或性质未得出其他要求为限"。❷ 而针对作品使用权的让与，则是规定在德国著作权法第 31 条中。由上可知，德国著作权法杜绝了一切除了作者之外其他主体可以获得著作权的可能，并且将作者限定在人类主体，法律拟制主体都不在其考虑范围之内。这就使得德国的著作权法具有最大限度的保护作者权利的思想特征，以及忽视作品制作人利益的教条化规定特点，最终促使其不仅与世界其他国家的著作权法律制度存在差别，与其本国知识产

❶ M. 雷炳德．著作权法［M］．张恩民，译．北京：法律出版社，2005：181.

❷ 德国著作权法（德国著作权与邻接权法）［M］．范长军，译．北京：知识产权出版社，2013：66.

权法律体系下的其他法律制度，如专利法等也存在无法解释和协调的差异。

法国作为实施著作权只属于作者这一著作权归属模式的另一代表国家，其当前所实施的知识产权法典将以作者为中心的作者权体系特征发挥到了极致。第一，法国知识产权法典在其第1章明确规定：作者作为智力作品的创作者，仅仅基于其创作的事实，就该作品享有独占的以及可对抗一切他人的无形财产权；这里的权利包括精神和智力方面的权利以及财产方面的权利两部分。[1] 有鉴于此，作为作者用心灵创作出来的作品，作者对其享有著作人格权和财产权不仅符合“天赋人权”思想的要求，还能够维护作者在著作权法范畴内的合法权益。此外，为了强调对于作者著作人格权利的保护，法国知识产权法典对于作者姓名、身份以及就作品享有的受尊重的权利，规定的保护期限是永远，即该权利不可被剥夺也不具有时效的限制[2]。第二，针对委托作品或职务作品，即使其是基于委托合同或雇佣合同，作者为完成委托任务和职务需要而创作作品，也不影响其对该作品享有完整的著作精神权利和财产权利。第三，相比于德国著作权法对于作者权的绝对性保护和认可，法国知识产权法典就集体作品的保护有所突破，并不仅仅将著作权人局限在自然人，法人作为例外也可以在具体的作品类型中成为著作权人。具体而言，当集体作品上不存在相反的证明时，集体作品以谁的名义进行发表就属于谁名下的财产并被赋予著作权，这里的人可以是自然人也可以是法人。[3]

将著作权归属对象仅限定为作者的国家，大多以作者权理念下的自然法思想作为其著作权归属制度构建的理论基础，注重保

[1] 法国知识产权法典（法律部分）[M]. 黄晖，译. 北京：商务印书馆，1999：3.

[2] 参见法国知识产权法典第 L. 121—1 条.

[3] 参见法国知识产权法典第 L. 113—4 条.

护作者的合法人格权益和经济利益。通过对自然人的创作行为赋予法律上的著作权保护，进而促使自然人能够基于激励而创作出更多的作品，实现著作权法律制度的终极目标——社会文明的丰富以及精神文化的发展进步。从这个角度看，著作权只能归属于创作者本人。

（二）著作权属于作者和其他主体的归属模式

著作权归属于作者和其他主体的权利分配，是指在满足创作者对于作品创作的精神需求之外，仍需要考虑到在作品实际创作过程中存在的其他主体，或为物质资金或为技术条件等方面的投入，所以为实现作品数量的增加和物质文化的丰富，在法律上赋予其他主体部分著作权利的制度。毕竟在对智力创造成果的使用和收益方面，涉及的利益主体并不是唯一的。以音乐作品的创作和传播为例，除了涉及创作者本身以外，还包括比如唱片制造商、数据库制作者、雇佣企业以及委托人等，因此需要在著作权归属制度的设计中对各方主体的需求和期望进行衡量，最终使得不同主体之间的利益分配能够达到某种平衡。有鉴于此，著作权法体系下的国家，以国家公权力对精神劳动的奖励和思想创作的激励与扶持，作为著作权法律制度的构建基础，从而体现在著作权归属制度中。也就是在对具体权利展开分配时，综合考虑投资人利益以及创作者意志。

版权法体系国家以英国为代表，其当前实施的是著作权属于作者，但作者并不限定必须是自然人，且同时对创作者意志进行参考以及兼顾投资者利益的著作权归属模式。从 18 世纪英国发生工业革命开始，印刷技术和出版产业得到了长足的发展，直接导致英国成为最早颁布《安娜女王法令》并确定版权的国家；进而随着广播、互联网科技的发明和应用，作品的传播和创新进入了前所未有的高速发展时期，作品作为商业行为对象的性质逐渐成为版权市场上的主流，版权产业下的产业链条呈现出“投资者－作者－作品－传播者－读者”的新型发展态势。[1] 最终这种版权产业链条中的主体利益也反映到了英国版权法的内容之中，即在其版权法中明确规定版权归属于作者，但是对于作者的范围包括：自然人、录音制品的制作者、电影的制片者与总导演、广播制作者以及出版物的版式设计出版者。[2] 进而以职务作品的著作权归属为例，其规定在英国版权法第 11 条第 2 款中：对于员工在雇佣关系中创作的文学、戏剧、音乐或者是艺术及电影作品，在没有任何相反的禁止性协议时，雇主是该作品的第一著作权利人。[3] 在此情形之下，投资者的角色被具体化为雇主。当然雇主本身可以是自然人也可以是法人或非法人组织，其通过付出资金和时间等资源的支持，使得作者可以充分且自由地创作文学、戏剧等形式多样的作品；进而雇主通过对作品进行发行与传播，实现作品到读者之间的过渡；最终使得雇主、雇员和作者三者之间建立起著作权法上的联系。从本质上而言，雇主作为投资者，其付出时间和资本等资源投入都是为了最终的作品产出以及其可带来的经济利益。所以赋予其第一著作权利人身份是其当然的意愿追求，体现在英国版权法中就是其被赋予了原始的著作权而非合同约定下的转让著作权。但是，英国版权法在此也规定：雇主可以获得作品的原始著作权，以雇员不存在反对性意见为前提，即鉴于创作人对于作品所具有的决定性影响，必须在著作权利归属中考虑到创作人的意志。综上所述，英国版权法所确定的著作权归属制度是：原则上作品的著作权利归属于作者，作者本身存在自然人、法人等多种主体可能性；并且针对著作权的具体归属规定，必须考虑创作者的个人意愿，以及鉴于投资者的现实投入从而兼顾到其相关利益的保护。

[1] 刘银良．著作权归属原则之修订：比较法视野下的化繁为简［J］．政治与法律，2013（11）：2－11．

[2][3] Copyright，Designs and Patents Act 1988［EB/OL］．［2018－12－20］．http：//www. legislation. gov. uk/ukpga/1988/48/section/1.

美国作为另一个典型的版权法国家，其创设版权法律制度的根本目的就在于促进作品的创作和传播，实现版权产业的保护与发展。因此，美国的著作权归属模式以归属于作者为一般性原则，但需要同时兼顾到投资者的利益，故创作者的意志可作为参考的具体内容，着重强调投资者与创作者地位的平等性保护。随着现实经济社会生活中，著作权客体范围的不断扩张，作品类型也呈现出了多样化的发展趋势。而在此背景下的作品创作成本也在不断地提升，创作者所能承担的创作风险和成本十分有限。投资者作为连接创作者与作品以及作品与读者之间的桥梁，无论是为创作者提供作品创作的必要资源，抑或是实现作品的发表和市场流通，其在不同的环节中都起到了关键性的作用。有鉴于此，美国在构建著作权归属制度时，以实用主义理念的践行为基础，充分尊重和保护投资者的意愿和现实利益，将创作行为和发表行为、流通行为等予以平等对待，从而促进作品的创作和流通。作为世界上最早规定雇佣作品著作权归属的国家，美国在 1899 年发生的煤矿工程有限公司诉美国函授学校公司（Colliery Engineer Co. v. United Correspondence Schools Co.）案中，首次判决将雇员所创作的作品著作权归属于雇佣公司而非雇员。虽然其依据是此案中的雇员只是对学校提供的相关材料进行了编排和组织，并没有对作品内容创作付出具有创造性的个人劳动，所以作品的著作权利属于编写和说明相关考试材料的学校。但是此案的判决，改变了之前对于作品著作权利绝对属于个人或者授予雇佣关系中雇员的著作权归属模式，具有里程碑式的基础价值。

伴随着商品经济的进一步发展，以及市场交易活动的深层次活跃，美国在其 1909 年法案中明确规定了雇佣作品的著作权利归属于雇主而非雇员[1]，即雇主视为雇佣作品的作者，但是具体

[1] KLING C A. Work Made for Hire Doctrine under the Copyright Act of 1976: Employees, Independent Contractors and the Actual Control Test, [J]. The Ind. l. rev, 1989.

的适用范围和适用依据并没有在条文中得以体现。直到美国1976年版权法❶的颁行，才使得雇佣作品的著作权利归属制度适用范围有了具体性的规定：雇佣作品包括雇员在其雇佣关系范围内完成的作品；以及在雇员与雇主达成书面合意的前提下，基于特别委托或者是特别安排所完成的作品组成部分，如作为电影或者其他视听作品的组成部分、作为翻译的组成部分、作为补充作品的组成部分等。通过认证雇主对于雇员创作作品的付出成本，以及其对于雇员创作的监督与指导，并对于作品后续发表和流通所承担的客观风险，❷ 在法律上赋予雇主与作为创作者的雇员两者在著作权归属上的平等地位，使得其可以成为雇佣作品的作者并享有著作权利。综上所述，美国所创建的将著作权归属于作者，但是必须兼顾投资者利益和对创作者意志予以参考的著作权利归属制度，强调作品创作行为与作品传播行为的地位一致性，更多地将著作权法律制度作为激励作者进行作品创作和传播的制度工具，有利于作品经济价值的实现和投资风险的降低，以及信息资源利用效率和收益的提高。

第二节　人工智能生成物的著作权归属模式

著作权归属基于不同国家的立法规定，有着不同的具体模式。而人工智能生成物作为人工智能所创作出的创造性成果，根据其产生和创作过程可知，所涉及的相关主体包括但不限于人工智能本身、人工智能编程设计者和人工智能所有者以及使用者等。鉴于主体本身的多样性和主体需求的差异性，针对人工智能

❶ 美国国会图书馆版权办公室．美国法典第17编：版权［EB/OL］．［2018－12－12］．http：//uscode. house. gov/view. xhtml？path =/prelim@ title17&edition = prelim.

❷ See Register's Report on the General Revision of the U. S. Copyright Law（1961），p. 85；转引自熊琦．著作权法中投资者视为作者的制度安排［J］．法学，2010（9）：79－89.

生成物作为著作权客体的著作权归属，目前在世界范围内存在多种不同的权利归属模式，具体包括人工智能说、“虚拟法律人格说”、人工智能编程设计者说、人工智能使用者说、社会公有领域说以及人工智能编程设计者与使用者为共同作者说等。

一、人工智能说及“虚拟法律人格说”

鉴于人工智能说与“虚拟法律人格说”都是把人工智能生成物的著作权赋予非人类主体，强调人工智能本身对于人工智能生成物产生和创造的决定性作用，因此本书在此将两者结合起来进行论述。倘若我们仅仅针对人工智能生成物的产生创作过程进行分析，其是人工智能在人类主体所给予的数据信息范畴内，以相关的创作成果类型为判断标准，对相应的数据进行自主的组合排列，最终得到的与现有作品不相同也不相类似的作品。基于人工智能生成物从无到有的这一客观事实，其属于人工智能对于作品诞生付出与人类无差别的创作劳动结果；并且，基于人工智能生成物作为作品本身具有独立性与内容的不可预测性，都使得人工智能对人工智能生成物享有著作权利具有正当性与合理性。在此背景之下，倘若我们想让人工智能获得著作权法范畴内的相应著作权，可以通过赋予人工智能独立著作权主体资格的途径予以实现。据此，美国学者 Timothy L. Butler 提出了著名的“FHA”理论：其认为针对符合著作权客体要件的人工智能生成物，人工智能就可以因此而获得著作权。具体而言，我们可以通过先为人工智能拟制一个虚拟的法律人格，从而使其获得法律主体资格进而对人工智能生成物享有著作权，至于著作财产权的后续分配则由法官根据自由裁量权进行决定。[1]

在此之后，随着机器人技术发展水平的跳跃式发展，以及对

[1] BUTLER T L. Can a Computer be an Author – Copyright Aspects of Artificial Intelligence [J]. Comm. &Ent. L. J. , 1982, 4: 707.

于社会生活的参与程度不断提高，在生产和贸易活动的各个环节，以及交通运输和教育、医疗等多个方面得以体现。以欧盟为例，其在2010~2014年的机器人平均销量以每年17%的速度不断攀升，尤其是汽车零部件领域和电子电气领域。也因此，欧盟在2016年提出了关于赋予机器人独立法律地位的立法草案，其认为鉴于机器人已经不仅能够执行过去通常只能由人类所进行的独有活动，还具有了从经验中学习并独立决策的决定能力、自主认知和识别能力。因此，我们需要对于机器人的发展进行一种设计，使得人类可以从该制度设计中获益的同时，保障机器人的良性发展。❶ 于是，欧盟在《就机器人民事法律规则向欧盟委员会提出立法建议的报告草案》的第59条中规定：从长远的发展而言，我们需要为机器人创设一个特殊的法律地位，以促使至少大部分复杂的自动化机器人可以被确立为“电子人”（electronic person），基于这一身份可以使得机器人作出自主决策和开展与第三人有关的活动，并为自己所制造的损害负责。❷ 针对“电子人”的适用对象，草案将其界定为具备以下特征的智能化机器人：首先，其可以通过传感器或者相关装置与环境进行交互连接并获得相关的数据，并具备对这些数据进行自主分析和组合的能力；其次，其可以对外部环境和相关的行为等进行自主适应；再次，其需要具备一定程度上的智能性和生理支持；最后，从生物学的角度而言，其不具备任何的生命体征和可能。虽然人工智能与机器人并不完全等同，但是其存在交叉重叠的部分，尤其是在欧盟这一草案定义下的机器人，我们将其适用在人工智能领域并不具有争议。于是在现实社会生活中，人工智能机器人索菲亚

❶ 参见《就机器人民事法律规则向欧盟委员会提出立法建议的报告草案》。

❷ UNESCO science experts explore robot’s rights [EB/OL]. [2018-12-25]. http: //www. unesco. org/new/en/media-services/single-view/news/unesco_science_experts_explore_robots_rights/.

（Sophia）于 2017 年 10 月在沙特阿拉伯获得了公民身份，[1] 这使得其不仅可以在实践中以人类主体身份参与社会活动，还可以获得法律所赋予的主体资格，成为法律关系的主体。

综上，如果人工智能可以获得法律主体资格，无论是“电子人”抑或是现行法律制度体系中的其他法律主体身份，都理所当然成为人工智能生成物的著作权归属主体理所应当。但从现实的角度而言，有关“电子人”的立法草案仍处于富有争议的阶段，对于智能机器人主体身份的赋予也仅存在于世界上的少数国家，并不具有普遍性和一般适格性。所以，现阶段将人工智能生成物的著作权完全归属于人工智能本身，仍属于一种较为理想化的制度设想，现实的可实践性尚存疑。

二、人工智能编程设计者说

将人工智能编程设计者认定为人工智能生成物作者的这一学说，以人工智能编程设计者的初始创造性为基础，主张人工智能编程设计者是创设出人工智能的人。倘若人工智能程序未被创造和表达出来，人工智能生成物的产生和创造也就无从谈起。并且，基于人工智能程序的编程和设计是一种创造性的劳动，人工智能是编程设计者从无到有的智力创造成果，既符合劳动价值论视角下人类基于劳动付出而享有财产权的理论正当性，也符合功利主义论对于智力成果增加和社会文化创新进步的目标要求，因此这一著作权归属模式被诸多学者所认可和论证。此外，将其他的著作权利可能归属主体与人工智能编程设计者进行对比研究时，我们不难发现人工智能编程设计者所付出的创造性程度无疑是最高的，其相对著作权法对于智力创造的要求也是最为符合和

[1] 吴盈秋．沙特首次授予机器人公民身份，未来人工智能会颠覆人类统治吗［EB/OL］．（2017－10－31）［2018－11－20］．http：//china.zjol.com.cn/ktx/201710/t20171031_5492287.shtml.

贴切的。毕竟在现实中的很多情况下，无论人工智能的所有者、使用者或者操作者是谁，其所能创作产生的人工智能生成物都更大程度上取决于人工智能程序本身而非该所有、使用或操作主体。因此，学者 Farr 作为此学说的倡导者，认为人工智能程序编程者是人工智能生成物所有相关主体中唯一一个付出了充分且足够创造性的人，人工智能就是其思想和情感的现实表达，因此基于编程设计者的理性本质和劳动付出而赋予其人工智能生成物的相关著作权利，将使得其直观感受到著作权法律制度的积极作用，并激励其更好地进行计算机编程等智力创作活动。[1] 在英国高等法院所审判的新产品有限公司诉 MAZOOMA 游戏公司（Nova Productions Ltd v. Mazooma Games Ltd）案[2]中，争议焦点对象有关电子泳池游戏的抄袭。该案法官在对案件的相关法律和事实问题进行认定时，主张游戏运行过程中所创作出的新画面或者是呈现出的新的元素组成，虽然都不属于游戏程序编程者的预先设计，但因被实际地呈现在了游戏玩家的游戏体验过程中，从而属于计算机软件生成的作品。进而，作为游戏中相关元素的设计者及游戏运行规则和逻辑的统筹规划者，该游戏程序的编程设计者奠定了游戏正常运转的前提和基础，因此其可以对上述计算机软件生成作品享有著作权利，并就上述相关作品构成作者身份。

三、人工智能使用者说

人工智能使用者说是指，将人工智能生成物的相关著作权利全部归属于人工智能使用者。这一著作权归属模式的构建基础前提在于，人工智能使用者对于人工智能生成物的产生和创造具有不可忽视的贡献和付出，因此人工智能使用者对人工智能生成物

---

[1] EVAN H F. Copyrightability of Computer – Generated Works [J]. Rutgers Computer & Tech L. J, 1989.

[2] Patent, Design and Trade Mark Cases [R/OL]. (2007 – 08 – 01). http://academic.oup.com/rpc/article – abstract/124/17/589/1623660? redirectedFrom = fulltext.

主张著作权具有现实正当性，也据此获得了世界上诸多专家学者的支持和肯定。尤其是，英国作为最早在立法上规定计算机生成作品著作权归属的国家，是对这一著作权归属模式的真实立法体现。其既强调了“对于由计算机所生成的文学、戏剧、音乐或艺术作品，作者应被视为对于创作所需开展了必要安排的人”；❶而针对计算机生成作品的定义，其在法律中也进行了明确说明：“作品本身是计算机在没有人类作者的情况下产生的”。❷ 那么，基于人工智能属于计算机技术的发展进阶产物，因此对于计算机上生成作品的规定，适用于人工智能生成物具有天然的正当性。

具体而言，我们可以从以下几个方面进行分析人工智能使用者对于人工智能生成物主张著作权利的依据。首先，当前人工智能生成物的产生和创作过程，决定了其无法离开人工智能使用者的帮助和支持。无论是其创作基础数据和相关信息的选择和提供，还是对创作生成作品类型的选择，抑或是最后人工智能生成物的发表和流通，这些都需要使用者对其进行辅助和支撑。而人工智能使用者的上述帮助和付出，也在根本上成了主张人工智能生成物著作权利的理由，因其付出了可以产生价值的人类劳动。虽然这些劳动可能是微不足道的，但是其可以产生的价值并不因劳动质量或者数量而被影响，只要付出了劳动本身就可以获得价值。其次，著作权法律制度所保护的客体要求其必须是固定在一定有形介质上的表达，而非思想或者情感本身；并且，作者对于作品的创作产生必须具有原始的意图。实际上，人工智能使用者在使用人工智能进行创作时，虽然无法决定人工智能生成物的具体内容和表达形式，但是可以决定人工智能生成物最终的作品呈现类型，或者是文字作品、音乐作品，或者是绘画等美术作品，上述作品类型的取舍无疑是人工智能使用者创作意图的表达，并

---

❶❷ Copyright, Designs and Patents Act 1988 [EB/OL]. [2018 - 12 - 21]. http: //www. legislation. gov. uk/ukpga/1988/48/section/1.

最终体现在了人工智能生成物之中。而对于人工智能生成物能够实现从无到有，即从无形的思想或情感到有形表达的转变，人工智能使用者无疑是最直接也最具有决定性影响的人。毕竟当“开始”键没有按下去之前，人工智能生成物就没有产生和创造的可能。最后，对于人工智能使用者著作权利的赋予，是知识产权法律制度设计理念的选择和呈现。知识产权法律制度通过国家公权力赋予智力创造成果有限的排他所有权，促使人类主体积极地从事智力创造和创新，进而实现社会经济发展进步和物质文明财富增加。因此，对于人工智能生成物而言，将其著作权利赋予人工智能使用者，既能够促使其具有足够的动力来积极地开发和利用人工智能；又能够使得人工智能生成物本身所具有的经济文化价值被人类社会所发现和认可，进而实现社会整体物质文明财富的增加。

四、社会公有领域说

社会公有领域这一名词最早来源于洛克在其劳动价值论中的论述，其认为人类主体虽然可以因其所付出的劳动而对添加了劳动的成果享有所有权。当个人因劳动对其产物享有所有权时，必须只能以自己所能消费和享用的部分为限，也以自然根据人类的劳动和生活所需的范围而规定，❶ 从而使得世界上的其他人还能够享有数量足够且质量也足够的物，这些物所存在的领域我们就称之为社会公有领域。社会公有领域最早写入知识产权法律体系范畴，是在英国1624年颁布的垄断法之中，其规定发明专利的保护具有时间限制，在经过一定期限之后就可以被社会上的任何其他人进行不受限制的使用，这也使得英国的垄断法案成为安哥

❶ 约翰·洛克．政府论（下篇）[M]．叶启芳、瞿菊农，译．北京：商务印书馆，2009：22.

拉－美国法系中，第一部以成文法的形式承认公有领域的法律。[1] 进而，在英国1709年颁行的《安娜女王法令》，更是将这一对于知识产权保护期限的规定纳入了版权领域之中，明确规定在版权的保护期限届满之后，原来具有版权的智慧成果将不再受到版权的保护，进入任何人均可以对其进行自由使用的社会公有领域之中。伴随着知识产权法律制度的不断发展，鉴于社会公有领域本身所具有的功能特性及财产属性总是与知识产权处于一个相对的状态之中，因此，其可以概括称为从针对智力成果所具有的专有权中剥离出来的，可以为社会公众所自由使用的部分。

就当前人工智能生成物的发展和保护状态而言，其创作主体的性质存在争议，自身是否属于著作权的保护客体也存在争议，是否可以通过著作权法对其进行保护更是存在争议……倘若可以对人工智能生成物赋予著作权保护，那么到底应该将该著作权利归属于何种主体所有，也是广受专家学者研究和讨论的问题。在此背景之下，社会公有领域无疑就成为一个可供参考的选择对象。主要依据有两方面。一方面，社会公有领域是所有智力和智慧成果的最终归属，因此其属于知识产权与智力成果使用之间的一个良性连接桥梁。当人工智能生成物属于社会公有领域时，其就不再属于个人私有财产权的客体，可以很好地解决各方主体对于其著作权利争执不下的纠结，使得现行著作权法律制度框架下无法规制科技发展新产物的困境迎刃而解。此外，在事实上，还可以为广大社会公众无须成本、不经许可地使用智力成果提供可能，进而降低智力成果的产生创造成本，实现社会物质财富的增加。另一方面，社会公有领域对人工智能生成物的接纳，并不意味着不对人工智能生成物予以任何的保护。恰恰相反，社会公有领域本身所具有的社会性，将使得其作为智力创造产物所具有的

---

[1] OCHOA T T. Origins and Meanings of the Public Domain [J]. U. Dayton L. Rev., 2002, 28: 215.

抽象性和无形性得到限制。相比于纯粹且片面的私有保护，社会公有领域对于人工智能生成物的保护，无疑将能够更好地发挥智力成果促进创新和创作激励的作用。

五、人工智能编程设计者与使用者为共同作者说

人工智能编程设计者与使用者为共同作者说下的著作权归属模式，将人工智能编程设计者和使用者认定为共同作者，并将人工智能生成物所蕴含的著作权归属于前述两者共同所有。事实上，当人工智能生成物的作者身份无法明确到某一个具体主体时，从人工智能生成物的产生创造过程进行分析，通过对可能主体进行结合来实现对具体主体归属问题的回避，就导致了人工智能编程设计者与使用者为共同作者说这一著作权归属模式的产生。具体而言，这一著作权归属模式，显然是无法否认人工智能编程设计者与使用者任何一方对于其产生所付出的劳动，更无法比较区分出谁的贡献更多或是更为重要，因此将两者作为一个整体来进行联合署名，同时也在客观上把人工智能生成物认定为合作作品的结果。

就当前世界各国对于合作作品以及合作作者的法律界定而言，虽然合作作品以及合作作者是现实存在的，但是，无论是合作作者抑或是合作作品，其最重要的认定前提都是合作的创作意图也可以称之为合作目的的存在，以及合作行为的现实实施。具体到人工智能生成物的产生和创造过程而言，一方面，我们很难从事实上和理论上去认定，人工智能编程设计者与使用者之间存在创作人工智能生成物的合作意愿，因为人工智能编程设计者的初始创造目的肯定不是人工智能生成物而是人工智能编程程序本身，否则其不会将人工智能编程程序予以公开进而获取回报；而人工智能使用者的创作意图从一开始就明确为人工智能生成物的产生和创造，并不会追溯到要对人工智能程序本身进行研究，因此两者并没有共同创作的意图是显而易见的。另一方面，人工智

能编程设计者因为公开人工智能编程程序而获得了回报，之后人工智能使用者为获得使用人工智能的许可而付出了相应对价，因此人工智能使用者对人工智能的使用，属于人工智能程序被创作产生以后的后续利用。人工智能编程设计者和人工智能使用者，作为两个人工智能生成物产生过程中不同阶段的主体，其所实施的行为并不是同时展开的，因而无法从事实上分析出两者在不同阶段所实施的不同行为，具有共同创作人工智能生成物的合作性质。由此可知，认定人工智能编程设计者和使用者为人工智能生成物的合作作者，并不具有现实上的可行性以及理论上的说服力。

此外，即使将人工智能编程设计者与人工智能使用者认定为共同作者，其实也并没有解决人工智能生成物著作权利归属这一实际问题。因为当无法对前述两者的贡献进行具体划分时，其物质经济利益的划分仍然是一个不可回避且无法回答的问题。毕竟对两者为人工智能生成物的产生所单独付出的必要劳动和资源投入进行划分和证明显然是十分困难的。所以这将使得人工智能生成物的著作权分配再次回到原点，也就意味着其著作权归属仍处于待解决状态之中，既无法发挥著作权法律制度对于两者的创造激励作用，还可能对人工智能的利用以及人工智能生成物的产生造成消极的阻碍。

第三节　我国人工智能生成物著作权二元归属模式的构建

根据前文在理论研究与立法实践等层面针对人工智能生成物的著作权归属模式的具体分析可知，无论是人工智能说、“虚拟法律人格”说，还是人工智能编程设计者说以及人工智能使用者说等，不同归属模式本身都存在一定程度的可行性与缺陷不足。因此，在当前的著作权法律制度和社会经济发展状态下，必须要从我国的现实需要出发，构建出适合我国经济发展水平和法律制度实践的人工智能生成物著作权归属模式。

一、以人工智能法律主体人格不完整性为前提

当我们立足于法律范畴之内对人工智能本身进行分析时，首先对于法律主体本身的范围而言，其并不以生物属性的具备为划分依据，而是通过法律拟制技术的运用，对于可以承担责任、享有权利和履行义务的主体都赋予法律主体资格，理性主义和法律人格的具备等都属于客观的评价标准。而当人工智能可以像人类主体一样的去认识世界和感受世界，还可以在学习了人类世界中有关事物的运行规则之后，依据其自身智能性战胜人类主体时，其就已经拥有了成为民事法律主体所需要的民事权利能力和民事行为能力，可以成为民事法律关系的参与主体。具体到著作权法的范畴之内，我们需要通过对人工智能生成物的产生创作过程进行分析，从而得到其是否满足著作权法律体系下对于著作权法律主体资格的要求。人工智能生成物是人工智能以学习人类主体所提供的数据信息为前提，通过自主地对相关数据信息进行分析和整合，进而得到的与现有作品不相雷同也不相类似的知识产品。无论是从人工智能所付出的与人类主体无差别的劳动，还是其客观上所创作产生的知识产品，都充分说明了其具备成为著作权主体的合理性与正当性。因此，就像法人可以基于法律拟制成为法律关系主体，享有属于自己的财产权并获得法律的保护一样；人工智能作为能够在高效率和低成本下产出包含经济价值产物的主体，也应当被赋予独立的法律人格，拥有属于其自身的财产权利。[1] 尤其是，立足于我国现行的著作权法律体系，并没有明确规定只能由自然人主体成为著作权的主体，法律拟制的法人或非

[1] 许中缘．论智能机器人的工具性人格［J］．法学评论，2018，36（5）：153－164.

法人组织等主体也具有著作权主体资格，因此人工智能具有成为我国著作权法律主体的可行性。

但是相比于民事法律体系中的其他法律制度而言，著作权法律制度具有其独特的特点，因为著作权法律制度中的客体总是与脑力劳动密切相关，作品也总是与作者的个性紧密相连，这就使得作品作为著作权的客体总是具备其创作主体的人格性特征。而人工智能作为由人类主体所发明创造出来的，通过模仿人类主体思维模式并作出与人类主体类似行为的机器或程序，其所具备的人格性特征与人类主体相比总是不那么明显。尤其是当人工智能进行人工智能生成物的创作之时，也许不同的人工智能所产生创造出的生成物本身作为知识产品具有内容或者类型上的差异性。但是若想要以此差异性为线索，追溯出创造人工智能生成物的人工智能主体，显然十分具有难度。由此，人工智能在其作为著作权主体时，其所具备的法律主体资格与人类主体相比，无疑是存在不足，也就是具备不完整性的。虽然人工智能具有法律主体资格不可否认，但是其本质上所具有的工具属性和人类帮助依赖性，使得其法律人格受到了一定程度的限制，无法直接与人类主体的人格完整性相等同，这与因民事行为能力的不同而导致不同民事主体间存在的民事主体资格差异具有同质性。此外，人工智能在进行具体的责任承担时，也与人类主体存在差异性。

有鉴于此，在我国当前的著作权法律制度体系之下，我们需要针对人工智能生成物的著作权归属构建一个二元归属模式，即将人工智能生成物所具有的著作人格权和著作财产权，根据权利内容本身的不同进行具体划分，从而弥补人工智能在著作权法律关系中人格不具完整性的缺陷。

二、劳动价值论下人工智能生成物的著作人格权归属

自然权利理论下的劳动价值论，为人类主体对通过自己的劳动和努力所创造出来的物品享有财产所有权提供了正当性依据；

而智力创造作为一种脑力劳动付出，其与体力劳动在本质上并不存在差异，只是在是否可被肉眼所见和直观感知上存在些许的不同。因此，知识产权制度通过对智力创造劳动的认可，赋予了知识产权主体针对智力创造成果享有排他的私人所有权，著作权法律制度也不外如是。但是，正如前文所言，著作权与知识产权其他权利组成部分存在独属于其自身的特点，那就是著作权的客体作为创作者思想或情感的表达，除了具有著作财产权属性以外，还具有著作人格权属性，权利本身具体包括署名权、发表权、修改权和保护作品完整权。

鉴于人工智能在对人工智能生成物进行创作时，需要借助人类主体对其提供基础的数据信息，进而根据这些基础数据进行分析和整合，最终产出人类主体想要得到的成果类型。从而，一方面，我们对于人工智能在此过程中所付出的创造性劳动必须予以认可，并赋予其获得法律层面和实践层面投资回报的可能。具体在著作权法律制度下的回报，无疑就是赋予人工智能针对人工智能生成物享有署名权。就当前人工智能的发展状态而言，每个人工智能都拥有属于其自身的名字，从而可以与其他的人工智能相区分。比如，可以进行时事评论文章自主撰写的 Wordsmith、可以进行五言七律古诗自主创作的薇薇、可以进行现代诗歌创作并发表了诗集的微软小冰及可以进行歌曲自主创作并获得作曲人资格认证的 AIVA 等。上述不同的人工智能，或者是创作的作品类型不同，或者是创作的作品内容不同，但其所创作出来的作品都具有自身的特点和思考，属于其思想和情感的表达。因此，人工智能具有在其所创作出的创造性成果上表明自己身份并署上自己姓名的权利。此外，从现实的角度而言，针对人工智能生成物进行保护的目的之一，就是可以使一般社会公众将其与人类智能创作物区分开来，在人工智能生成物上标注人工智能的名字，无疑是最简单也是效率最高的可行方式。

另一方面，针对发表权、修改权和保护作品完整权的归属，基于人工智能本身所具有的工具属性和法律人格不完整性，可以将其归属于人工智能使用者享有。人工智能对生成物具有创造性贡献，我们并不予以否认；但是，针对人工智能生成物后续的发表和流通等环节，都是人工智能无能为力且无法掌控的，需要人类主体对其提供相应的帮助和支持。而之所以选择人工智能使用者而非其他的主体，作为除署名权以外的著作人格权享有主体，主要出于以下方面的考虑。

第一，鉴于人工智能编程设计者已经就创造人工智能编程本身而获得回报，人工智能编程设计者作为人工智能的初始设计者和基础锻造者，其所付出的创作性劳动并无争议，也具有知识产权法律制度所强调的激励功能，但这一激励功能在针对人工智能程序的公开和使用时，已经被现实地承认和赋予。因为除程序编程设计者以外的主体若想对人工智能进行使用或操作，无疑都需要获得程序编程设计者的许可并付出一定的对价，这就使得人工智能编程设计者已经因其智力付出而获益。此时，倘若再因为人工智能生成物属于人工智能的创造物，将人工智能编程设计者作为其他著作人格权的享有主体，无疑会使得其针对一项智力付出而享有双重的经济价值回报，而这是不符合知识产权法律制度设立初衷及违背劳动价值论的价值理念的。

第二，基于人工智能使用者对于人工智能生成物的产生和创作也付出了基础性的辅助劳动，且其对于人工智能生成物后续的发表和流通也具有获取经济价值的动力和主观意愿，因此赋予其修改权、发表权和保护作品完整权无疑有利于人工智能生成物的高效流通，发挥出其所具备的经济价值。毕竟，人工智能使用者作为人类主体，其具有追逐经济利益的天然属性，尤其是其对于人工智能生成物的产生和流通还付出了属于自己的劳动投资时，实现人工智能生成物所具有的经济价值无疑更是其积极追求的目标。此外，将人工智能使用者认定为除署名权以外其他著作人格权的享有者，也有助于当人工智能生成物的上述著作人格权利受到侵害时，人工智能使用者能够发挥主观能动性，积极维护其相应的合法权益，从而避免其他社会成员对于人工智能生成物的不当使用。

第三，著作权法律制度从本质上而言，其制度的设立目标在于鼓励社会成员积极进行智力创作，从而实现社会物质文明的进步，以及社会物质财富的现实增加。著作人格权作为著作权的组成内容，将其赋予作者或者其他著作权人的意义，就在于鼓励其积极进行智力创作活动，从而实现著作权法律制度所具有的制度目标。相比于将著作人格权赋予人工智能或者是将人工智能生成物归入社会公有领域，将著作人格权赋予人类主体才能在现实中实现著作权法律制度的这一最终价值追求。毕竟人类主体的逐利本能是其与生俱来的能力，人工智能目前还无法享有。

综上所述，对于人工智能生成物所包含的著作人格权，我们可以将署名权归属于人工智能本身，使其可以从直观上与人类智能创作物相区分，并实现对人工智能创造劳动的认可；对于除署名权以外的其他著作人格权，包括发表权、修改权和保护作品完整权，我们可以将其归于人工智能使用者所有，进而有助于实现著作权法律制度的制度目标，并发挥人工智能生成物在促进社会发展上的积极作用。

三、功利主义论下人工智能生成物的著作财产权归属

功利主义理论强调著作权客体所具备经济价值的实现，在其理论范畴之下的著作权法律制度的目标是：通过对特定的作者授予排他性的权利保护，从而鼓励作者创作和传播其所创作的作品，并最终让广大社会公众获益。著作权法律制度要想实现上述目标，对智力作品创作者提供适当的激励是必不可少的。但是，由于人工智能相比于人类主体所具有的特殊性特征，若将排他的著作财产权赋予人工智能，并无法使人工智能获得激励从而创作出更多的智力创造成果。因此，将人工智能生成物所享有的著作

财产权，无论是对其进行有形载体的利用，还是无形载体的再现和演绎等所产生的财产性权利，都归属于人工智能使用者所有，将是具有合理性且确实可行的。

首先，想要发挥功利主义理论对于著作权主体的激励作用，人类主体无疑才是最适合的选择。人工智能和社会公有领域等都不属于人类主体，不具有进行追逐经济价值的需求，因此不具备获得制度或理论激励的可能性。然而，人工智能使用者作为人类主体则不存在这一不足。对于经济价值回报的渴望将促使人工智能使用者积极地帮助人工智能进行智力创作性活动，进而为其后续通过人工智能生成物获取经济利益价值奠定基础，从而在最终结果上就体现为，助力于我国社会物质财富的增加和精神文化水平的提高。

其次，人工智能编程设计者对于人工智能生成物的著作财产权的主张，相比于人工智能使用者而言存在理论层面的不足。人工智能生成物属于人工智能的智力创造成果，其内容组成和表达形式并不具备任何的预先可控性，即使是设计出人工智能的编程设计者也不例外。既然人工智能编程设计者并不是现实的人工智能生成物创作主体，其就无法依据其创造出了人工智能本身而享有著作权利，毕竟著作权法律制度保护的是思想或情感的表达而非思想或情感本身。正如照相机的发明者并不能对照相机所拍摄出来的图片作品主张著作权利，计算机的文字编辑软件设计者也无法对使用其所创作出来的文字作品主张著作权利一样，人工智能编程设计者也无法针对人工智能生成物主张相应的著作财产权利。

最后，从实践角度而言，相比于人工智能编程设计者，人工智能使用者才是人工智能生成物最终可能产生类型的决定者，因为其既为人工智能提供了创作所必需的基础数据信息。人工智能编程设计者作为人工智能的创造者，对于人工智能生成物的产生并无任何实质性的帮助和贡献，其对于人工智能生成物的影响，在其创造出人工智能以后就戛然而止了，因此其无法拥有获得著作财产权的正当性。此外，对于人工智能生成物著作财产权利的具体实现，无论是对生成物本身内容的删减和选择，抑或是生成物后续的发表和流通，人工智能编程设计者相比于人工智能使用者而言，都并未投入任何的成本和资源。也就是说，相比于人工智能编程设计者对于人工智能生成物的不可控性，人工智能的使用者或操作者对于人工智能生成物的产生享有实际控制权，这也导致人工智能编程设计者成为人工智能生成物的作者具有实践上的操作不能。

本章小节

人工智能生成物相比于人类智能创作物而言，虽然两者的创作主体存在差别，但是其作为智力创造性成果都蕴含着经济价值，能够成为社会精神文明的组成部分。因此，当人工智能具备与人类主体一样的法律主体资格，且其所创作的成果也满足著作权法对于作品的客体属性要求时，如何对人工智能生成物所具有的著作权进行具体划分就成了不可忽视的待解决命题。

首先，本章从著作权归属本身所具有的主要内容出发，对于著作权归属的概念予以了明确，将其界定为确定作品所指向著作人格权和著作财产权的适用对象，从而对著作权利进行具体划分的制度。并且，当前针对著作权归属主要形成了以下两个原则：基于创作的著作权归属原则和基于投资的著作权归属原则。

其次，鉴于著作权归属模式本身会伴随着著作权法律制度而发展变化，因此，不同国家在自身社会发展和文化传统上所存在的差异，也会导致其适用的著作权归属模式存在差异。具体而言，目前世界上主要的著作权归属模式包括两种：第一种是只有作者才能享有著作权的归属模式；第二种则是除了作者以外，其他主体也能享有著作权的归属模式。当前施行只有作者才能享有著作权的著作权归属模式的国家，主要包括德国和法国。其强调智力创作主体对于作品所拥有的决定性影响，从而以“天赋人权”和劳动价值论等作为适用该模式的理论基础，以期待通过对自然人的创作行为赋予法律上的著作权保护，实现社会物质文明的丰富。而著作权归属于作者和其他可能主体的著作权归属模式，则具体包括两种可能：一种是著作权归属于作者为一般原则，但要同时对创作者意志进行参考以及兼顾投资者利益，主要的代表国家为英国；另一种则更加强调投资者与创作者的地位平等性，即著作权归属于作者为一般原则，但需要同时兼顾投资者的利益，创作者的意志可作为参考而存在，主要的代表国家为美国。对于著作权享有主体不限于作者的著作权归属模式，是考虑到在作品实际创作过程中其他主体成本投资的体现，有利于平衡各方主体的价值需求和利益分配。

再次，当前世界上存在的人工智能生成物著作权归属模式，主要包括人工智能说、“虚拟法律人格说”、人工智能编程设计者说、人工智能使用者说、社会公有领域说和人工智能编程设计者与人工智能使用者为共同作者说等。本书通过对上述人工智能生成物的著作权归属模式进行单独论证和综合分析，发现不同模式都具有属于自身的优点与不足。以人工智能编程设计者说为例，虽然该模式考虑到了人工智能编程设计者对于人工智能产生的初始性智力创造付出，并认可其所付出的劳动对于人工智能生成物产生的基础奠基作用；但是其却忽视了人工智能生成物在作为著作权客体时，要求创作主体必须具有创作意图和创作行为，人工智能编程设计者显然不符合这一要求。此外，若将人工智能生成物的著作权归属于人工智能编程设计者，就使得其仅通过一次劳动付出而获得了两次经济价值回报，这也是无法具有说服力的。

最后，从人工智能生成物的产生创作过程出发，综合考虑不同主体对于人工智能生成物创作的贡献投入，以及人工智能生成物本身与人类智能创作物不同的特殊属性，本书对于人工智能生成物所包含的著作权利内容进行了具体划分，最终构建出了具有我国特色的人工智能生成物著作权二元归属模式。这一著作权归属模式，以人工智能的法律主体资格也就是人格的不完整性为基础。这是基于人工智能虽然具备成为民事法律主体的民事权利能力和民事行为能力，也在劳动价值论和功利主义论的支撑下，具有成为著作权法律主体的正当性与可行性；但是，人工智能在本质上作为一种人类创造出来的类人化智能，具有与人类主体不同的工具属性，无法主动地主张权利和承担相应的责任。有鉴于此，一方面，对于人工智能生成物的著作人格权，我们可以基于人工智能对于生成物创作产生的劳动付出，将署名权赋予人工智能本身；并基于人工智能使用者在基础创作数据的提供和生成内容修改等方面对于人工智能生成物产生的劳动付出，将发表权、修改权和保护作品完整权归属于人工智能使用者。另一方面，以著作权法律制度的设立目标及人工智能生成物经济价值和文化价值的实现为导向，以功利主义理论对著作权人激励作用的实现为依据，将人工智能生成物的相应著作财产权归属于人工智能使用者，从而促使其积极地开发和利用人工智能生成物，发挥人工智能生成物在丰富人们物质文化生活中的积极作用。

第五章　我国人工智能生成物的著作权保护制度设计

我国为充分推动人工智能和相关产业的稳步发展，以国务院在2016年发布的《“十三五”国家战略性新兴产业发展规划》[1]为起点，明确将人工智能作为发展新一代信息技术的主要方向，强调要重点发展大数据驱动下的类人智能技术方法，以及在大数据分析的基础下重点推动类人智能方向的应用。尤其是伴随着人工智能成为我国构建国家安全和战略利益的“深蓝计划”核心，其更是成了我国国家发展的重要战略方向和产业变革的主要技术支撑。人工智能生成物作为人工智能以大数据为基础，结合语言应用、图像识别以及技术创新等多领域技术发展而得的产物，能够有效促进我国在文化领域的发展，实现人工智能与社会经济发展的深度融合，促进智能技术群和知识群的良性互动。因此，若想要更进一步促进人工智能在我国文化科学领域的发展，充分发挥人工智能生成物丰富我国人民物质文化生活的积极作用，为人工智能生成物提供法律制度上的保护就属于当务之急。尤其是基于其在内容和外在表现形式等方面与人类智能创作物具有同质性和不可直接区分性，倘若我们想利用我国现有的著作权法律制度对人工智能生成物提供有效的排他性保护，就需要为其提供一个完整的合理制度支持。有鉴于此，本章将综合前文理论分析和司法实践等方面进行全面考量，力图为实现我国人工智能生成物的

[1] “十三五”国家战略性新兴产业发展规划［EB/OL］.（2016－11－29）［2018－12－10］. http：//www. gov. cn/zhengce/content/2016－12/19/content_5150090. htm.

充分保护和有效利用，提出现实可行的建议和制度措施。

第一节　类推适用“特殊职务作品”保护制度

只有明确了可适用规则时，对一个事物的认识或是一个问题的处理才能出现具有一致性和可预测性的答案。因此，在现行著作权归属模式无法直接适用于人工智能生成物保护的背景下，本书综合分析了人工智能说、“虚拟法律人格说”、人工智能编程设计者说、人工智能使用者说、社会公有领域说和人工智能编程设计者与使用者为共同作者说等，以及人工智能生成物当前主要著作权归属模式的利弊与差异。从劳动价值论下因劳动而享有财产所有权的正当性出发，笔者主张将人工智能生成物的署名权赋予人工智能本身；并且，结合社会实践对于人工智能生成物经济价值的实现要求，以及促进人工智能生成物充分流通和利用的需要，主张将人工智能生成物除署名权以外的著作人格权和我国著作权法所规定的著作财产权归属于人工智能使用者。以人工智能生成物这一著作权二元归属模式为背景，对我国现有著作权法律制度进行分析，我们不难发现“特殊职务作品”保护制度的著作权归属模式与其具有一致性。因此，充分使用现有的“特殊职务作品”保护制度来保护人工智能生成物，就成了可供参考的现实路径。

一、利用我国著作权法现有制度是现实所需

利用我国著作权法律制度中的现有制度来对人工智能生成物进行著作权保护，具有以下两方面的论证依据。

一方面，由于我国属于成文法体系国家，对于技术发展产物的法律规定总是落后于科学技术进步的进程，因此若想对一个新事物展开具有国家强制力的法律规制时，最好且最直接的办法无疑是借助现行法律制度的已有规定。事实上，人工智能当前在文

化艺术和科学领域内，可以生成的产物类型具有不断发展变化的多样性，包括从散文、诗歌和新闻报道到音乐、视频再到计算机程序等内容，对社会经济活动和社会成员的生活都产生了不容忽视的影响。基于人工智能在作品创作领域的应用及其所能产生的经济价值，世界各国都对其给予了充分的重视并在积极地推进保护研究。比如，日本在2016年就开始着手通过立法的形式，将人工智能生成的小说和诗歌等作品纳入知识产权的保护范畴；又如，美国在近5年陆续发布的《人工智能，自动化和经济》《为人工智能的未来做准备》《人工智能白皮书》等文件，以及欧盟一直致力于实现的《就机器人民事法律规则向欧盟委员会提出立法建议的报告草案》和《欧盟机器人民事法律规则》等政策和计划等。因此，在世界各国对于人工智能及其具体适用，都在积极展开国家政策规划和法律制度保护研究的背景下，虽然我国当前在人工智能领域的总体发展水平和科技产出状况等方面，已经超过了英国、德国和日本等发达国家，占据了优势的领先地位；但是，基于牛津大学青年学者杰弗里·丁（Jeffrey Ding）发表的《解密中国AI梦》[1] 调查报告可知，在对人工智能领域内的硬件、数据、算法和商业生态系统四方面能力进行综合考量时，我国仅在数据这一方面存在些许优势，其他方面的发展还远远不足，尤其是综合的人工智能发展潜力指数（AIPIA）仅有约美国的一半。因此，借助我国著作权法律制度中的已有规定来对人工智能生成物进行保护，既是我国当前人工智能发展规划的要求，也成了现实发展的必然选择，有利于我国在国际竞争中抢占人工智能生成物有效利用和保护的先机，确保在人工智能的智力创作领域保持优势地位。

---

[1] JEFFREY D. Deciphering China's AI Dream，Future of humanity Institute. [EB/OL]. (2018-03-14) [2019-01-15]. http://www.fhi.ox.ac.uk/deciphering-chinas-ai-dream/.

另一方面，世界上的任何事物总是会随着时间的推移而不断发生变化，新兴事物也总是会相伴于科学技术的发展而不断产生。针对这些伴随社会发展而来的新事物，应对的最好方法是对现有法律资源进行深入的挖掘和优化整合，从而充分利用现有法律和法理的合理部分加以解决。[1] 毕竟，法律作为维护社会正常运行秩序的最后一道防线，具有稳定性和持久性等特征。人工智能本身是技术发展的产物，若想从我国现有的法律规定中找到可以直接适用的规定，肯定是不现实也是不可能的。但若是认定其具备成为法律主体的资格，从而改变我国当前的法律主体制度体系，无疑也是存在风险和过于激进的。毕竟，民事法律主体经历了从家父到自然人再到自然人与法人的转变这样漫长的历史发展历程，而当前的知识产权主体制度也是以几百年的理论探索为基础的。贸然将人工智能的法律主体资格通过成文立法来予以确立，赋予其与自然人、法人同等的法律主体地位，无疑是对现有法律主体制度和哲学认知系统的“爆炸性”冲击。因此，当我们可以通过对现有法律资源的挖掘和组合，对人工智能生成物进行合理规制和保护时，直接利用我国现行著作权法律制度中的有关规定无疑是更为合理和科学的选择。如此既能确保对于人工智能生成物的著作权保护有法可依，还能实现对其合法权益维护的高效率和低成本。

二、适用“特殊职务作品”保护制度实际可行

将“特殊职务作品”的相关规定类推适用到人工智能生成物的著作权保护上，具有切实可行且有利无害的优势。

首先，我国关于职务作品的规定虽然相比于世界其他国家起步较晚，但其内容组成明确且体系构成完备。一方面，在我国

[1] 苏平．知识产权论丛［M］．北京：法律出版社，2014：165－166.

《著作权法》的第18条❶中，将职务作品界定为自然人为完成法人或者非法人组织工作任务所创作的作品，并对该作品的著作权归属进行了明确。即在未存在事前合同约定或法律强制性规定时，职务作品的著作权由作者享有，法人或者非法人组织具有在业务范围内优先使用的权利。进而具体到特殊的职务作品类型时，即利用法人或非法人组织所提供的物质技术条件并由其承担责任而创作出来的，如工程设计图、地图和计算机软件等职务作品，创作者仅享有署名以及获得奖励的权利，除此之外的其他著作权利由法人或非法人组织享有。另一方面，为了进一步对职务作品界定和归属等相关事物的概念予以明确，我国国务院在其2013年修订的《著作权法实施条例》第11条❷中规定，职务作品制度中公民完成工作任务是在法人或者非法人组织中应当履行的工作职责，由其所承担的工作内容和范围所决定；而物质技术条件则具体为法人或者非法人组织提供资金、设备和资料等资源，从而使公民可以顺利完成法人或者非法人组织所想要得到作品的投资。综合上述规定可知，我国关于职务作品及其组成部分“特殊职务作品”等制度的概念界定、权属划分等内容，都具有

❶ 参见《中华人民共和国著作权法》第18条：“自然人为完成法人或者非法人组织工作任务所创作的作品是职务作品，除本条第二款的规定以外，著作权由作者享有，但法人或者非法人组织有权在其业务范围内优先使用。作品完成两年内，未经单位同意，作者不得许可第三人以与单位使用的相同方式使用该作品。有下列情形之一的职务作品，作者享有署名权，著作权的其他权利由法人或者非法人组织享有，法人或者非法人组织可以给予作者奖励：（一）主要是利用法人或者非法人组织的物质技术条件创作，并由法人或者非法人组织承担责任的工程设计图、产品设计图、地图、示意图、计算机软件等职务作品；（二）报社、期刊社、通讯社、广播电台、电视台的工作人员创作的职务作品；（三）法律、行政法规规定或者合同约定著作权由法人或者非法人组织享有的职务作品。”

❷ 参见《中华人民共和国著作权法实施条例》第11条：“著作权法第十六条第一款关于职务作品的规定中的‘工作任务’，是指公民在该法人或者该组织中应当履行的职责。著作权法第十六条第二款关于职务作品的规定中的‘物质技术条件’，是指该法人或者该组织为公民完成创作专门提供的资金、设备或者资料。”

体系化的合理规定，能够在司法实践等方面进行直接适用。

其次，当将人工智能生成物与“特殊职务作品”进行对比分析时，我们不难发现，人工智能生成物与“特殊职务作品”具有诸多相通之处。第一，两者的产生和创作都借助了外在资源的投入与帮助。人工智能生成物是在人工智能使用者提供基础数据的前提下，人工智能自主创作产生的创造性成果，人工智能使用者在数据信息和最终内容确定等方面对其具有不可缺失的帮助。而特殊职务作品也是作者以法人或者非法人组织所提供的资金、设备和资料等资源为基础创作所得，仅依靠作者个人，可能并无法承担其创作所需要的时间和资本等基础成本，法人或者非法人组织对其作品的创作完成付出了不可或缺的帮助与支持。第二，两者都是以完成其他主体交代的任务而进行作品创作。人工智能生成物的创作内容由人工智能使用者提供的基础数据信息所决定，其对需要完成的创作作品类型没有自主决定权，而是由人工智能编程设计者在进行人工智能的创造时事先设定。因此其创作完成的生成物并不仅具备自身意志，还以完成人工智能使用者所想要得到的结果为任务目标。“特殊职务作品”也不外如是，作者除了具备作品创作者的身份之外，还属于法人或非法人组织所雇佣的职员，因此其进行智力创作时总是为了完成某项工作任务的要求而实施的行为，并不可由其进行自由决定和任意发挥。第三，两者的责任承担主体都不是其创作者本身。人工智能作为一种由人类创造出来的智能机器或程序，其本身并无法作为责任承担的主体，需要人工智能使用者作为人类主体进行相应的可能责任承担。而“特殊职务作品”中的责任承担风险，也因职务作品本身就是作者以完成法人或者非法人组织交代的任务，而转嫁到法人或者非法人组织之上，创作者本人并不需要进行责任的承担。第四，两者针对其本身的创作成果都具有署名的权利。人工智能虽然相比于人类主体在人格完整性上存在不足，但是针对人工智能生成物，因其付出的劳动和产生的创造性价值等而当然地享有署名的权利。“特殊职务作品”中的作者作为创作者，对其创作完成的作品所享有的署名权利，既由我国著作权法成文的法律规定予以认可，也有劳动价值论和功利主义论等理论基础作为正当性支撑。

因此，综合上述人工智能生成物与“特殊职务作品”之间所具有的诸多共通之处，对人工智能生成物适用我国著作权法律制度中有关“特殊职务作品”的相关规定，具有现实的可行性和制度契合性。具体而言，不仅能够充分发挥现有制度对新事物的规制作用，实现人工智能生成物规制的低成本和高效率；还能够通过著作人格权中署名权的赋予，使得人工智能对于生成物的创作贡献得到承认，为人工智能生成物与人类智能创作物的直接可辨提供可能。

三、“特殊职务作品”保护制度以类推适用为限

我国著作权法的施行具有法定主义原则，人工智能生成物并不能直接纳入职务作品的范畴之内。因此，虽然人工智能生成物的保护可以借助“特殊职务作品”制度予以开展，但是“特殊职务作品”制度对其的适用只可以通过类推的方式进行。

首先，职务作品所包含的内容与人工智能生成物并不完全一致。职务作品本身区分为一般职务作品和“特殊职务作品”，一般职务作品的著作权利归属于作者本人而非其他主体的现行法律制度规定，与我们想要将人工智能生成物除署名权以外的其他著作权利归属于人工智能使用者相矛盾，所以需要我们予以特别的注意。除此之外，即便是具体到“特殊职务作品”本身所包含的内容，由于我国著作权法对其采用的是列举式规定，包括工程设计图、产品设计图、地图以及计算机软件等作品类型，明显小于当前人工智能生成物所包含的内容范围。据不完全统计，当前人工智能所能够创作产生的人工智能生成物类型，除了包括特殊职务作品所具有的作品内容，还包括散文诗歌等文字作品、音乐

作品、视听作品、计算机程序等。由此可知，虽然人工智能生成物与“特殊职务作品”之间存在诸多的相通之处并存在适用可能，但两者还是存在差别，所以并不可对该制度进行直接适用，而需要区分具体内容予以类推适用。

其次，两者背后所蕴含的法律关系不同。“特殊职务作品”中的作者与法人或者非法人组织以雇佣关系的存在而产生联系，这也是“特殊职务作品”能够被创作产生的前提。但是，人工智能与人工智能使用者之间并不存在雇佣关系。事实上，人工智能使用者既无须向其支付报酬，也不用向其提供国家规定的休息、休假、享受劳动保障和生活福利等权利保障，毕竟人工智能在本质上还是与人类主体存在生物属性上的区别。因此，相比于“特殊职务作品”的创作者，人工智能与人工智能使用者之间的法律关系更为简单，而人工智能使用者所需要付出的投入成本，与法人或者非法人组织相比也是相对较少的。

最后，“特殊职务作品”制度相比于法人作品保护制度而言，更能够与人工智能生成物的保护目的相契合。根据我国《著作权法》的相关规定可知，法人作品指的是代表着单位意志并在单位主持之下所创作出来的作品，其著作权利全权归属于单位——法人或者非法人组织，并且其作品可能产生的侵权风险和责任也由单位予以承担。❶“特殊职务作品”与法人作品有以下三点区别。区别之一在于，法人作品的著作权利完全归属于法人或者非法人组织，作者并不能基于其创作而享有任何权利，强调将法人或者非法人组织等非人类主体拟制为法律上的作者。区别之二在于，相比于作者在“特殊职务作品”创作过程中，对作品结构安排、情节处理和材料取舍等方面具有的个人决定自由；

❶ 参见《中华人民共和国著作权法》第11条第3款：“由法人或者非法人组织主持，代表法人或者非法人组织意志创作，并由法人或者非法人组织承担责任的作品，法人或者非法人组织视为作者。”

法人作品则更加重视作品中法人或非法人组织意志的体现，对于作品创作者拥有的创作自由赋予了更多的限制。因此，人工智能生成物现实创作中所具有的数据选取和组合自由，以及在法律制度框架下的署名权需求，适用特殊职务作品制度对其予以保护，显然比适用法人作品保护制度更加具有合理性和可行性。区别之三在于，两者对于除署名权之外的著作权归属需求存在差别。针对人工智能生成物的著作权利，除了署名权归属于人工智能本身以外，其他的著作人格权和著作财产权都归属于人工智能使用者这一人类主体，促使其为了获取自身资源投入的回报，具有发表和流通相关生成物的动力，最终实现著作权法律制度对于智力创作的激励功能。但是法人作品保护制度，则是从法律拟制的角度将法人或者非法人组织直接视为法人作品的作者，并不体现创作者对于法人作品的创作贡献。这与我国著作权法充分考虑法人或者非法人组织是作品得以创作产生的实际投资者身份相关，毕竟在实际创作的自然人越来越淡化的背景下，法人或非法人组织对于创作的重要意义不言而喻。[1] 因此，法人作品与人工智能生成物在著作权归属上具有较大的差异。相较于法人作品保护制度，"特殊职务作品"保护制度更加适宜对人工智能生成物的著作权提供保护。

综上所述，在人工智能本身所具有的法律人格不完整性背景下，对于人工智能生成物的著作权归属要一分为二，即将著作人格权中的署名权赋予人工智能本身，并把除署名权以外的其他著作人格权和著作财产权归属于人工智能使用者所有。一方面，鉴于"特殊职务作品"与人工智能生成物在作品创作过程、署名权归属以及责任承担机制等方面存在相似性，对人工智能生成物适用"特殊职务作品"保护制度是现实可行的。另一方面，"特

---

[1] 许辉猛．人工智能生成内容保护模式选择研究：兼论我国人工智能生成内容的邻接权保护［J］．西南民族大学学报（人文社科版），2019，40（3）：100－106.

殊职务作品”与人工智能生成物在除署名权以外的其他著作权利归属、本身所包含的具体内容等方面还存在现实差异性。因此，对于人工智能生成物的著作权保护，只能依据“特殊职务作品”保护制度进行类推而非全方面地直接适用，从而确保对于人工智能生成物著作权保护的制度合理性与科学性。

第二节 创设人工智能生成物的著作权保护标准

人工智能生成物作为人工智能模仿人类智能而创作产生的创造性成果，其在内容表现形式以及创造性程度等方面，与人类智能创作物多少具有比率上的相似性和不可直接区分性，两者之间所存在的现实差异也是任何人都无法予以否定的。因此，当现有的著作权作品保护体系和标准无法对人工智能生成物进行直接适用时，我们需要依据人工智能生成物本身所具备的主要特征，以著作权客体所必需的组成要件为考量因素，提高其作为著作权客体的保护标准，设计出一种相对于人类智能创作作品而言，更为严格的著作权保护制度标准。

一、提高人工智能生成物的“创造性”认定标准

提高人工智能生成物的创造性认定标准，本质上是指其作品内容必须具备高于人类创作作品所需要满足的创造性要求。作为著作权所指向的对象，著作权客体虽然在不同国家具有不同的概念构成和组成要件，但实质上都需要具备一定程度的创造性。本书虽然承认人工智能生成物具有成为作品所必需的独创性，但是相比于人类智能创作的作品而言，其所蕴含的创造性程度显然稍显不足。这是因为，即便所有的创作行为都是以前人已经创作出来的现有作品为基础，但人类主体所能接受和学习理解的数据信息因其生物属性的限制而相对有限。所以当一个人类主体对一定的数据材料进行学习和阅读之后，需要结合自身的知识储备对其

理解才能消化和吸收，最终在进行智力创作时自如地使用，并使其成为表达自身情感和思想的媒介。因而，上述人类主体吸收和利用已有数据信息进行创作的过程使得创造性智力作品具有更大程度的创造性。在著作权法中的体现就是，我国对于人类智能创作作品的创造性要求为——作品本身不是对于现实事物或者客观事件的客观描述，也不是人人可得的普遍性结果即可。而人工智能则与之不同，在人工智能作为人工智能生成物的创作主体时，其依赖于现代科学技术的发展和运用，所能展开的数据抓取和信息组合速度是人类所无法比拟的。以微软小冰为例，其在创作现代散文诗歌之前，仅仅花费 100 个小时就对相关的诗歌进行了超过 10000 次的（迭代）学习，内容包括自 1920 年以来的 519 位诗人所创作的所有现代诗，平均下来其（迭代）学习一首诗歌的时间大概只需要 0.6 分钟，而人类主体若仅想对上述的所有诗歌进行阅读一次，就需要花费将近 100 年的时间。[1] 也正因为此，人工智能在学习和创作过程中的高速运转，直接后果就是独属于其的个性展示部分作为创造性的体现，在人工智能生成物的内容中十分有限。

由上可知，创造性是作品创作者自身个性的体现，人工智能生成物中所包含的作者属性和印记，是明显低于人类智能所创作的作品的。那么，我们就不能依据现行的人类作品创造性认定标准对其进行判断，而是需要结合人工智能生成物本身的被创作特点，对其创造性的衡量标准予以提高。具体到实践操作层面，对于人工智能生成物所具有的创作性程度的衡量，我们可以通过为人工智能生成物研发专门的检测程序，将其所包含的内容与现有作品进行重复率或者相似性程度的比较，进而得出人工智能生成

[1] 阳光失了玻璃窗［EB/OL］.［2018－08－20］. https://baike.baidu.com/item/%E9%98%B3%E5%85%89%E5%A4%B1%E4%BA%86%E7%8E%BB%E7%92%83%E7%AA%97/20811991?fr=aladdin.

物作为作品所具有的创造性水平。实际上，将新创作的作品与已有作品进行重复率和相似性的检测作为衡量新创作作品创新程度的做法渊源已久，尤其以文字作品为典型。现实生活中的任何文字作品若想贴上原创的标签，重复率和相似程度是其首先需要跨越的门槛。因此，通过对人工智能生成物的内容进行重复性与相似度的检测来衡量其所包含的创造性程度是现实可行的。

二、将登记作为人工智能生成物的法定保护前提

将登记作为人工智能生成物获得著作权法保护的必备条件，是指未经登记的人工智能生成物，无法适用著作权法范畴内的作品自动保护制度，即自其被创作产生之后无法直接成为著作权客体，被侵权时也无法获得国家强制力的支持。事实上，人类智能创作作品在著作权法领域的保护方式，经历了从登记保护到自动保护的变化过程。由于著作权在一开始并不属于私人的所有权，而是国家赋予出版商发行和印刷作品的特有权利，直到英国《安娜女王法令》的颁行，才使得版权重新归属于作者而非出版商。尤其是该法为了实现作品的经济价值，规定了对于作品的著作权保护需要以进行版权注册登记和提交作品样书为前提，这才导致作品登记制度在历史上得以产生。在此之后，这一制度被世界多个国家效仿和吸收。进而随着商品经济的兴起和国际贸易的发展，为了更好地促进作品的国际流通，以及实现对不同国家公民所创作作品著作权保护的平等性，相关国家纠纷缔结《伯尔尼公约》。该公约通过在其内容中明确规定著作权适用自动保护制度，即自作品完成之日起无须登记而自动成为著作权客体，[1] 来实现对作品进行国际保护的可能。因此，当一国想要加入或者实际加入该公约之后，就必须修改其国内法使其规定与公约内容保持一

[1] 《保护文学和艺术作品伯尔尼公约》第5条［EB/OL］.［2019-01-18］. https://www.wipo.int/treaties/en/ShowResults.jsp?lang=en&treaty_id=15.

致。截至2019年1月18日，世界上已有176个国家成为该公约的缔约国，这就使得著作权登记制度逐渐地在事实上被作品自动保护制度所取代，最终消失于世界上绝大多数国家的著作权法律制度之中。

人工智能作为一种模仿人类智能的程序或机器，其并不具备人类主体的生物属性特征，既不需要休息来补充创作体力，也不需要能量摄入来维持生存。其需要的只是像电能等能源来支持其运转，而这些能源在人类智慧的作用下，已经属于经济实用且容易控制和转换的稳定能源。也就是说，人工智能以此为支撑，可以持续、长久且不间断地进行智力创作，这无疑是人类主体无法做到的。基于此，人工智能相比于人类智能，不仅在创作过程上具有快速性，而且具有持续的创造可能，这也是人工智能生成物数量巨大、类型多样的原因。以人工智能作曲程序 EMI 为例，由于其以互联网海量数据信息作为歌曲的创作基础，当其仅以巴赫风格的曲目作为其基础创作数据时，在一天的时间内就可以谱写出5000首具有巴赫风格的赞美诗。[1] 而在此情形之下，倘若对人工智能生成物也适用与人类智能创作物同样的自动保护制度，无疑将使得大量的人工智能创作作品进入私人所有权领域，作品接触和使用的门槛在无形中被提高，最终导致资源因无法得到有效利用而被闲置和浪费，“反公地悲剧”的发生就不可避免。对人工智能生成物适用版权登记保护制度而非作品自动保护制度，是现实也是客观所需。

具体而言，我国当前的著作权登记保护制度主要集中于音乐作品和计算机软件等范畴，相关规定也主要体现在《作品自愿登记试行办法》《计算机软件著作权登记办法》等规定之中。因此，我们可以吸收《作品自愿登记试行办法》等具体规定中的

[1] 人工智能模仿巴赫作曲！你能听出来差别吗？［EB/OL］.（2017－07－08）［2018－11－10］. http：//www.sohu.com/a/155516370_657499.

相关内容，如作品权属登记的程序和需要提交的文件等，并将其直接适用到人工智能生成物的著作权登记保护制度之中。

第一，明确登记效力，对人工智能生成物实行强制登记制度，未经登记的人工智能生成物无法成为著作权客体，作者或其他著作权人也无法取得著作权。这就使得登记作为人工智能生成物获得著作权保护的生效要件，被纳入法律强制规定的范畴。既能够强调其对于人工智能生成物可为著作权所保护的重要性和决定性，也使得相关主体具有及时将人工智能生成物进行登记的动力和积极性，便利我国的相关组织对其进行统一管理。

第二，明确登记机关，充分利用我国现行版权局行政体系。国家版权局及各省、市、自治区及下属各级版权局是著作权行政管理的专门机关，而与著作权保护有关的其他非专门机关则在必要的时候与其进行配合和协调，如文化部门、公安部门、宣传教育部门等。并且，针对中央和地方职权范围和行政区域的不同，我国《著作权法》明确规定：国家著作权主管部门负责全国的著作权管理工作；县级以上地方主管著作权的部门负责本行政区域的著作权管理工作。[1] 有鉴于此，我们可以明确规定，国家版权局主管全国的人工智能生成物登记工作，而各省、市、自治区及下属各级版权局作为本辖区内专门的人工智能生成物登记管理机关，负责本行政区域内人工智能生成物的登记管理工作。此外，强调人工智能生成物的著作权登记工作为版权局所专有，不可委托其他非专门机构进行办理，避免出现因著作权登记代办机构盛行，致使人工智能生成物的著作权登记混乱或者出现重复的情形。

第三，明确规定登记程序及登记需要提交的相关材料等内容。对于前述人工智能生成物登记所需要履行的程序等事项，我们可以参照《作品自愿登记试行办法》和《计算机软件著作权

[1] 参见《中华人民共和国著作权法》第7条。

登记办法》中的现有规定，并结合当前我国各级政府在其行政区划内所实行的著作权管理规定和办法予以确定。一方面，针对人工智能生成物进行著作权登记应当提供的相关材料，应当包括著作权人的身份证明，如人工智能使用者的身份证明等；证明作品权利归属的证明文件，如包括作品封面和作品内容复印件的完整作品样本材料；以及作品著作权登记表等。若非著作权拥有者本人进行作品的著作权登记时，还需要提交证明登记人身份的相关材料，如委托合同书、继承人身份证明等。[1] 另一方面，针对人工智能生成物的具体登记程序，应为著作权人首先向专门的著作权登记行政机关递交登记相关材料，进而在登记机关运用相关程序核验该样本材料具备作品资质后，由登记机关给相关的著作权人发放人工智能生成物作品登记证。著作权登记行政机关的核验期限为1个月，自收到登记申请人提交的所有相关材料之日起计算。[2]

综上所述，对于人工智能生成物的著作权保护具体实践，我们需要以登记作为其法定的权利保护前置程序，既使得人工智能生成物的管理和使用能够在国家可控的范畴内展开，也使得人工智能生成物的保护方式可以与人类智能创作物区分开来，实现具体作品的具体保护。

三、缩短人工智能生成物的著作权法定保护期限

著作权法律制度的设立基础在于，通过国家公权力赋予作品创作者排他的私人所有权，从而鼓励其积极地进行智力创作和作品的发表传播，实现社会物质文化生活的丰富，这也是我国《著作权法》在其第1条所明确规定的内容。依据劳动价值论和功利主义论可知，创作者对其因自身智力劳动付出所得的知识产品，

---

[1] 参见《作品自愿登记试行办法》第8条。

[2] 参见《作品自愿登记试行办法》第9条。

享有法定排他的知识产权，且这一排他的垄断权具有充分的理论正当性。但正如“公地悲剧”理论所言，当人们都积极利用公用资源创造出自身可以享有私人所有权的产物时，每个人都会为了实现自身收益的最大化而进行资源的盲目侵占和使用，从而使得资源因不受限制的利用而枯竭。毕竟资源本身作为人类历史发展积累所得的产物，在特定领域或者特定范围内是相对有限的，智力文化等无形资源也不例外。特别是，知识产品作为知识产权的客体，其还因具有无形性和可继承性特征而具备了公共商品的性质，即社会大众都对其拥有接触和使用的合法需求。❶

因此，鉴于知识产品所包含的上述双重属性，知识产权法律制度为了平衡智力创作者激励功能和社会公众利益保护功能两者之间的冲突，对知识产权人所享有的专有垄断权规定了时间的限制。比如，我国《著作权法》规定，针对作品的著作人格权保护期限没有时间上的限制，但是著作财产权的保护期限为作者终生及其死亡后50年，且职务作品的发表权和著作财产权自首次发表之日起保护50年等。❷ 又比如，我国《专利法》规定，发明专利权的保护期限自申请之日起计算20年，而实用新型专利权和外观设计专利权的保护期限则分别自申请之日起10年和15年。❸ 再比如，我国的《商标法》规定，注册商标的有效保护期限为自核准注册之日起计算10年，但在期满之前的12个月内可以办理续展手续，续展的次数不限，且每次的续展有效期均为自上次有效期届满之日起计算10年。❹

我们基于人工智能生成物本身所具备的作品客体属性，将其划定为著作权法所保护的内容本无可争议。但是，鉴于其与人类

❶ 冯晓青．知识产权法哲学［M］．北京：中国人民公安大学出版社，2003：236.

❷ 参见《中华人民共和国著作权法》第23条。

❸ 参见《中华人民共和国专利法》第42条。

❹ 参见《中华人民共和国商标法》第39条和第40条。

智能创作物具有事实上的本质区别，需要对其作为著作权客体所能够享有的保护期限，与人类智能创作作品区分开来。也就是说，虽然我国现行著作权法中对于作品的保护期限大概为 50 年，但那是由作品本身所包含的创造性程度和创作投资成本等多个因素所综合决定的。若忽视人工智能生成物与人类智能创作物之间存在的区别，直接赋予其 50 年的保护期限显然不符合公平正义的价值理念，也不利于通过人工智能生成物的产生和被创造实现我国社会主义科学事业发展和繁荣的根本目标。通过分析我国专利法对于不同类型专利保护期限所作出的区分可知，根据不同发明内容和创新程度的不同，其所具有的法定保护期限存在差别。具体而言，由于发明保护的对象除了实用信息和外观设计所包含的结构层次和技术方案，还包括方法和新型材料等，所以发明专利的保护期限为 20 年，而实用新型和外观设计专利的保护期限只有 10 年。

有鉴于此，我们可以基于人工智能生成物与人类智能创作物所包含创造性的不同，以及人工智能生成物产出速度快和数量巨大等特征，将人工智能生成物的著作权保护法定期限与人类智能创作物的保护期限相区别。具体而言，也就是将人工智能生成物的著作权保护期限规定为 10 年，自其被核准登记之日起计算。从而既能体现出其与人类创作作品在保护期限上的区别，还能维持知识产权法律制度本身的体系化。此外，商标之所以可以续展，是因为其会因使用而导致所具备的商业价值不断增加，社会影响力也不断增强。而人工智能生成物作为文学艺术和科学领域内的作品而存在时，对其进行使用并不会造成价值的减损，也不会导致商业价值的累积式增长，因而也不需要赋予其与商标相类似的被续展权利。综上所述，在著作权法律制度内，可以赋予人工智能生成物自核准登记之日起 10 年的有效保护期，但这一保护期限不可被延长。

第三节　构建完备的人工智能生成物侵权监管机制

辩证唯物主义哲学告诉我们，世界上的一切事物都是矛盾的对立统一体，两者统一于事物内部之中，并通过相互作用来实现事物本身的运动、变化和发展，这也是社会本身能够不断发展前进的终极原因。人工智能生成物作为人类智慧发展的产物，当其所包含的内容有利于我国社会主义精神文明建设的发展时，对其赋予必要的保护就是首要任务。然而，当其所体现的内容是威胁国家安全和社会正常运行秩序的错误价值观念时，对其进行监管就是必要且必须解决的问题。因此，作为一个完整的事物发展规划制度，其既需要具有明确的适用对象、清晰的权利界定和权属划分机制，还需要具备侵权责任承担等监管措施。由于人工智能生成物是由人工智能创作而得，而人工智能的创作又在事实上涉及人工智能使用者、人工智能编程设计者等多个相关主体，所以针对人工智能生成物侵权监管机制的构建，我们可以从侵权责任归责原则的明确、侵权标准的认定以及侵权责任的具体承担三个方面展开。

一、明确人工智能生成物著作权的侵权责任归责原则

侵权责任归责原则属于我国侵权责任法的核心问题，若从概念上对其进行界定，“侵权责任”是指权益因侵权行为受到损害之后应当承担的责任，“归责”是指确认和追究侵权行为人的民事责任。[1] 那么，通过将前述两者进行结合可知：“侵权责任归责原则”就是指以何种根据去确认和追究侵权行为人的民事责

[1] 张新宝．侵权责任法原理［M］．北京：中国人民大学出版社，2005：24.

任，即因权益受到侵害而发生的损害究竟应当由谁来承担的问题。❶ 根据我国《民法典》第七编的相关规定，我国的侵权责任归责原则依据是否具有过错以及侵权归责事由的不同，可以划分为过错责任原则、过错推定责任原则、无过错责任原则以及公平责任。❷

首先，过错责任原则是近代民法中建立起来的，与所有权神圣不可侵犯原则和意思自治原则一起被合称为近代民法的三大基本原则。❸ 过错责任原则作为主要的归责原则，调整一般侵权行为的责任归属问题。鉴于过错本身包括故意和过失，因此过错责任原则的内容里还包含过失责任。我国对于过错责任原则的适用采用的是主观归责的方式，即以行为人的主观心理状态作为确定和追究其责任的依据，并将行为人的过错作为该原则适用的构成要件。❹ 在大多数情况下，通过法律中所包含的公平正义观念以及法律制度本身所具有的适当弹性等，来决定过错方应当承担民事责任的轻重。

其次，过错推定责任原则具体是指当法律推定行为人具有过错并应当承担侵权责任时，行为人通过证明自己不具有过错来免除自己所需要承担的侵权责任。虽然过错推定责任原则在价值判断标准和责任构成要件上与过错责任原则具有一致性，但实际上其与过错责任原则所具有的举证责任不同，调整范围上也存在差异，因此需要将两者进行区分并认可其具有独立性，不可将其作为过错责任归责原则的组成部分。❺ 而对于过错责任原则的适

---

❶ 王泽鉴．侵权行为法（第一册）[M]．北京：中国政法大学出版社，2001：11-12.

❷ 参见《中华人民共和国民法典》第1165条、第1166条及1186条。

❸ 江平，费安玲．中国侵权责任法教程[M]．北京：知识产权出版社，2010：139.

❹ 张新宝．侵权责任法[M]．4版．北京：中国人民大学出版社，2016：16.

❺ 王利明．侵权行为法归责原则研究[M]．北京：中国政法大学出版社，1991：30.

用，则以我国法律的明确规定为限。比如，教育机构在无民事行为能力人在教育机构受到侵害时应当承担的责任、医疗机构在违反相关诊疗规范规定时应当承担的责任、建筑物和构建物或其他设施及其悬挂物等发生脱落、坠落造成他人损害时应当承担的责任，等等。❶

再次，无过错责任原则是指侵权责任的构成和承担，不考虑行为人是否存在过错。其存在的意义在于平衡社会公共利益，以及调解不同社会群体因力量强弱差异所产生的矛盾，从而力图实现社会的公平和正义。鉴于无过错责任原则的严格性，其主要适用的范围或与损害他人权益的高度危险领域相关，或以在先法律关系的存在为前提，或以行为人现实具备的优势地位为基础，但都需要以法律条文的明确规定为共同前提。

最后，公平责任从严格意义上而言，并不能算是一个独立的侵权责任归责原则，因为其在法律上并没有像过错责任原则、过错责任推定原则一样被单独予以规定，所能调整的范围也十分狭小且不具备典型性。因此，鉴于公平责任的具体适用并不具备一般性和普遍性，我们可以更多地将其视为以公平正义理念为依托的一种责任承担方式，而非侵权责任的归责原则。

著作权作为知识产权的组成部分，而知识产权侵权又属于民事侵权的范畴，因此对于著作权侵权归责原则的确定，也应当在民事侵权责任归责原则的体系内予以讨论。正如前文所述，一般情况下的民事侵权行为适用过错责任归责原则，对于侵犯著作权的行为，通常也应当以适用过错责任归责原则为主。事实上，过错责任归责原则在著作权法领域的适用，不仅能够体现知识产权制度所追求的利益平衡，即存在主观过错才需要承当相应的责任后果，促使著作权人的利益能够得到有效保护，还使得法律对于预防侵权和制裁侵权的功能得以实现。这一原则适用于著作权侵

❶ 参见《中华人民共和国民法典》第1199条、第1222条和第1254条。

权行为判定，不仅是知识产权理论学界中的共识，也是我国知识产权司法实践中的广泛适用标准。[1] 并且，鉴于著作权的侵权行为存在一定程度上的隐蔽性和复杂性，在具体的侵权行为之中，过错推定原则和无过错原则也作为平衡著作权人和侵权人之间利益的工具，在法律规定和司法实践中部分有所体现，但是并不具备普遍性和一般性。比如，对于复制品和视听作品等作品的出租权保护，若出版者和制作者等不能证明其发行或出租该作品具有合法授权，那么出版者或制作者就需要承担相应的法律责任。[2]

综上所述，对于侵犯人工智能生成物著作权的行为，需要适用以过错责任原则为主，过错推定责任原则和无过错责任原则为补充的侵权责任规则原则体系。对于上述侵权责任归责原则的适用，要综合侵权行为人的主观过错、侵权程度以及侵权后果等因素进行综合考量。

二、确定人工智能生成物的著作权侵权认定标准

（一）一般作品侵权认定的适用标准

在著作权法领域中的侵权认定，主要包括以下两个环节。第一个环节从本质上而言，是对于作品是否属于作者“独立创作”产物的判断。该判断从两部作品是否具有“实际接触可能性”出发，从而得出某一方作品的作者是否实施了相应的复制行为，进而根据复制行为的实施与否，认定两个作品的产生是否具有因果关系。第二个环节则是以第一个环节的肯定判断结果为前提，即当两部作品之间已经存在实际接触可能，且一方作者实施了相应的复制行为时，判断该复制行为的结果是否超过了著作权法所规定的限度就是本环节的重点。如果该复制行为超过了法律许可

[1] 冯晓青. 知识产权侵权归责原则之探讨［J］. 江淮论坛，2011（2）：87－94，193.

[2] 参见《中华人民共和国著作权法》第53条。

的限度且构成“实质性相似”时，我们就可以直接认定其中一部作品的著作权受到了侵犯。综合上述两个环节的具体内容可知，我国对于著作权的侵权认定规则，采取的是“实质性相似+接触可能性”相结合的方式，虽然并未在成文的法律中对其进行具体规定，但该规则得到了我国学界专家的普遍认可和司法实践的现实肯定。[1]

对于“接触可能性”的判断相对简单，因为智力创造成果的保护虽然适用的是作品自动保护原则，但是其若想成为我国著作权法所规定的客体并获得著作权法范畴内的保护，就必须以某种可复制的有形载体予以固定。而该有形载体无论是肉眼可见的纸张、胶卷、磁带等现实事物，还是计算机软件和云盘等无形载体，我们通过一定的技术手段或者是必要的方式都能够实现人类主体对其的客观感知和认识。具体而言，“接触”本身指的是被控侵权者有机会看到、了解到或者感受到原告享有著作权的作品。那么，“接触可能性”的认定就主要包括以下两个可能：一种是享有著作权的作品直接先于被控侵权作品进行了公开的发表；[2] 另一种则是间接地推定方式，即在后作品与在先作品具有明显相似性，且具有足够排除该在后作品是因独立创造而导致相似性存在的理由，如在后作品的作者凭借自身能力尚不足以创作出该作品，或者是在极短的时间内以正常人的速度并无法创作出该作品，又或者是两个作品之间的相似性无法通过巧合等理由作出合理解释等。[3]

---

[1] 梁志文．版权法上实质性相似的判断［J］．法学家，2015（6）：37－50，174.

[2] 吴汉东．试论“实质性相似＋接触”的侵权认定规则［J］．法学，2015（8）：63－72.

[3] 江南，刘远山．“接触加实质性相似”原则在著作权侵权判定中的运用：以“琼瑶诉于正案”为主样本［J］．吉首大学学报（社会科学版），2017，38（S2）：41－47.

由上可知，对于“实质性相似+接触可能性”侵权认定规则的适用，其关键在于对作品间“实质性相似”的判定。“实质性相似”作为来源于现实司法实践的标准，由于著作权法对于作品只保护独创性表达而不保护所体现的思想本身，所以对于作品间“实质性相似”的判断往往会针对表达本身展开。即倘若在后作品的内容属于对在先作品表达的直接复制粘贴，此时并不需要对“实质性相似”原则进行适用。然而，当在后作品是对在先作品内容中的隐性因素进行模仿的产物，比如，文字作品中的情节设置、故事背景以及人物性格等内容，音乐作品中的节奏选择、和声的组合以及音色的调整与修改等内容，以及美术作品中风格的体现、线条的组合以及阴影明暗的协调等内容，我们就不能仅从表达本身着手，还需要综合运用不同的思想与表达区分方法，实现对该作品思想与表达的具体区分判断。然而，虽然对于不同作品中表达的“实质性相似”判断，需要依据不同作品类型进行具体分析；但是我们还需要建立一个抽象的判断标准，即一个在“合理使用”范畴之内并且可供参考的作品复制限度标准，使得针对作品内容的判断具有客观标准。具体体现为：主观上一般社会公众对于该作品所感知到的相似性程度，以及客观上在后作品对于在先作品的市场利益是否出现了掠夺两方面。

通过综合运用上述的具体分析标准和抽象判断标准来对作品是否侵权进行具体判定，既能对被控侵权作品的复制是否超出了合理使用的限度作出判断，还能通过一般社会公众的天然感知与认识能力，发现作品间是否构成“实质性相似”，从而在事实上实现对于作者独创性表达的认可，以及对著作权人赋予以一般社会公众为主体的市场利益保障。[1]

（二）人工智能生成物侵权认定的适用标准

在大数据时代，对于数据的收集、分析、开发和利用已经成

[1] 徐俊．版权侵权判定［D］．上海：复旦大学，2011．

了技术应用领域的常态。人工智能生成物作为人工智能充分利用基础的数据信息，进而通过运行相应的设定程序对该数据进行抓取、分析和整合，最终产生的人类主体所希望得到的成果，其在本质上也是利用数据所得到的一种数据成果。[1] 虽然人工智能在当前仍处于从感知智能向认知智能发展的过程，但在可利用计算资源和数据资源的数量及质量达到一定程度时，人工智能就可以自如地实现计算智能。根据人工智能生成物的具体产生过程可知，其是计算智能的典型代表产物，从而使得计算资源和数据资源本身能够对人工智能生成物的内容具有决定性的影响。当我们基于人工智能生成物在文学艺术和科学领域之内所具有的独创性特征而赋予其著作权范围内的保护时，其对于自身产生所必需基础数据信息的依赖性，也使得其可能会对他人已有作品的著作权产生侵犯。因此，当人工智能生成物构成我国著作权法所规定的客体时，对其所具有的侵权可能与存在的侵权风险，我们需要在适用“实质性相似 + 接触可能性”规则的前提下，基于其所具有的与一般作品相区别的特征，有针对性地对其侵权认定规则予以明确。

具体而言，首先，人工智能生成物对于“接触可能性”这一侵权前提的满足，具有事实上的不可辩驳性。因为人工智能生成物本身，就是人工智能以已有的数据信息为创作基础所得到的产物。也就是说，当人工智能使用者等相关主体不向人工智能提供其可以认识和识别的相关数据信息时，下一步的具体分析和创作程序就无法展开，人工智能生成物的产生也就无从谈起。与他人已发表作品具有现实的接触，就是人工智能生成物产生的决定性前提。其次，对于人工智能生成物与其他作品之间“实质性相似”的判断，我们可以依据前文所述的思想与表达具体区分方

[1] 陶乾．论著作权法对人工智能生成成果的保护：作为邻接权的数据处理者权之证立［J］．法学，2018（4）：3－15．

法，以及抽象判断标准的满足两方面进行确定。其实，本书第三章已经通过运用抽象检验法、模式检验法以及表达内容区分法等不同方法，证明了人工智能所创作的不同类型的作品都属于思想的表达，并且该创作成果还能够满足我国作品对于创作“高度”和创作“深度”的要求。因此，如果仍然从人工智能生成物包含的表达本身与现有作品的内容进行对比，进而判断两者是否存在相似或者是著作权侵权可能，显然是不现实也不具有实践意义的。因为人工智能现在所具备的技术水平可以避免对于作品创作简单复制情形的发生；此外，人工智能生成物的相关权利人为了成为合法的著作权人，也会积极确保人工智能生成物不与其他现有作品相同或相似，从而保证其可以具备成为著作权客体的创造性，最终被纳入著作权法的保护范畴。

有鉴于此，我们只能从抽象的衡量标准方面，来对人工智能生成物的侵权认定标准予以明确，即依据一般社会公众对于作品间是否构成“实质性相似”的主观感受，以及其对于已有作品是否有超出“合理使用”限度的市场价值掠夺结果发生。首先，我们需要对一般社会公众的具体主体内容作出界定。在当前我国法院已经作出具体判决的案件中，对于一般社会公众的指代对象有多种不同的说法，如“张铁军诉‘女子十二乐坊’剽窃创意案”中的“一般听众”[1]、“李鹏诉石钟山及作家出版社侵犯著作权纠纷案”中的“读者”[2]及“王庸与朱正本等侵犯著作权纠纷案”中的“专业人士及相关听众”[3]等。上述案件虽然说明我国司法实践认识到了一般社会公众对于作品相似性判定所具有的重要性，但是对于其所指向的具体对象的理解还存在差别。从著作权保护的是作品的表达而非内在思想的本质而言，相关主体对于

[1] 参见北京市海淀区人民法院民事判决书（2003）海民初字第19213号。

[2] 参见北京市第二中级人民法院民事判决书（2008）二中民终字02232号。

[3] 参见北京市海淀区人民法院民事判决书（2003）海民初字第19213号。

作品间相似性的判断既不必然地需要特定行业范围内的专业知识，也不需要对作品本身的内容具有事先的了解和知悉。因而，笔者在此对于判断主体的范围更倾向于采用一般社会公众的概念，既强调主体本身的一般性或普通性，也鉴于作品本身类型所具有的多样性，强调对于可选择判断对象本身的广泛性。其次，对于一般社会公众所需要具备的具体能力而言，其也只需要拥有“一般知识”和“一般能力”即可。[1] 其中，“一般知识”指的是主体在一定社会文化背景环境中伴随自身成长所具备的认知印象，而“一般能力”则指的是对作品符号表示系统的基本理解能力。就人工智能生成物而言，对于其内容进行判断的一般社会公众与其他作品的判断主体不存在差别，指的是具有“一般能力”和“一般知识”的普通社会成员。

对于在后作品对在先作品的市场价值掠夺方面的判断，则主要考量的是在后作品对作品本身所具有的潜在市场或者价值的影响。作品作为作者思想或情感的表达，既具有能够满足读者精神文化需求的知识产品价值，还拥有作为商品在市场上进行流通和交易的物质经济价值。著作权法基于作品的这一双重属性，通过对作品赋予法定的排他性垄断权，鼓励作品的创作、发表与流通，进而使社会成员可以享受精神文化的富足。然而，当某一具体在后作品包含内容与在先作品在表达上具有相似性的出现，使得在先作品在市场销量、作者声誉以及读者评价等方面出现了显著性的变化时，我们就可以认定两个作品之间存在替代可能，即在后作品与在先作品构成“实质性相似”。

在人工智能生成物领域，这一具体标准的衡量可能与其他作品存在差别，这是因为其内容本身很大程度上取决于被给予的创作基础数据信息。比如，当给定的创作数据具有相当程度上的具

[1] 何怀文．著作权侵权的判定规则研究［M］．北京：知识产权出版社，2012：37－38．

体指向时，作为创作结果的人工智能生成物在很大概率上就会具有该类作品的特征，并使得一般社会公众无法区分出作者是人工智能还是在先作品的创作者本身，从而在事实上导致人类主体对于人工智能创作作品与该类产品产生混淆，最终使得该类作品的市场价值降低抑或是潜在市场缩小。比如，索尼计算机科学实验室人工智能程序 Flow Machines 在 2016 年创作的披头士风格歌曲《爸爸的车》❶，在其被公开发表和传播之后，使得一般社会听众无法区分出其是由人工智能所作还是披头士乐队本身所作。又比如，该实验室研究人员盖坦·哈杰里斯（Gaetan Hadjeres）与弗朗索瓦·帕切特（Francois Pachet）所研发的人工智能 Deep Bach 以巴赫创作的 352 部音乐作品为基础数据信息，最终得到了与巴赫风格高度相近的作品；通过对 1600 多名听众进行测试（其中包括 400 多位音乐家或音乐系的学生）可知，有超过 50% 的人认为该作品是由巴赫本人所作。❷ 对于上述在给定数据范围内所创作出来风格显著且指向性明确的人工智能生成物，当其被商业性使用造成特定风格的作品市场价值减小或潜在市场范围缩小时，我们就可以认定其构成“实质性相似”而不是“合理使用”。

综上所述，对于人工智能生成物而言，鉴于其产生过程与人类智能创作物相比所具有的特殊性，相较于直接适用“实质性相似 + 接触可能性”规则认定其是否构成著作权侵权，我们可以直接以“实质性相似”作为判断其是否侵权的标准。并且，对于“实质性相似”规则的运用，我们需要通过以下两方面予以展开：一方面是将具有“一般能力”和“一般知识”的一般社会

❶ 索尼用人工智能创作了一首披头士风单曲 [EB/OL]. (2016 - 09 - 27) [2019 - 02 - 10]. https://tech.sina.com.cn/it/2016 - 09 - 27/doc - ifxwevmf2402875.shtml.

❷ 人工智能不仅会谱曲，还达到了巴赫水平 [EB/OL]. (2016 - 12 - 21) [2019 - 02 - 10]. http://tech.qq.com/a/20161221/034075.htm.

公众作为相似性判定的主体，以其对于作品本身所具有的主观感受为评价依据；另一方面则是判断在后作品本身是否超出了“合理使用”的范畴，即是否对已有原作造成了销售损害、原作利润减少或者是超越原作目标程度等市场掠夺结果，一旦这些结果在现实中发生，我们就可以直接判定其与原作品构成“实质性相似”，侵犯了原作品的著作权。

三、建立科学的人工智能生成物侵权责任承担机制

侵权责任归责原则的明确意在寻找责任主体，侵权责任的承担则是该归责原则适用的结果。针对侵权责任的具体承担主要包括两方面内容，一方面是侵权责任的具体承担方式，另一方面则是承担主体的侵权责任划分。根据我国《民法典》的相关规定，当前总共存在 11 种承担民事侵权责任的方式：停止侵害，排除妨害，消除危险，返还财产，恢复原状，修理、重作和更换，继续履行，赔偿损失，支付违约金，消除影响和恢复名誉以及赔礼道歉，并且这 11 种方式既可以单独使用，也可以合并使用。[1] 而我国《著作权法》对于侵犯著作权的行为类型和侵权责任承担方式其实也进行了明确的规定，主要包括停止侵害、消除影响、赔礼道歉和赔偿损失等。[2] 因此，对于人工智能生成物的著作权侵权责任承担方式，其实并不具有特殊性，可以直接适用我国当前著作权法中的相关规定。但是，具体到侵犯著作权的责任承担主体和责任份额承担时，由于人工智能生成物的著作权二元归属模式，我们需要综合所有参与人工智能生成物产生、发表和利益分配等过程的可能主体，对侵权责任承担者的范围和责任承担份额等区分情况加以具体研究。

第一，人工智能生成物是人工智能创作产生的成果，当人工

[1] 参见《中华人民共和国民法典》第 179 条。

[2] 参见《中华人民共和国著作权法》第 52 条。

智能生成物之所以侵犯他人著作权，是由于人工智能使用者的故意或者过失时，可以适用过错责任原则，让其承担相应的侵权责任。比如，人工智能使用者基于传播淫秽文字作品的目的，向人工智能提供了相关的创作基础数据，使得人工智能生成物包含有损社会主义精神文明建设的不良内容。在该作品产生以后，人工智能使用者还进一步实施了相应的发表和传播等行为，导致社会公共利益被非法侵害。此时，我们就可以直接根据人工智能使用者的主观故意，要求其承担相应的侵权责任。

第二，如人工智能生成物的侵权行为可归因于人工智能本身，即属于机器或者程序自身所具备的缺陷；抑或是人工智能编程设计者在创造人工智能时就事先安排好的结果，我们需要从事实出发，追究人工智能编程设计者的侵权责任。比如，人工智能编程设计者在人工智能中预先设定了一定的运行程序，只要使用者利用其进行创作，就会自动复制或汇编相关数据并生成威胁社会秩序稳定的文字作品，该作品还可以经由人工智能自发地通过网络进行传播。在此种情况下的人工智能使用者，因其并不存在任何的过错或者是过失，所以不需要承担相应的责任；但人工智能编程设计者作为实际的侵权行为人，需要承担相应的侵权责任后果。

第三，当人工智能生成物的侵权既不是因为人工智能编程设计者的预先安排，也不是人工智能使用者的故意为之，而是基于人工智能生产者和销售者的故意或过失时，需要由人工智能生产者和销售者来承担相应的责任。毕竟当前的人工智能，还是需要借助人类主体按下“开始”键的弱人工智能。作为人工智能的生产者和销售者，应当对人工智能的使用方法或者相应的损害可能，提供预先的说明或警告。当其因故意或过失未能向人工智能购买者或使用者提供相关的数据信息，从而导致人工智能生成物因人工智能使用缺陷而侵犯他人合法权益时，就需要由人工智能生产者和销售者来承担相应的责任。

第四，从现实的角度而言，人工智能一旦作为使用者或者编程设计者侵犯他人合法权益的工具而存在，鉴于人工智能创作生成物产出速度快、数量巨大，其所能造成的社会负面结果和损害赔偿责任，是人工智能使用者、编程设计者以及人工智能生产者等主体作为单独的个体所无法承受的。因此，一方面，我们可以参照我国的机动车交通事故责任强制保险制度，构建人工智能强制保险制度，即通过政府具有的国家强制力进行该保险制度的设定和实施，确保当人工智能生成物的侵权损害后果超过了相关主体的责任承担能力时，合法权益被侵害的社会成员可以基于该保险制度而获得相应的赔偿。另一方面，我们可以建立人工智能生成物侵权损害赔偿基金，作为人工智能强制保险制度的补充。依据欧盟议会法律事务委员会在 2017 年通过的有关人工智能与机器人的立法草案可知，其认为针对机器人或者人工智能可以设立赔偿基金，让投资人、生产者和消费者等多方主体参与到人工智能的侵权损害赔偿责任承担问题中来。[1] 那么，人工智能生成物作为人工智能的产物，当然也可以采取相似的责任分担方式，即构建相关的侵权损害赔偿基金。毕竟，保险制度本身由于存在保险费比率和适用事由的法定性，当人工智能生成物所造成的损害无法适用该保险制度进行赔偿，又或者是该保险制度所能赔偿的数额相对有限时，就可以适用人工智能生成物侵权损害赔偿基金制度进行兜底，使得相关权利人的损失能够得到合理的补偿。

---

[1] European Civil Law Rules in Robotics (Study) [EB/OL]. [2018-10-20]. http: //www.europarl.europa.eu/RegData/etudes/STUD/2016/571379/IPOL_STU (2016) 571379_EN.pdf.

结论

当第四次工业革命悄然来临，人工智能作为其代表性科学技术成果，已经从人类想象走向了社会现实，并成为人类社会成员在日常生活中不可缺失的重要组成部分。而人工智能生成物作为人工智能发挥自身智能创造性的产物，也通过多样化的外在表现形式，如诗歌、散文、音乐、绘画和计算机软件等，进入了人们日常的生产和生活之中。然而，由于人工智能生成物本身属于伴随时代发展的新型事物，在我国当前的法律制度体系中，并无法找到对其可以直接适用的成文依据，如何解决就其产生的相关争议，以及保护人工智能生成物的合法权益就是本书研究的重点。

知识产权制度作为经过长期实践而形成的人与人之间、人与其他法律主体之间的基本规则，相比于其他的法律制度而言，更具有感应社会发展的灵敏性和反映技术进步的及时性。虽然目前对人工智能并没有统一的学界定义，但是我们可以通过对其智能性质的衡量，将其界定为由人类智能所创造出来的，通过模仿人类思维方式进而做出像人类一样行为的机器或者程序，与机器人或者大数据等概念不能直接等同。人工智能生成物就是人工智能以海量数据信息为基础，通过机器学习或人工神经网络系统等方式，实现对数据信息的重组和加工从而得到的人类想要的产物；由于基础创作数据信息的不同，人工智能生成物存在多样化的表现类型。通过对当前已有的人工智能生成物进行分析时，我们不难发现其被创造产生的过程与人类智能创造物具有相似性，其作为知识创造成果所具有的内容也与人类智能创造物具有相同的创造性，以及其作为知识载体的外在表现形式更是与著作权法所保护的作品具有一致性。有鉴于此，适用著作权法来对人工智能生成物进行保护，既因为符合公平和正义理念而具有理论上的正当性；还因为我国现行的民法典、专利法和反不正当竞争法等主体和客体等方面的限制，无法找到可以对其直接适用的相关条文，从而使得适用著作权法来对其进行保护具有制度正当性。然而，基于著作权法律制度以法定主义原则为根本，在适用著作权来对人工智能生成物进行保护时，还在人工智能著作权主体资格、人工智能生成物著作权客体属性等方面存在合理性论证问题。有鉴于此，本书以人工智能生成物获得著作权保护为主体，对于人工智能的法律主体资格问题、人工智能生成物的著作权客体问题以及人工智能生成物的著作权归属问题，分别进行了具体论证。

首先，人工智能在我国具有成为著作权法律主体的理论适格性和现实可行性。对于自然人意识的产生和发展，虽然经历了一个漫长的历史过程，但以“努斯”与“逻各斯”为内容的理性主义，以及罗马法中自然法观念的产生和形成，使得以“人格”为基准产生了“生物人”与“法律人”的区分。以此为起点，民事法律主体资格以时间为脉络而不断发生变化，并穿插着法律技术因素的影响。具体到我国现行的民事法律体系之中，因为其具备大陆法系国家的法律传统，所以将民事权利能力和民事行为能力的具备作为主体是否能够拥有民事法律主体资格的衡量依据。人工智能作为模仿人类思维的人造智能，既拥有像人类一样认识世界和感知世界的能力，还能够通过学习人类社会的事物运行规则，与人类进行伦理道德范畴内的沟通和情感交流。因此，当人工智能不仅已经可以认识世界和在具体领域中作出属于自己的判断，还可以将自身理性通过人类可知的外在形式表现出来时，我们就可以认定其具备了与人类主体相似的理性和意思表示能力，即拥有成为民事法律主体所要求的民事行为能力和民事权利能力。特别是具体到著作权法领域时，依据其制度正当性基础——劳动价值论和功利主义论可知，人工智能创作生成物的过程与人类智能创作作品的过程具有一致性，都属于无差别的“劳动”本身，所以人工智能可以基于其所付出的劳动成为著作权法范畴内的合法权利主体；并且，鉴于人工智能所创作出来的文学、艺术和科学领域内的生成物，也在客观上促进了社会物质文明财富的增加以及社会成员精神文化需求的满足，所以赋予其著作权法律主体地位，才能促使更多的人工智能生成物被创作产生。此外，由于我国在《著作权法》的条文中，也并未规定必须只有自然人才可以成为享有著作权的主体。那么，综合上述理论依据，我们就可以得出，人工智能成为著作权法律主体具有理论上的正当性和实践中的可行性。

其次，人工智能生成物符合我国《著作权法》对于作品的客体属性要求，具有成为著作权客体的资格。著作权客体作为著作权法律制度的基础，是指著作权权利和义务所指向的对象，我国将其界定为在文学、艺术和科学领域内具有独创性并以一定形式表现的智力成果。由此可知，著作权客体的构成要件包括：形式上属于文学、艺术和科学领域之内和能以一定形式表现，以及实质上具有独创性和思想或情感的表达两方面。由于本书对于人工智能生成物的讨论，以在文学、艺术和科学领域的范围内业已产生的人工智能生成物为前提，所以其形式要件的满足在此无须予以论证。进而，针对人工智能生成物实质性要件是否满足有两方面的判断。一方面，通过思想和表达的二分原则可知，著作权法保护的是作品的外在表达而非思想本身。我们通过使用抽象检验法、模式检验法和表达内容区分法等不同方法，对具体类型下的人工智能生成物进行分析可得，无论是文字成果、音乐成果还是计算机程序，其内容中都包括仅属于人工智能的思想和情感，既不与现有作品相同，也不存在实质上的相似，构成可以满足人类主体精神文化需要的创造性表达。另一方面，人工智能依据自身智能对数据信息进行加工和组合的独立创作过程，既未向人类主体寻求任何帮助，生成物的内容本身也满足我国作为大陆法系国家对作品的最低创造性要求，即并不是对现有事物的简单描述，也不是对已有作品的复制粘贴，还可以与人类主体在主观上产生情感的共鸣，满足成为作品的“独立创作”和“创造性”要求。综上可知，人工智能生成物作为文学、艺术和科学领域内的智力成果，是人工智能独立创作和思想或情感外在表达的产物，内容上具有被人类主体所认可的创作高度和创作深度，形式上具有可被人类主体感知的可复制性，因此具有成为著作权客体的资格。

再次，基于人工智能生成物与人类智能创造物在创作主体等方面存在的不同，对其著作权归属需要构建以人工智能法律人格不完整性为前提的著作权二元归属模式。著作权归属本身是指确定作品所指向著作人格权和著作财产权的适用对象，从而对著作权利进行具体划分的制度，其主要的归属原则包括基于创作的著作权归属原则和基于投资的著作权归属原则。鉴于著作权归属模式本身会伴随着著作权法律制度而变化与发展，因此当前世界上主要的著作权归属模式包括两种：第一种是只有作者才能享有著作权的归属模式；第二种则是除了作者以外，其他主体也能享有著作权的归属模式。具体到人工智能生成物的著作权归属模式，目前已有的主要模式包括人工智能说、“虚拟法律人格说”、人工智能编程设计者说、人工智能智能使用者说、社会公有领域说和人工智能编程设计者与使用者为共同作者说等。通过对前述的人工智能生成物著作权归属模式进行单独论证和综合分析，其不同模式之间都具有属于自身的优点与不足。因此，本书从人工智能生成物的产生创作过程出发，综合考虑不同主体对于人工智能生成物创作的贡献投入，以及人工智能生成物本身与人类智能创作物不同的特殊属性，对于人工智能生成物所包含的著作权利内容进行了具体划分，从而构建出具有中国特色的人工智能生成物著作权二元归属模式。具体而言，坚持以人工智能所具有的法律人格不完整性为前提，即虽然人工智能具备成为著作权法律主体的资格，但是鉴于其当前还不能与人类主体完全等同，只能对人类主体的思维和行为方式进行模仿，所以对于其创造产生的智能生成物著作权利归属，需要区分不同权利类型进行具体分析。一方面，基于人工智能本身对于生成物的创造性贡献，赋予其著作人格权中的署名权，承认其所付出智力劳动与人类劳动的同质性，进而使得其与人类创作作品具有肉眼可辨的区分标志。另一方面，为了更好地实现人工智能生成物的经济价值，将除署名权以外的著作人格权和著作财产权全部归属于人工智能使用者所有。

最后，综合人工智能所具有的法律主体地位，人工智能生成物所具有的著作权客体属性，以及我人工智能生成物的著作权二元归属模式。本书以我国当前的人工智能发展规划为方向，以现行的法律制度体系为依托，主张对于人工智能生成物在我国的著作权保护提出如下建议。第一，充分利用我国《著作权法》中所规定的现有制度，确保对于人工智能生成物著作权保护的简单高效。基于“特殊职务作品”保护制度在著作权利归属模式、责任承担方式以及创作目的性等方面与人工智能生成物具有相通性，以及两者在法律关系和具体内容等方面所存在的区别，我们可以类推适用该制度对人工智能生成物展开著作权法意义上的保护。第二，由于人工智能生成物在产生数量和速度等方面是人类智能创作物无法与之相比的，因而，我们不仅需要将人类智能创作物与其在外在标识上作出可区分性，对于人工智能生成物在著作权法范畴内的保护标准也要与人类智能创造物相区别。具体包括：通过重复性和相似程度检测的方式，要求人工智能生成物在内容上所具备的创造性，要高于人类智能创作物所要求的最低限度创造性；针对人工智能生成物设立专门的登记制度，未递交相关材料和履行相关登记程序的人工智能生成物，无法成为著作权法的保护对象；对于人工智能生成物的法定保护期限予以限定，适用 10 年的法定保护期且不可申请延续。第三，鉴于人工智能生成物作为智力成果本身，在参与市场经济活动时，可能对他人的合法权益造成侵犯，所以我们需要为其构建完备的侵权监管机制，主要包括侵权责任归责原则的明确、侵权标准的认定以及侵权责任的具体承担三方面内容。对于侵犯人工智能生成物著作权的行为，综合侵权行为人的主观过错、侵权程度以及侵权后果等因素，适用以过错责任原则为主，过错推定原则和无过错原则为补充的侵权责任规则原则体系。针对人工智能生成物的侵权标准，则直接适用“实质性相似”规则进行判断即可，即通过将“一般能力”和“一般知识”的一般社会公众作为相似性判定的主体，结合对已有作品销售损害、原作利润减少或者是超越原作目标程度等市场掠夺结果的判断，实现对于人工智能生成物是否侵犯原作著作权的衡量。与此同时，当具体到明确侵犯著作权的责任承担主体和责任份额承担时，我们需要综合所有参与人工智能生成物产生、发表和利益分配等过程的可能主体，对侵权责任承担者的范围和责任承担份额等区分情况加以具体研究，并且通过构建人工智能强制保险制度和人工智能生成物侵权损害赔偿基金，来对人工智能生成物可能造成的消极影响进行制度规避。

综上所述，人工智能生成物作为时代发展的产物，包括诸多类型和多样化的外在表现形式，当其业已存在并产生了一定的争议和纠纷时，法学研究就应当挺身而出，为其在现有的著作权法律制度中找到可以适用的明确规则。因为法学研究是旨在维持社会秩序和实现社会公正的科学，其不仅应该关心当下的现实，还应当关注着诗与远方。特别是，我国的第十三届全国人大常委会已经在其 2018 年 9 月公布的立法规划中，将人工智能作为立法条件尚不具备但是需要进行研究论证的项目。[1] 因此，本书希望通过对人工智能生成物在著作权法领域内的保护研究，为人工智能生成物的未来发展提供一些可供参考的方向和路径，使得其积

[1] 十三届全国人大常委会立法规划［EB/OL］.（2018－09－10）［2019－02－20］. http：//www.npc.gov.cn/npc/c30834/201809/f9bff485a57f498e8d5e22e0b56740f6.shtml.

极和有益的一面能够被充分地发展和利用，进而助力于我国的社会主义精神文明建设，促进中华民族伟大复兴中国梦的早日实现。

参考文献

一、中文著作类

1. 丁世飞．人工智能［M］．2 版．北京：清华大学出版社，2015.
2. 蔡自兴，王勇．智能系统原理、算法与应用［M］．北京：机械工业出版社，2014.
3. 孔祥俊．反不正当竞争法原理［M］．北京：知识产权出版社，2005.
4. 梁慧星．为权利而斗争［M］．北京：中国法制出版社，2000.
5. 王泽鉴．民法总则［M］．北京：北京大学出版社，2016.
6. 张新宝．侵权责任法［M］．4 版．北京：中国人民大学出版社，2016.
7. 梁慧星．民法总论［M］．北京：法律出版社，2011.
8. 黄立．民法总则［M］．北京：中国政法大学出版社，2002.
9. 梁慧星．民法总论［M］．5 版．北京：法律出版社，2017.
10. 王利明．民法［M］．4 版．北京：中国人民大学出版社，2008.
11. 吴汉东．知识产权制度基础理论研究［M］．北京：知识产权出版社，2009.
12. 刘春田．中国知识产权评论（第一卷）［M］．北京：商务印书馆，2002.
13. 胡朝阳．知识产权的正当性分析：法理和人权法的视角［M］．北京：人民出版社，2007.
14. 冯晓青．知识产权法哲学［M］．北京：中国人民公安大学出版社，2003.
15. 饶明辉．当代西方知识产权理论的哲学反思［M］．北京：科学出版社，2008.
16. 杨思斌．功利主义法学［M］．北京：法律出版社，2006.
17. 王泽鉴．人格权法［M］．北京：北京大学出版社，2013.
18. 齐爱民，朱谢群．知识产权法新论［M］．北京：北京大学出版社，2008.

19. 张玉敏．知识产权法学［M］．3 版．北京：法律出版社，2017.
20. 德国著作权法（德国著作权与邻接权法）［M］．范长军，译．北京：知识产权出版社，2013.
21. 宋慧献．版权保护与表达自由［M］．北京：知识产权出版社，2011.
22. 吴汉东．知识产权基本问题研究（分论）（第二版）［M］．北京：中国人民大学出版社，2009.
23. 冯晓青，胡梦云．动态平衡中的著作权法［M］．北京：中国政法大学出版社，2011.
24. 刘春田．知识产权法［M］．4 版．北京：中国人民大学出版社，2009.
25. 李明德，许超．著作权法［M］．2 版．北京：法律出版社，2009.
26. 王迁．知识产权法教程［M］．5 版．北京：中国人民大学出版社，2016.
27. 李扬．知识产权法基本原理（Ⅱ）：著作权法［M］．北京：中国社会科学出版社，2013.
28. 张玉敏．知识产权法学［M］．3 版．北京：法律出版社，2017.
29. 卢海军．版权客体论［M］．2 版．北京：知识产权出版社，2014.
30. 李明德．美国知识产权法［M］．2 版．北京：法律出版社，2014.
31. 张平．知识产权法［M］．北京：北京大学出版社，2015.
32. 江平，费安玲．中国侵权责任法教程［M］．北京：知识产权出版社，2010.
33. 胡开忠．知识产权法比较研究［M］．北京：中国人民公安大学出版社，2004.
34. 冯晓青．知识产权法哲学［M］．北京：中国人民公安大学出版，2003.
35. 杨立新．人身权法论［M］．北京：人民法院出版社，2006.
36. 王泽鉴．侵权行为法（第一册）［M］．北京：中国政法大学出版社，2001.
37. 王利明．人格权法新论［M］．吉林：吉林人民出版社，1994.
38. 胡康生．中华人民共和国著作权法释义［M］．北京：法律出版社，2002.
39. 刘春田．知识产权法［M］．北京：法律出版社，2009.
40. 黄晖．法国知识产权法典（法律部分）［M］．北京：商务印书馆，1999.

41. 苏平．知识产权论丛［M］．北京：法律出版社，2014.
42. 吴汉东，等．中国区域著作权制度研究［M］．北京：中国政法大学出版社，1998.
43. 郑成思．版权法［M］．北京：中国人民大学出版社，1990.
44. 陶鑫良，袁真富．知识产权法总论［M］．北京：知识产权出版社，2005.
45. 张文显．法学基本范畴研究［M］．北京：中国政法大学出版社，1993.
46. 张新宝．侵权责任法原理［M］．北京：中国人民大学出版社，2005.
47. 刘春田．中国知识产权二十年［M］．北京：北京专利文献出版社，2000.
48. 龙斯荣．知识产权法论［M］．吉林：吉林大学出版社，1992.
49. 张平．知识产权详论［M］．北京：北京大学出版社，1994.
50. 张俊浩．民法学原理［M］．北京：中国政法大学出版社，2000.
51. 斯图尔特·罗素，彼得·诺维格．人工智能：一种现代方法［M］．2版．北京：人民邮电出版社，2010.
52. 艾萨克·阿西莫夫．银河帝国9：钢穴［M］．南京：江苏文艺出版社，2013.
53. 柏拉图．泰阿泰德篇［M］．人民出版社，2003.
54. 格劳秀斯．战争与和平法［M］．何勤华，等译．上海：上海人民出版社，2005.
55. 卡尔·拉伦茨．德国民法通论：上册［M］．王晓晔，等译．北京：法律出版社，2003.
56. 迪特尔·梅迪库斯．德国民法总论［M］．邵建东，译．北京：法律出版社，2000.
57. 威廉·费歇尔．知识产权的埋论［M］．黄海峰，译．北京：商务印书馆，2002.
58. J. M. 凯利．西方法律思想简史［M］．王笑红，译．北京：法律出版社，2002.
59. 约翰·洛克．政府论（下篇）［M］．叶启芳，瞿菊农，译．北京：商务印书馆，2009.
60. 布拉德·谢尔曼，莱昂内尔·内特利．现代知识产权法的演进：英国的历史（1760—1911）［M］．金海军，译．北京：北京大学出版社，2006.
61. 约翰·R. 康芒斯. 资本主义的法律基础［M］. 寿勉成，译. 北京：商务印书馆，2003.
62. 边沁. 道德与立法原理导论［M］. 时殷弘，译. 北京：商务印书馆，2009.
63. 约翰·密尔. 功利主义［M］. 北京：商务印书馆，1957.
64. 理查德·A. 波斯纳. 法律的经济分析［M］. 蒋兆康，译. 北京：中国大百科全书出版社，1997.
65. 彼得·德霍斯. 知识产权法哲学［M］. 北京：商务印书馆，2008.
66. 伯恩·魏德士. 法理学［M］. 丁小春，吴越，译. 北京：法律出版社，2003.

二、中文期刊类

1. 许辉猛. 人工智能生成内容保护模式选择研究：兼论我国人工智能生成内容的邻接权保护［J］. 西南民族大学学报（人文社科版），2019（3）.
2. 李宗辉. 人工智能生成发明专利授权之正当性探析［J］. 电子知识产权，2019（1）.
3. 邓社民，靳雨露. 以狭义著作权保护人工智能生成物之辩［J］. 北华大学学报（社会科学版），2019年（1）.
4. 李彦涛. 人工智能技术对专利制度的挑战与应对［J］. 东方法学，2019年（1）.
5. 李俊丰，姚志伟. 论人工智能的法律人格：一种法哲学思考［J］. 华侨大学学报（哲学社会科学版），2018年（6）.
6. 许明月，谭玲. 论人工智能创作物的邻接权保护：理论证成与制度安排［J］. 比较法研究，2018（6）.
7. 杨清望，张磊. 论人工智能的拟制法律人格［J］. 湖南科技大学学报（社会科学版），2018（6）.
8. 陈军，张韵君，王健. 基于专利分析的中、美人工智能产业发展比较研究［J］. 情报杂志，2019（1）.
9. 孙山. 人工智能生成内容的作品属性证成［J］. 上海政法学院学报（法治丛），2018（5）.
10. 尹卫民. 论人工智能作品的权利主体：兼评人工智能的法律人格［J］. 科技与出版，2018（10）.

11. 季连帅，何颖．人工智能创作物著作权归属问题研究［J］．学习与探索，2018（10）．
12. 房绍坤，林广会．人工智能民事主体适格性之辨思［J］．苏州大学学报（哲学社会科学版），2018（5）．
13. 孙建丽．人工智能生成物著作权法保护研究［J］．电子知识产权，2018（9）．
14. 彭诚信．人工智能的法律主体地位［J］．人民法治，2018（22）．
15. 刘小璇，张虎．论人工智能的侵权责任［J］．南京社会科学，2018（9）．
16. 李扬，李晓宇．康德哲学视点下人工智能生成物的著作权问题探讨［J］．法学杂志，2018（9）．
17. 许中缘．论智能机器人的工具性人格［J］．法学评论，2018（5）．
18. 龙文懋．人工智能法律主体地位的法哲学思考［J］．法律科学（西北政法大学学报），2018（5）．
19. 杨立新．用现行民法规则解决人工智能法律调整问题的尝试［J］．中州学刊，2018（7）．
20. 杨立新．人工类人格：智能机器人的民法地位——兼论智能机器人致人损害的民事责任［J］．求是学刊，2018（4）．
21. 石佳友．人格权立法的历史演进及其趋势［J］．中国政法大学学报，2018（4）．
22. 黄玉烨，司马航．孳息视角下人工智能生成作品的权利归属［J］．河南师范大学学报（哲学社会科学版），2018（4）．
23. 徐文．反思与优化：人工智能时代法律人格赋予标准论［J］．西南民族大学学报（人文社科版），2018（7）．
24. 林秀芹，游凯杰．版权制度应对人工智能创作物的路径选择：以民法孳息理论为视角［J］．电子知识产权，2018（6）．
25. 袁博．论文学领域人工智能著作权之证伪［J］．电子知识产权，2018（6）．
26. 吴习彧．论人工智能的法律主体资格［J］．浙江社会科学，2018（6）．
27. 刘晓纯，达亚冲．智能机器人的法律人格审视［J］．前沿，2018（3）．
28. 张法．Being－logos－nous：西方哲学的核心概念及其内在紧张［J］．杭州师范大学学报（社会科学版），2018（3）．
29. 陈吉栋．论机器人的法律人格：基于法释义学的讨论［J］．上海大学学报（社会科学版），2018（3）.
30. 罗凯中，刘强．邻接权视角下的人工智能创作物版权保护模式［J］．齐齐哈尔大学学报（哲学社会科学版），2018（5）.
31. 孙占利．智能机器人法律人格问题论析［J］．东方法学，2018（3）.
32. 郭少飞．“电子人”法律主体论［J］．东方法学，2018（3）.
33. 王利明．人工智能时代对民法学的新挑战［J］．东方法学，2018（3）.
34. 李伟民．人工智能智力成果在著作权法的正确定性：与王迁教授商榷［J］．东方法学，2018（3）.
35. 刘强，彭南勇．人工智能作品著作权问题研究［J］．南京理工大学学报（社会科学版），2018（2）.
36. 陶乾．论著作权法对人工智能生成成果的保护：作为邻接权的数据处理者权之证立［J］．法学，2018（4）.
37. 张吉豫．人工智能良性创新发展的法制构建思考［J］．中国法律评论，2018（2）.
38. 吴汉东，张平，张晓津．人工智能对知识产权法律保护的挑战［J］．中国法律评论，2018（2）.
39. 张春艳，任霄．人工智能创作物的可版权性及权利归属［J］．时代法学，2018（4）.
40. 张煦昕．浅谈人工智能编程技术的发展［J］．电脑知识与技术，2018（10）.
41. 陈艺芳．人工智能生成成果的法权化路径［J］．西华大学学报（哲学社会科学版），2018（2）.
42. 孙山．人工智能生成内容的著作权法规制：基于对核心概念分析的证成［J］．浙江学刊，2018（2）.
43. 杨立新．从民法通则到民法总则：中国当代民法的历史性跨越［J］．中国社会科学，2018（2）.
44. 朱雪忠，张广伟．人工智能产生的技术成果可专利性及其权利归属研究［J］．情报杂志，2018（2）.
45. 梁志文．版权法上的审美判断［J］．法学家，2017（6）.
46. 万琦．论英国版权法上的独创性［J］．知识产权，2017（11）.
47. 季冬梅．人工智能发明成果对专利制度的挑战：以遗传编程为例［J］．知识产权，2017（11）.

48. 刘银良．信息网络传播权及其与广播权的界限［J］．法学研究，2017（6）．
49. 罗祥，张国安．著作权法视角下人工智能创作物保护［J］．河南财经政法大学学报，2017（6）．
50. 何怀宏．何以为人，人将何为：人工智能的未来挑战［J］．探索与争鸣，2017（10）．
51. 卢海君．论思想表达两分法的法律地位［J］．知识产权，2017（9）．
52. 刘影．人工智能生成物的著作权法保护初探［J］．知识产权，2017（9）．
53. 梁志文．论人工智能创造物的法律保护［J］．法律科学（西北政法大学学报），2017年（5）．
54. 袁曾．人工智能有限法律人格审视［J］．东方法学，2017（5）．
55. 王迁．论人工智能生成的内容在著作权法中的定性［J］．法律科学（西北政法大学学报），2017（5）．
56. 吴汉东．人工智能时代的制度安排与法律规制［J］．法律科学（西北政法大学学报），2017（5）．
57. 易继明．人工智能创作物是作品吗？［J］．法律科学（西北政法大学学报），2017（5）．
58. 李成亮，王惠敏．机器人创作物的可作品性［J］．理论观察，2017（6）．
59. 朱广新．民事行为能力制度的体系性解读［J］．中外法学，2017（3）．
60. 熊琦．人工智能生成内容的著作权认定［J］．知识产权，2017（3）．
61. 卢纯昕．反不正当竞争法一般条款在知识产权保护中的适用定位［J］．知识产权，2017（1）．
62. 朱广新．民事行为能力制度的立法完善：以《中华人民共和国民法总则（草案）》为分析对象［J］．当代法学，2016（6）．
63. 麻锐．民事权利要素与我国民法典体系构建［J］．甘肃政法学院学报，2016（5）．
64. 王玉凯．著作人格权的性质、归属与体系安排：以《著作权法》的修改和民法典的制定为背景［J］．电子知识产权，2016（7）．
65. 李陶．媒体融合背景下报刊出版者权利保护：以德国报刊出版者邻接权立法为考察对象［J］．法学，2016（4）．
66. 梁志文．版权法上实质性相似的判断［J］．法学家，2015（6）．

67. 熊文聪．作品“独创性”概念的法经济分析［J］．交大法学，2015（4）．
68. 刘春田．知识产权作为第一财产权利是民法学上的一个发现［J］．知识产权，2015（10）．
69. 梁志文．论演绎权的保护范围［J］．中国法学，2015（5）．
70. 吴汉东．试论“实质性相似＋接触”的侵权认定规则［J］．法学，2015（8）．
71. 胡波．知识产权法哲学研究［J］．知识产权，2015（4）．
72. 雷磊．法教义学的基本立场［J］．中外法学，2015（1）．
73. 凌斌．什么是法教义学：一个法哲学追问［J］．中外法学，2015（1）．
74. 李学龙，龚海刚．大数据系统综述［J］．中国科学（信息科学），2015（1）．
75. 张妮，杨遂全，蒲亦非．国外人工智能与法律研究进展述评［J］．法律方法，2014（2）．
76. 蔡立东．论法人行为能力制度的更生［J］．中外法学，2014（6）．
77. 张驰．意思表示构成要素论［J］．东方法学，2014（6）．
78. 耶尔格·诺伊尔，纪海龙．何为意思表示［J］．华东政法大学学报，2014（5）．
79. 王坤．论作品的独创性：以对作品概念的科学建构为分析起点［J］．知识产权，2014（4）．
80. 张保红．权利能力的双重角色困境与主体资格制度重构［J］．法学家，2014（2）．
81. 朱广新．民事行为能力类型化的局限性及其克服［J］．法学评论，2014（1）．
82. 刘银良．著作权归属原则之修订：比较法视野下的化繁为简［J］．政治与法律，2013（11）．
83. 许德风．法教义学的应用［J］．中外法学，2013（5）．
84. 吴雨辉，徐瑄．著作人格权的历史与命运［J］．北京大学学报（哲学社会科学版），2013（4）．
85. 梁志文．著作人格权保护的比较分析与中国经验［J］．法治研究，2013（3）．
86. 郑英龙．著作权独创性之鉴衡：基于符号学视角［J］．浙江学刊，2013

(2).
87. 易继明. 人格权立法之历史评析 [J]. 法学研究, 2013 (1).
88. 熊文聪. 被误读的“思想/表达二分法”: 以法律修辞学为视角的考察 [J]. 现代法学, 2012 (6).
89. 李国杰, 程学旗. 大数据研究: 未来科技及经济社会发展的重大战略领域——大数据的研究现状与科学思考 [J]. 中国科学院院刊, 2012 (6).
90. 李明德. 论作品的定义 [J]. 甘肃社会科学, 2012 (4).
91. 张今, 郭斯伦. 著作财产权体系的反思与重构 [J]. 法商研究, 2012 (4).
92. 常鹏翱. 论目的意思独立的事实行为 [J]. 法律科学 (西北政法大学学报), 2012 (3).
93. 郝苑, 孟建伟. 逻各斯与努斯: 西方科学文化的两个原点 [J]. 中国人民大学学报, 2012 (2).
94. 崔立红. 音乐作品抄袭的版权侵权认定标准及其抗辩 [J]. 山东大学学报 (哲学社会科学版), 2012 (1).
95. 赵锐. 作品独创性标准的反思与认知 [J]. 知识产权, 2011 (9).
96. 龙卫球. 民法主体的观念演化、制度变迁与当下趋势 [J]. 国家检察官学院学报, 2011 (4).
97. 曹新明. 我国著作权归属模式的立法完善 [J]. 法学, 2011 (6).
98. 冯晓青. 知识产权侵权归责原则之探讨 [J]. 江淮论坛, 2011 (2).
99. 余俊. 著作财产权的权利束体系及与作品的对应关系 [J]. 知识产权, 2011 (1).

三、英文著作类

1. DWORKIN G, TAYLO R D. Blackstone's Guide to the Copyright, Designs and Patents Act 1988 [M]. London: Blackstone Press, 1989.
2. CHARNIAK E, MCDERMOTT D V. Introduction to Artificial Intelligence [M]. Upper Saddle River: Addison – Wesley, 1985.
3. WINSTON J N. Approaches to the Study of Early Human Embryo Development [M]. Cambridge: University of Cambridge, 1992.
4. TURING A M. Computing Machinery and Intelligence [M]. Oxford: Oxford University Press, 1950.

5. SCHALKOFF，R J. Artificial Intelligence：an Engineering Approach ［M］. New York：McGraw – Hill，1990.

6. LUGER G F，STUBBLEFIELD W A. Artificial Intelligence：Structures and Strategies for Complex Problem Solving ［M］. 2nd ed. New York：Benjamin – Cummings Pub. Co.，1993.

7. ADAM D M. Intellectual Property & Information Control ［M］. Piscataway：Transaction Publisher，2001.

8. WILLOAM R C. The Copyright Law of United Kingdom，International Copyright Law ［M］. St：Paul：Barbara Ringer and Hamish Standison，1989.

9. NIMMER B M. Cases and Materials on Copyright ［M］. St. Paul：West Publishing Co，1985.

10. STINA T. Justifications for Copyright：The Evolution of le Droit Moral ［M］ // FIONA MACMILLAN. New Directions in Copyright Law. Northampton：Edward Elgar Publishing，2005.

11. VAN GOMPEL S. Creativity，Autonomy and Personal Touch：A Critical Appraisal of the CJEU's Originality Test for Copyright ［M］ //VAN EECHOUD M. The Work of Authorship. Amsterdam：Amsterdam University Press：2014.

四、英文期刊类

1. JACKSON J C. Legal Aspects of Computer Art ［J］. Rutgers Computer & Tech. L. J.，1993.

2. RAMALHO A. Will Robots Rule the （Artistic） World? A Proposed Model for the Legal Status of Creations by Artificial Intelligence Systems ［J］. Journal of Internet Law，2017.

3. RICKETSON S. The 1992 Horace. Manges Lecture – People or Machines：The Bern Convention and the Changing Concept of Authorship ［J］. VLA J. L. & Arts，1992，16：1.

4. BRIDY A. Coding Creativity：Copyright and the Artificially Intelligent Author ［J］. Stan. Tech. L. Rev.，2012，5.

5. SAMUEISON P. Allocating Ownership Rights in Computer – Generated Works ［J］. U. pitt. l. rev.，1985.

6. WU A J. From Video Games to Artificial Intelligence：Assigning Copyright Ownership to Works Generated by Increasingly Sophisticated Computer Pro-

grams [J]. Aipla Q J, 1997.
7. BUTLER T L. Can a Computer be an Author – Copyright Aspects of Artificial Intelligence [J]. Comm. &Ent. L. J. , 1982.
8. PERRY M, Margoni, From Music Tracks to Google Maps: Who Owns Computer – generated Works? [J]. Computer Law & Security Review the International Journal of Technology & Practice, 2010.
9. MCCUTCHEON J. Curing the Authorless Void: Protecting Computer – Generated Works Following IceTV and Phone Directories [J]. Social Science Electronic Publishing, 2012.
10. SHOYAMA R. Intelligent Agents: Authors, Makers, and Owners of Computer – Generated Works in Canadian Copyright Law [J]. Canadian Journal of Law and Technology, 2005.
11. GINSBURG J C. The Author's Place in the Future of Copyright [J]. Social Science Electronic Publishing, 2009.
12. LEVENDOWSKI A. How Copyright Law Can Fix Artificial Intelligence's Implicit Bias Problem [J]. Wash. L. Rev. , 2018.
13. MCCUTCHEON J. The Vanishing Author in Computer – Generated Works: A Critical Analysis of Recent Australian Case Law [J]. Melbourne University Law Review, 2013.
14. RICKETSON S. The Need for Human Authorship – Australian Developments: Telstra Corp Ltd v Phone Directories Co Pty Ltd [J]. European Intellectual Property Review, 2012, 34.
15. GUADAMUZ A. Do Androids Dream of Electric Copyright? Comparative Analysis of Originality in Artificial Intelligence Generated Works [J]. Social Science Electronic Publishing, 2017.
16. KURZWEIL R. THE Singularity is Near: When Humans Transcend Biology [J]. Cryonics, 2005.
17. ECKHARDT D E, CAGLAYAN A K, KNIGHT J C, et al. An Experimental Evaluation of Software Redundancy as a Strategy for Improving Reliability [J]. IEEE Transactions on Software Engineering, 1991.
18. RUSSELL S J, NORVIG P. Artificial Intelligence: a Modern Approach [J]. Applied Mechanics & Materials, 2010.

19. HARTMAN C O. Virtual Muse: Experiments in Computer Poetry [J]. Middletown: Wesleyan University Press, 1996.

20. ISSA N T, BYERS S W, DAKSHANAMURTHY S. Big data: the Next Frontier for Innovation in Therapeutics and Healthcare [J]. Expert Rev Clin Pharmacol, 2014.

21. HINTON G E, SALAKHUTDINOV R R. Reducing the Dimensionality of Data with Neural Networks [J]. Science, 2006, 313 (5786).

22. SPECTOR H M. An Outline of a Theory Justifying Intellectual and Industrial Property Rights [J]. European Intellectual Property Review, 1989.

23. KURTZ L A. Speaking to the Ghost: Idea and Expression in Copyright [J]. U. miami L. rev. , 1992.

24. CHAFEE Z. Reflections on the Law of Copyright: I [J]. Columbia Law Review, 1945.

25. GERVAIS D. The Derivative Right, or Why Copyright Law Protects Foxes Better than Hedgehogs [J]. Vanderbilt Journal of Entertainment & Technology Law, 2013.

26. KLING C A. Work Made for Hire Doctrine under the Copyright Act of 1976: Employees, Independent Contractors and the Actual Control Test [J]. Ind. l. rev, 1989.

27. OCHOA T T. Origins and Meanings of the Public Domain [J]. u. Dayton L. Rev. , 2002, 28.

28. HRISTOV K. Artificial Intelligence and the Copyright Dilemma [J]. Social Science Electronic Publishing, 2017.

29. DENICOLA R. Ex Machina: Copyright Protection for Computer – Generated Works [J]. Social Science Electronic Publishing, 2017.

30. SIMON I. South African Supreme Court Rules on Copyright in Software and Computer – generated Works [J]. Journal of Intellectual Property Law & Practice, 2006.

31. GRIMMELMANN J. Copyright for Literate Robots [J]. Iowa Law Review, 2015.

32. SCHAFER B, EDWARDS L. "I spy, with my little sensor": Fair Data Handling Practices for Robots Between Privacy Copyright and Security [J].

Connection Science, 2017.

33. KAMINSKI M E. Authorship, Disrupted: AI Authors in Copyright and First Amendment Law [J]. Social Science Electronic Publishing, 2017.

34. HALLEVY G. AI v. IP – Criminal Liability for Intellectual Property IP Offenses of Artificial Intelligence AI Entities [J]. Social Science Electronic Publishing, 2015.

35. SVLLIVAN J, CARLYLE R W, CARLYLE A J. A History of Medieval Political Theory in the West [J]. The American Historical Review, 1922, 28 (1): 13 – 15.